社会主义核心价值观融入高校思政教育研究

蒋笃运 · 等著

中国社会科学出版社

图书在版编目(CIP)数据

社会主义核心价值观融入高校思政教育研究／蒋笃运等著 . —北京：
中国社会科学出版社，2017. 11
（郑州大学马克思主义理论研究丛书）
ISBN 978 - 7 - 5203 - 1756 - 6

Ⅰ. ①社… Ⅱ. ①蒋… Ⅲ. ①高等学校—思想政治教育—
研究—中国 Ⅳ. ①G641

中国版本图书馆 CIP 数据核字（2017）第 312712 号

出 版 人	赵剑英	
责任编辑	陈雅慧	
责任校对	王 斐	
责任印制	戴 宽	

出　　版	中国社会科学出版社	
社　　址	北京鼓楼西大街甲 158 号	
邮　　编	100720	
网　　址	http://www.csspw.cn	
发 行 部	010 - 84083685	
门 市 部	010 - 84029450	
经　　销	新华书店及其他书店	

印刷装订	三河弘翰印务有限公司	
版　　次	2017 年 11 月第 1 版	
印　　次	2017 年 11 月第 1 次印刷	

开　　本	710×1000 1/16	
印　　张	18	
字　　数	286 千字	
定　　价	88.00 元	

总　序

　　马克思主义作为我国的主流意识形态，在我国经济社会发展和哲学社会科学体系中具有重要地位，无论是对于我国经济社会的发展，还是对于我国哲学社会科学的繁荣，都具有非常重要的意义。

　　中共十八届三中全会以来，我国进入了全面深化改革的新时期，经济社会发展呈现出新的特征，哲学社会科学面临难得的发展机遇。国际国内所出现的新变化，迫切需要哲学社会科学为推动新型智库建设提供有力支持。深化马克思主义理论体系研究，进一步推进马克思主义中国化、时代化、大众化，是新时期哲学社会科学研究和新型智库建设的重要任务。当前我国经济社会沿着科学发展的轨道稳步前行，意识形态领域继续保持积极健康向上的良好态势，但世界范围内各种思想文化交流交融交锋日益频繁，国内社会思想多元多样多变特征更加明显，迫切需要哲学社会科学积极探索培育和践行社会主义核心价值以及用社会主义核心价值体系引领社会思潮的有效路径，不断巩固和壮大社会主义主流意识形态。对马克思主义理论展开深入持久的研究，是时代赋予每一位马克思主义理论工作者义不容辞的责任。

　　2005 年，国家学位办设立了马克思主义理论一级学科，这是马克思主义中国化的显著标志，也是马克思主义中国化发展的重要成果。设立马克思主义理论学科，既是由马克思主义作为我们党的指导思想和作为国家主流意识形态建设的需要所决定，又与马克思主义理论自身的科学性和当代发展的新要求紧密相关。近年来，党和国家高度重视高校马克思主义学院建设，加之中央马克思主义理论研究和建设工程的实施，为马克思主义理论学科的发展提供了广阔天地，搭建了良好的发展平台。从学科建设视阈理解马克思主义理论研究和人才培养，应当把提高学术影响力放在首要位置，既要按照学科建设的普遍要求，使之具有明确的学科内涵、确定的学科规范和完善的学科体系，还要从多个方面展开对马克思主义理论的深入研究，同时要结合各个地区、各个学校的学科资源进行必要的整合与创新。

在全国高校马克思主义理论学科快速发展的过程中，郑州大学依托马克思主义学院，汇聚全校之力，在马克思主义理论学科建设方面也取得了初步的成绩。2010 年，我们成功获得了马克思主义理论一级学科博士学位授权点。2012 年，我们又获批设立马克思主义理论一级学科博士后流动站。2013 年，我校马克思主义理论一级学科被批准为河南省级重点学科。我们合理调配研究力量，不断凝练学科方向和学科队伍，保持特色，发挥优势，形成了马克思主义意识形态理论研究、思想政治教育学（公民教育）、近现代政党与中国现代化研究和中国特色社会主义理论体系研究等较为稳定的学科研究方向。近年来，在校党委的领导下，我们结合学校重点学科振兴计划的实施，抓住"中西部高校综合实力提升计划"落实的机遇，面向中原经济区建设和国家重大战略需求，充分发挥国际合作和国内马克思主义学院的联动作用，在创新人才培养、学术团队建设、优势学科建设及跨学科融合与协同创新等方面实现了一些新的突破，稳步提升了我校马克思主义理论学科的建设水平。在发展过程中，我们充分认识到，"设点建站"是重要抓手，而强化学术内涵更是强基固本的重中之重。因此，大力推动学术研究是学科建设最根本的支撑。没有高质量的学术研究，没有对于马克思主义理论和马克思主义中国化的深入探索和积极贡献，不可能实现学科建设水平的真正提升。

基于如上理解，我们决定出版"郑州大学马克思主义理论研究丛书"，组织本学科研究人员，基于以往的研究基础和优势，围绕当前马克思主义理论中的一些重要问题，展开深入细致的研讨，陆续推出一批集理论性和实践性、学术性和思想性为一体的具有原创性的研究成果。同时，也为我校马克思主义理论学科建设培养了一批能力强、学风正、富有发展潜力的学科带头人和学术骨干，为新时期我国哲学社会科学的繁荣与发展，尽绵薄之力。

　　我们衷心希望，在学界同仁的大力支持和热情帮助下，"郑州大学马克思主义理论研究丛书"能够取得预期成果。

郑永扣

2014 年夏于郑州

前　言

　　党的十六届六中全会通过的《中共中央关于建设社会主义和谐社会若干重大问题的决定》明确提出了"建设社会主义核心价值体系"这一重大命题和和战略任务。指出"马克思主义指导思想、中国特色社会主义共同理想，以爱国主义为核心的民族精神和以改革创新为核心的时代精神，社会主义荣辱观，构成社会主义核心价值体系的基本内容"。党的十七大报告强调指出："社会主义核心价值体系是社会主义意识形态的本质体现。要巩固马克思主义指导地位，坚持不懈地用马克思主义中国化最新成果武装全党、教育人民，用中国特色社会主义共同理想凝聚力量，用以爱国主义为核心的民族精神和以改革创新为核心的时代精神鼓舞斗志，用社会主义荣辱观引领风尚，巩固全党全国各族人民团结奋斗的共同思想基础。"[1]党的十八大报告强调指出："加强社会主义核心价值体系建设。社会主义核心价值体系是兴国之魂，决定着中国特色社会主义发展方向。要深入开展社会主义核心价值体系学习教育，用社会主义核心价值体系引领社会思潮、凝聚社会共识。推进马克思主义中国化时代化大众化，坚持不懈用中国特色社会主义体系武装全党、教育人民，……积极培育和践行社会主义核心价值观。"[2] 中共中央办公厅印发《关于培育和践行社会主义核心价值观的意见》的通知明确提出："社会主义核心价值观是社会主义核心价值体系的内核，体

---

　　① 胡锦涛：《高举中国特色社会主义伟大旗帜　为夺取全面建设小康社会新胜利而奋斗——在中国共产党第十七次全国代表大会上的报告》，《人民日报》2007 年 10 月 15 日。

　　② 《十八大以来重要文献选编》（上），中央文献出版社 2014 版，第 24、578、580 页。

现社会主义核心价值体系的根本性质和基本特征，反映社会主义核心价值体系的丰富内涵和实践要求，是社会主义核心价值体系的高度凝练和集中表达。"① "培育和践行社会主义核心价值观要从小抓起、从学校抓起。坚持育人为本、德育为先，围绕立德树人的根本任务，把社会主义核心价值观纳入国民教育总体规划，贯穿于基础教育、高等教育、职业技术教育、成人教育各领域，落实到教育教学和管理服务各环节，覆盖到所有学校和受教育者，形成课堂教学、社会实践、校园文化多位一体的育人平台。"②

为了深入学习贯彻中共中央关于加强社会主义核心价值体系建设和把社会主义核心价值观融入国民教育全过程的精神和要求，我们选择了"把社会主义核心价值体系和核心价值观贯穿到大学生思想政治教育全过程研究"这一课题，进行深入的理论研究和实践探索，旨在为改进和加强大学生思想政治教育工作提供有益的支持。

本书分上、下两篇。上篇围绕"把社会主义核心价值体系贯穿于大学生思想政治教育全过程"，就社会主义核心价值体系贯穿于大学生思想政治教育全过程的意义、原则和途径，社会主义核心价值体系与大学生思想政治教育互动关系研究，社会主义核心价值体系内化为大学生自觉行为研究，社会主义核心价值体系贯穿于大学生思想政治教育全过程的方式方法研究，社会主义核心价值体系融入大学生思想政治教育全过程机制研究等进行理论分析和思考。下篇围绕"把社会主义核心价值观贯穿于大学生思想政治教育全过程的实践探索"，就社会主义核心价值观贯穿于大学生思想政治教育理论课教学全过程的实践探索，社会主义核心价值观贯穿大学校园文化建设的实践探索，社会主义核心价值观贯穿于大学生毕业教育全过程的实践探索，社会主义核心价值观贯穿于大学生职业生涯规划教育全过程的实践探索，社会主义核心价值观贯穿于大学生网络思想政治教育的实践探索等进行理论联系实际的大胆探索。

上、下两篇共十章，涵盖了社会主义核心价值体系和核心价值观贯

---

① 《十八大以来重要文献选编》（上），中央文献出版社 2014 版，第 578 页。
② 同上书，第 580 页。

穿于大学生思想政治教育全过程的主要方面，有理论的分析研究和思考，提出了一些有见地的意见和建议；有实践的经验总结和案例剖析，提供了针对性和可操作性较强的典型经验和实施措施。总的来看，本书是课题较好的阶段成果，可为新形势下不断改进和加强大学生思想政治教育工作，增强大学生思想政治教育的针对性和实效性，提供有价值的参考。但由于水平和条件的制约，本书有些领域的研究还较肤浅，有些问题研究得不够深入，还有待改进加强。我们拟以此为基础，根据中央的要求和形势的发展变化，遵循大学生成长成才的规律和思想政治教育的规律，不断深化研究。

课题组

2016 年 1 月 6 日

目　　录

上　篇

把社会主义核心价值体系贯穿于
大学生思想政治教育全过程研究

第一章

社会主义核心价值体系贯穿于大学生思政教育全过程的意义、原则和途径

第一节 社会主义核心价值体系贯穿于大学生思想政治教育全过程的理论价值

党的十六届六中全会通过的《中共中央关于构建社会主义和谐社会若干重大问题的决定》明确提出了"建设社会主义核心价值体系"这一重大命题和战略任务。文件指出："马克思主义指导思想，中国特色社会主义共同理想，以爱国主义为核心的民族精神和以改革创新为核心的时代精神，社会主义荣辱观，构成社会主义核心价值体系的基本内容。"社会主义核心价值体系是建设和谐文化的根本，是全面建设小康社会的根本思想基础，是中华民族伟大复兴的共同精神力量。党的十七大报告进一步强调指出："社会主义核心价值体系是社会主义意识形态的本质体现。要巩固马克思主义指导地位，坚持不懈地用马克思主义中国化最新成果武装全党、教育人民，用中国特色社会主义共同理想凝聚力量，用以爱国主义为核心的民族精神和以改革创新为核心的时代精神鼓舞斗志，用社会主义荣辱观引领风尚，巩固全党全国各族人民团结奋斗的共同思想基础。"[①] 高等院校是传播知识、传承文化、研究学问、追求真理、创造思想、培养人才的重要场所，也是建

---

① 胡锦涛：《在中国共产党第十七次全国代表大会上的报告》，《人民日报》2007 年 10 月 25 日。

设社会主义核心价值体系的重要阵地。大学生是十分宝贵的人才资源，是民族的希望，是祖国的未来，党和人民对他们寄予厚望。新时期，用社会主义核心价值体系指导大学生思想政治教育，积极探索社会主义核心价值体系融入大学生思想政治教育的有效方式和途径，对于增强社会主义意识形态的吸引力和凝聚力，提高大学生的思想政治素质，培养和造就大批有理想、有道德、有文化、有纪律的社会主义和谐社会的优秀建设者和可靠接班人，具有重要的现实意义和深远的历史意义。

一　以社会主义核心价值体系主导大学生思想教育是高校和谐校园文化建设的根本要求

高校校园文化作为社会文化的重要组成部分，对建设社会主义核心价值体系起着重要的引领示范作用。价值观建设是和谐社会建设的重要内容，社会主义核心价值体系具有很强的创造力、感召力和包容性、整合性，为高校校园文化健康发展提供了思想保证。新形势下，高校作为思想文化的生产、传播和集散场所，必须认真研究和探索把社会主义核心价值体系的基本内容融入大学生责任意识教育的方式、方法、手段和途径，使社会主义核心价值体系为青年学生所感知、所熟知、所认同、所接受，最大限度地引导学生在各种纷繁复杂的社会思潮中分清是非，树立正确的人生观、世界观、价值观和社会责任感。

二　以社会主义核心价值体系培育大学生道德素质是加强改进思想政治教育的必然要求

责任教育是推进公民道德建设的重要基石。公民责任是公民社会的重要标志，是公民思想道德的核心内容。人的责任，本质上是一种关系范畴，体现的是人与自身、人与他人、人与集体、人与社会、人与自然之间的相互依存关系。社会责任是一个人不能推托的对他人、对社会所承担的职责、任务和使命，社会责任感是人们对这种责任的一种强烈的自觉意识和崇高的情感、意志，是个人终身可持续发展的重要源泉和内在驱动力。加强大学生责任意识教育，是保证他们顺利走上社会、完善道德人格、追求个人幸福和实现人生价值的重要基础。大学生正处于价值观、人生观形成和确立的关键时期，其主导价值观念如何，影响着构建社会主义和谐社会宏伟目标的实现。加强和改进思想政治教育，必须认真探索如何把社会多元价值观念和公民责任意识整合起来，大力倡导同社会发展进步相一致的主导价值观念，做到"多元并存，一元主导"，从培育社会责任意识入手，强化大学生对自身、对他人、对社会的责任认知，引导学生自觉地承担与自己的社会角色相适应的义务和责任，增强对社会主义核心价值体系的认同感，才能形成强劲的凝聚力和巨大的精神力量，努力实现人的自由而全面发展与推动社会政治、经济、文化和谐发展的有机统一。

三　以社会主义核心价值体系引领大学生思想政治教育是提高劳动者素质的重要举措

社会主义核心价值体系是意识形态和精神文化建设的核心内容，更是主导大学生理想、信念、精神、风气的内在灵魂。胡锦涛同志指出："培养什么人、如何培养人，是我国社会主义教育事业发展中必须解决好的根本问题。"① 大学以培养人才为基本职能，在以人才争夺为核心的国际竞争日趋激烈的时代背景下，高等教育的首要任务是培养具有社会责任感和奉献精神的合格公民。构建社会主义和谐社会的根本目标是实现人的自由和全面发展，培养具有责任意识的合格公民。马克思指出"作为确定的人，现实的人，你就有规定，就有使命，就有任务"。② 在劳动者的素质中，责任素质对于全面素质的提高起到核心和统领的作用。如果没有强烈的社会责任感，大学生即使掌握了现代科学知识和过硬的本领，也难以承担起推动经济文化发展和科技进步的社会责任。因此，只有抓住了社会主义核心价值体系这个根本，采取有效措施切实加强以"责任"为核心的素质教育，有目的、分阶段地培养大学生的社会责任意识，激发他们的责任情感、提高他们的责任认知水平、锻炼他们的责任能力，使他们自觉履行责任行为，不断增强对中国特色社会主

---

① 中共中央文献研究室编：《十六大以来重要文献选编》（中），中央文献出版社2006年版，第632页。

② 《马克思恩格斯全集》（第3卷），人民出版社1960年版，第329页。

义政治、经济、文化和法律制度合理性、合法性的认同感，才能实现自我价值与社会价值的和谐统一，为社会主义建设事业输送一大批有理想、有道德、有文化、有纪律的责任公民和可靠接班人。

第二节　社会主义核心价值体系贯穿于大学生思想政治教育全过程的重要意义

一　方向保证作用——坚持马克思主义的指导是保证社会主义办学方向的根本要求

马克思主义是我们立党立国的根本指导思想，为我们提供了正确的世界观和方法论，提供了正确认识世界和改造世界的强大思想武器。坚持马克思主义的指导地位是社会主义核心价值体系建设的第一要义。坚持用社会主义核心价值体系引领各种社会思潮，是确保高校校园文化健康发展的思想保证。建设和谐文化，最根本的是坚持马克思主义的指导地位，用马克思主义的立场、观点和方法来认识世界和改造世界。只有坚持以马克思主义为指导，才能有效引领和整合社会思潮，才能保证和谐文化建设沿着正确的方向发展，才能为构建社会主义和谐社会提供智力支持和精神支撑。在世界多极化、经济全球化日益凸显，以争夺人才为核心的国际竞争日趋激烈，互联网等现代信息技术迅猛发展，意识形态领域风云激荡的时代背景下，各种文化相互激荡，尤其是西方敌对势力凭借其先进的信息技术优势加紧进行思想文化渗透，企图实现其文化战略"和平演变"的政治图谋，一些社会思潮如拜金主义、享乐主义和极端个人主义等在高校的传播影响和毒害着学生的精神境界，扰乱了大学生的政治信仰和价值观念。如果马克思主义理论不去占领高校思想文化阵地，各种非马克思主义思潮就会有可乘之机。当前，坚持马克思主义的指导地位，就是坚持用发展着的马克思主义引领社会思潮，引导大学生用马克思主义的立场、观点、方法来正确认识社会思想意识中的主流与支流，看清本质、明确方向，形成正确的世界观、人生观、价值观和道德观。"如果动摇了马列主义、毛泽东思想、邓小平理论这个精神支柱，动摇了建设有中国特色社会主义的共同理想，就会导致思想混乱、社会动乱，那将是党、国家和民族的灾难。"①

二　精神激励作用——中国特色社会主义共同理想是培养合格接班人的重要保证

理想是一个国家和民族团结奋进的精神支撑。邓小平曾指出："我们一定要经常教育我们的人民，尤其是我们的青年，要有理想。"② 江泽民同志指出："在全社会形成共同理想和精神支柱，是有中国特色社会主义文化建设的根本。"③ 胡锦涛同志强调"加强党员、干部理想信念教育和思想道德建设，使广大党员、干部成为实践社会主义核心价值体系的模范，做共产主义远大理想和中国特色社会主义共同理想的坚定信仰者、科学发展观的忠实执行者、社会主义荣辱观的自觉实践者、社会和谐的积极促进者。"④ 理想信念，是一个政党治国理政的旗帜，是一个民族奋力前行的向导。随着改革开放和发展社会主义市场经济，加强理想教育越来越具有重要意义。建设中国特色社会主义是我们全社会的共同理想，是实现中华民族伟大复兴的必由之路。这个共同理想具有很大的广泛性和包容性，把党的目标、国家发展、民族振兴与个人的幸福紧密联系在一起，把各个阶层的共同利益和愿望有机结合在一起，既体现了现阶段党的奋斗目标，又体现了党的最终奋斗目标，是我们民族精神生活中不可或缺的一部分，也是全国人民团结奋斗的强大动力。大学生能否树立中国特色社会主义共同理想，直接决定我国社会主义事业能否后继有人，制约着全面建设社会主义和谐社会的宏伟目标能否实现。大学生思想政治教育的根本目的在于不断提高广大青年学生的思想道德素质、科学文化素质和认识世界、改造世界的能力，培养和造就有理想、有道德、有文化、有纪律的社会主义合格建设者和可靠接班人，引导他们树立远大理想是思想政治教育的"灵魂"。因此，坚持以社会主义核心价值体系引领大学生理想信念教育，使学生充分认识中国特色

---

① 江泽民：《论"三个代表"》，中央文献出版社 2001 年版，第 125—126 页。

② 《邓小平文选》（第三卷），人民出版社 1993 年版，第 47 页。

③ 《毛泽东邓小平江泽民论教育》，中央文献出版社 2002 年版，第 258 页。

④ 胡锦涛：《在中国共产党第十七次全国代表大会上的报告》，《人民日报》2007 年 10 月 25 日。

社会主义共同理想的科学性，理性地接受和认同中国特色社会主义的价值目标，是高校培养社会主义建设者和接班人的重要思想保证。

三　力量凝聚作用——培育民族精神和时代精神是大学生思想政治教育的核心内容

民族精神和时代精神是一个民族赖以生存和发展的精神支撑，是一个民族自立于世界民族之林的生命力、凝聚力和创造力的不竭源泉。邓小平同志说："中国人民有自己的民族自尊心和自豪感，以热爱祖国、贡献全部力量建设社会主义祖国为最大光荣。"① 江泽民同志指出："一个民族，一个国家，如果没有自己的精神支柱，就等于没有灵魂，就会失去凝聚力和生命力。有没有高昂的民族精神，是衡量一个国家综合国力强弱的一个重要尺度。"② 爱国主义是一面伟大的旗帜，它既是一项政治原则，又是一个道德规范，具有较强的凝聚力、吸引力、向心力，以爱国主义为核心的团结统一、独立自主、爱好和平、自强不息的民族精神是中华民族五千多年来生生不息、发展壮大的强大精神动力，也是中国人民在未来的岁月里薪火相传、继往开来的强大精神动力；改革开放新时期，中华民族又形成了与时俱进、开拓进取、求真务实、锐意改革、勇于创新的时代精神，在全面建设社会主义和谐社会、加快推进现代化建设的历史进程中，民族精神和时代精神相辅相成、相得益彰，深深熔铸于我们的民族意识、民族品格和民族气质之中，成为中国人民继往开来的强大精神动力。新时期，加强和改进大学生思想政治教育工作，应以爱国主义为核心的民族精神和以改革创新为核心的时代精神教育作为思想教育的主旋律，引导大学生了解中华民族辉煌的古代史、悲壮的近代史和雄壮的现代史，了解建设社会主义和谐社会的伟大目标，认清自己所承担的伟大历史使命，弘扬中华民族爱国主义的优良传统，争做民族精神的传播者、倡导者和实践者，树立坚定的民族自尊心、自信心和自豪感，形成维护国家民族利益、促进民族进步的高尚情感，自

---

① 《邓小平文选》（第三卷），人民出版社1993年版，第47页。

② 江泽民：《论有中国特色社会主义》（专题摘编），中央文献出版社2002年版，第395页。

觉把人生价值的实现同国家的前途、民族的命运紧密联系起来。

四　价值导向作用——社会主义荣辱观是提高大学生思想道德素质的重要基石

社会主义荣辱观是社会主义核心价值体系的基础。荣辱观是人们对荣誉和耻辱的根本看法和态度，属于道德的范畴，对人的思想行为具有推动、引导和调节作用。正确的荣辱观，可以引导人们明辨是非、善恶、美丑，形成正确的自我评价，产生正确的价值激励，满足正确的自我需求，实现自身全面发展。只有树立社会主义荣辱观，才能为构建和谐社会提供思想和道德基础。社会转型时期，人们思想活动的独立性、选择性、多变性、差异性明显增强，胡锦涛同志明确提出："要引导广大干部群众特别是青少年树立社会主义荣辱观，坚持以热爱祖国为荣、以危害祖国为耻，以服务人民为荣、以背离人民为耻，以崇尚科学为荣、以愚昧无知为耻，以辛勤劳动为荣、以好逸恶劳为耻，以团结互助为荣、以损人利己为耻，以诚实守信为荣、以见利忘义为耻，以遵纪守法为荣、以违法乱纪为耻，以艰苦奋斗为荣、以骄奢淫逸为耻。"① 以"八荣八耻"为主要内容的社会主义荣辱观精辟概括了当代社会最基本的价值取向、行为准则和道德规范，集中体现了正确的世界观、人生观、价值观和道德观，反映了中华民族精神和时代精神的根本要求。社会主义荣辱观作为社会主义核心价值体系的出发点和落脚点，标志着党对社会主义思想道德规范的概括达到了体现时代性、把握规律性、富于创新性的新高度，既有先进性导向，又有广泛性要求，贯穿社会生活各个领域，成为引领社会风尚的一面旗帜。大学生正处于世界观、人生观、价值观形成和政治观定型的关键时期，坚持以社会主义核心价值体系领高校的思想政治教育，必须着力于培养学生的社会主义荣辱观，引导学生分清是非荣辱，明辨善恶美丑，知荣而勇为之、知耻而力避之，广泛开展社会公德、职业道德、家庭美德、个人品德教育，大力弘扬爱国主义、集体主义、社会主义思想，形成维系社会和谐的精神纽带和道德风尚。

---

① 胡锦涛：《牢固树立社会主义荣辱观》，《求是》2006 年第 9 期。

第三节　社会主义核心价值体系引领大学生思想政治教育的基本原则

一　坚持先进性要求与广泛性要求相结合

从社会主义核心价值体系的构成看，作为指导思想的马克思主义是社会主义道德体系的理论基础，社会主义的共同理想是社会主义道德的政治前提，以爱国主义为核心的民族精神和以改革创新为核心的时代精神是全体社会成员共同的道德思想基础，以"八荣八耻"为基本内容的社会主义荣辱观集中体现了社会主义道德规范的基本要求，构成了一套完整的集道德认识、道德情感与道德行为于一体的文化价值体系。既体现了思想道德建设上的先进性要求，又体现了思想道德建设上的广泛性要求；既坚持了先进文化的前进方向，又符合不同层次青年学生的思想状况。用社会主义核心价值体系构筑当代大学生的精神支柱，应把先进性教育与广泛性教育结合起来，既鼓励先进，又着眼多数。一方面，注重发挥学生党员干部和先进分子的模范带头作用。引导大学生中的青年马克思主义者和入党积极分子率先垂范，领先一步，努力改造主观世界，提高道德修养和锻炼党性，在理解和认同社会主义核心价值体系理论精髓的基础上，内化为自觉的行为实践。另一方面，注重引领大学生群体在思想道德上不断提升、共同进步。坚持贴近实际、贴近学生、贴近生活，以学生班级、社团为依托，开展形式多样的共同理想教育和基本道德规范教育活动，不断扩大覆盖面，增强影响力，既应大力倡导同社会发展进步一致的主导价值取向，又要积极鼓励一切有利于国家统一、民族团结、经济发展、社会进步的思想道德，调动学生广泛参与社会主义核心价值体系建设的积极性、主动性和创造性，形成奋发向上的精神力量和团结和谐的精神纽带。

二　坚持一元主导与包容多样相结合

用马克思主义中国化的最新成果教育当代大学生，必须正确处理指导思想的一元化与校园文化思潮的多样化之间的关系。一方面，坚持马克思主义的"一元化"指导地位。当前，随着改革开放的不断深入，大学生群体的道德观念和生活方式日益呈现多样性，价值取向趋向多元化，大学生思想活动的独立性、选择性、多变性、差异性的特征明显增强，这既增加了社会主义核心价值体系引领校园文化思潮的紧迫性，又增强了马克思主义引导高校主流意识形态的重要性。只有用社会主义核心价值体系统摄、整合多样化的价值观，大力弘扬主旋律文化，倡导社会主义主流价值观，才能形成和谐社会建设所需要的文化认同和价值追求，进一步巩固思想道德基础。另一方面，坚持尊重差异、包容多样。用社会主义核心价值体系主导大学生的价值取向，不能简单地用主导性排斥多样性，相反，尊重差异、包容多样，并积极加以引导，始终是坚持和发展马克思主义的题中应有之义，事实上，马克思主义也从来就是在与各种思想观念的斗争中不断发展和完善的。因此，应着眼于校园文化的特点，尊重文化的差异性，包容文化的多样性，以主流的价值观引导支流的价值观，扩大认同，增进共识，努力提高大学生对核心价值体系的认同感。

三　坚持道德规范与道德实践相结合

马克思主义认为，人是社会的存在物，处于社会关系中的人必须遵循社会组织为维持一定的社会秩序而建立的各种规范准则。价值观的核心在于道德价值，而道德价值的核心则在于价值的规范性。从社会主义核心价值体系的构成来看，它不仅具有道德的内容，包含了以"八荣八耻"为基本内容的社会主义荣辱观，提供了基本的价值准则和行为规范，而且是以道德为主体，提供了和谐社会建设所需要的文化认同和价值追求。用社会主义核心价值体系引领公民道德伦理生活，必须坚持规范性与包容性的统一、知与行的统一，要积极倡导人们在理解和内化社会主义核心价值体系主要内容的基础上，通过每一位公民的道德认知、道德判断、道德选择和道德实践，把社会主义核心价值体系的规范内化为公民日常的行动实践，才能最大限度地形成思想共识，打牢全党全国各族人民团结奋进的道德基础。

四　坚持继承传统文化与创新先进文化相结合

用社会主义核心价值体系引领高校文化思潮，既是对中华民族优秀传统文化的主导价值观的弘扬与传承，也是马克思主义最新成果与当代大学生的现实价值导向有机结合的发展与创新。一方面，没有继承就不会有发展。无论是用马克思主义中国化的最新成果教育青年，还是以中国特色社会主义的理论体系引领学生，无论是高校弘扬民族精神与时代精神，还是督促大学生践行社会主义荣辱观，都需要紧密结合当代大学生的思想道德状况，充分挖掘中华民族精神的宝贵资源，从优秀传统文化中汲取营养，从马克思主义基本原理中掌握改造客观世界和主观世界的方法，使社会主义核心价值体系不仅根植于优秀传统文化的沃土中，而且吸收和借鉴世界一切优秀文明成果。另一方面，没有创新就难以发展。创新是一个民族进步的灵魂，是一个国家兴旺发达的不竭动力，也是马克思主义永葆生命力的源泉。任何一种思想价值体系，一旦离开创新，就会失去生机与活力。社会主义核心价值体系本身就是在继承和吸收前人的优秀文化成果上，综合创新的结果，反映了马克思主义中国化的理论创新，并提供了和谐校园文化建设所需要的价值追求。

第四节　社会主义核心价值体系贯穿于大学生思想政治教育全过程的实践路径

　　高校担负着培养高素质人才的历史重任，"培养什么人，如何培养人是我国社会主义教育事业发展中必须解决好的根本问题"①。要坚持育人为本、德育为先，"在继承党的思想政治教育优秀传统的基础上，积极探索新形势下大学生思想政治教育的新途径、新办法，努力体现时代性，把握规律性，富于创造性，增强实效性"②。把社会主义核心价值体系教育作为思想道德建设的重要内容，贯穿于大学生思想政治教育的全过程，用社会主义核心价值体系构筑当代青年的精神支柱，促进大学生思想政治素质、科学文化素质、身体心理素质的健康、和谐、全面发展。

---

　　①　胡锦涛：《在全国加强和改进大学生思想政治教育工作会议上的讲话》，《人民日报》2005 年 1 月 19 日。
　　②　《中共中央国务院关于进一步加强和改进大学生思想政治教育的意见》，《人民日报》2004 年 10 月 15 日。

一 将社会主义核心价值体系教育贯穿于课堂教学中，增强针对性

以社会主义核心价值体系构筑大学生的精神支柱，关键在加强教育。高校思想政治理论课承担着对大学生进行系统的马克思主义理论教育的艰巨任务，是帮助大学生树立正确的世界观、人生观、价值观和荣辱观的重要途径，是对大学生进行社会主义核心价值体系教育的主渠道、主阵地。用社会主义核心价值体系教育大学生，就要进一步加强和改进大学生思想教育工作，把社会主义核心价值体系教育贯穿于思想政治理论课教学的全过程，全面实施以马克思主义中国化的最新理论成果为中心内容的高校思想政治理论课新课程体系，通过开设"马克思主义基本原理概论""毛泽东思想邓小平理论和'三个代表'重要思想概论""中国近现代史纲要""思想道德修养与法律基础"等必修课，坚持以社会主义核心价值体系引领高校思想政治教育，实现社会主义核心价值体系进课堂、进教材、进网络，使教育入耳入脑、深入人心。坚持理论联系实际，注重贴近实际、贴近生活、贴近学生，从大学生的思想实际和生活实际出发，用生动典型的事例、喜闻乐见的形式，努力创设一种平等交流的教育氛围，充分发挥学生的主体作用，尊重学生的个性差异，把社会主义核心价值体系融入爱国主义教育，融入思想道德建设，渗透到学生学习的各个环节，进行潜移默化的价值引导，增强吸引力、说服力和亲和力，使社会主义核心价值体系真正成为青年学生树立远大理想、立志成才、报效祖国的强大精神动力。

二 将社会主义核心价值体系教育融入和谐校园文化建设中，注重参与性

社会主义核心价值体系是建设和谐文化的根本，代表了中国特色社会主义社会的主流价值，提供了和谐校园文化建设所需要的价值追求。在和谐文化建设中，抓住了社会主义核心价值体系这个根本，才能形成全社会共同的理想信念与良好道德风尚，弘扬正气、凝聚人心，营造有利于人的全面发展的和谐舆论氛围和文化环境，保证社会的精神文化建设的正确方向。校园文化作为社会主义先进文化建设的重要组成部分，是培养学生良好道德品质的重要载体。校园文化所特有的教育引导功能、价值导向功能、人格塑造功能、身心调节功能和对不良风气的监督抑制功能，决定了它在满足大学生文化需求、引领价值观的形成、培养道德品质、服务学生发展等方面起着潜移默化的积极作用。应充分利用报纸、杂志、书籍、电视、广播等各种传媒手段，注重运用互联网进行社会主义核心价值观的培育和塑造，唱响核心价值体系的主旋律，倡导积极、健康、文明、进步的价值观念，积极营造团结互助、平等友爱、融洽和谐、共同进步的校园人际关系，既要用马克思主义理论引导人、教育人，以中国特色社会主义共同理想凝聚人、激励人；又要以爱国主义为核心的民族精神和以改革创新为核心的时代精神鼓舞人、鞭策人，以社会主义荣辱观规范人、教育人，实现先进性与广泛性、弘扬主旋律与提倡多样化的统一，以建设优良校风、教风、学风为核心，以开展高品位的校园文化活动为重点，在社会主义核心价值体系引领各种文化发展的前提下，尊重文化的差异性，包容文化的多样性，使先进文化得以发展，和谐文化得以建构，落后文化得到改造，腐朽文化得到抵制，让广大学生置身于良好的舆论氛围，不断受到先进文化的熏陶、主导价值的引领、文明风尚的感染和理想情操的陶冶，使社会主义核心价值体系为大学生所感知、所认同、所接受，并内化为学生的自觉行动和行为准则。

三　将社会主义核心价值体系教育渗透于社会实践中，提高实效性

社会主义核心价值体系重在建设，贵在实践，应在突出实践性、提高实效性上下功夫。社会实践活动对于促进青少年了解国情、认识社会、增长才干、奉献社会、增强社会责任感具有不可替代的作用。社会主义核心价值体系在社会上达成共识，需要经过从认识到实践、从实践到认识的反复过程。社会主义核心价值体系只有被大学生所认知、所接受，并内化为人的自觉意识，才能在实践中履行；大学生也只有在深入基层、了解社会、服务人民，投身于中国特色社会主义建设的伟大实践中，才能深化对社会主义核心价值体系的认识，产生坚持马克思主义指导、树立中国特色社会主义共同理想、弘扬民族精神和时代精神、践行社会主义荣辱观的行为动机，促进知、情、意、行的相互转化。应建立行之有效的实践教育、体验教育、养成教育机制，以社会主义核心价值

体系教育为切入点，引导学生从自身做起，从小事做起，广泛参与"三下乡"、志愿服务、专业实习、社会调查、生产劳动、科技创新等实践活动，在服务社会和人民的过程中，明确自己肩负的社会责任和历史使命，正确处理个人与他人、集体、社会的相互关系，坚定对建设中国特色社会主义的信念、对改革开放和现代化建设的信心、对党和政府的信任，将个人发展与社会发展统一起来，把树立远大的理想同时代的要求统一起来，把实现自身价值与报效祖国统一起来，努力成长为理想远大、信念坚定的新一代，品德高尚、意志顽强的新一代，视野开阔、知识丰富的新一代，开拓进取、艰苦创业的新一代。

第 二 章

社会主义核心价值体系与大学生
思想政治教育互动关系研究

　　社会主义既是一种思想体系、一种社会制度、一种实践运动，也是一种价值。社会主义除了制度规定以外，还有其内在的价值规定。社会主义核心价值体系是建设和发展中国特色社会主义不可或缺的重要组成部分。中国特色社会主义的高等教育培养的是中国特色社会主义的合格建设者和接班人，要求必须把以社会主义核心价值体系教育为灵魂和根本内容的思想政治教育放在首位，将社会主义核心价值体系教育贯彻于大学生思想政治教育的全过程。同时，有效的大学生思想政治教育也是社会主义核心价值体系在高校实施的主课堂、主渠道、主阵地，是传承社会主义核心价值体系的重要途径。

第一节　价值观和社会核心价值体系

　　正确理解和科学把握价值、价值观、核心价值体系等概念的基本内涵和特点，是研究社会主义核心价值体系问题的逻辑前提和出发点。

一　价值

　　关于价值的定义，仁者见仁，智者见智。在西方，最有影响、最有代表性的观点有主观价值论、客观价值论和关系价值论。马克思指出："'价值'这个普遍的概念是从人们对待满足他们需要的外界物的关系中产生的。"① 这表明，价值形成源于主体需要，价值形成的条件是客体具有满足主体需要的属性，价值的实质是在实践的基础上主客体之间需要与满足关系的不断生成，是主体和客体之间相互作用的某种结果，是在主体和客体的相互关系、相互影响和相互作用中产生的那些有用、有利和有益的东西。价值是客体的属性、结构同作为主体的人的需要之间形成的一种客观现实的关系，具有客观性；同时价值又具有主观性，具有人的特征。价值的客观性与主观性都根源于人的实践活动。这就不仅克服了主观价值论和客观价值论的片面性，也弥补了关系价值论的不足，科学全面地反映了价值的本质。

二 价值观

价值观是指人们头脑中有关价值追求的观念，属于社会意识范畴。具体说来，价值观是客观社会现实在人头脑中的反映，是人们对价值问题的根本看法。价值观的内容，一方面表现为价值取向、价值追求，凝结为一定的价值目标；另一方面表现为价值尺度、评价标准，成为主体判断客体有无价值及其大小的观念模式和框架。

从宏观角度说，价值观是社会文化体系的内核和灵魂，代表着社会对应该提倡什么、反对什么的规范性判断。从微观角度讲，价值观是人心中深层的信念系统，在人们的价值活动中发挥着行为导向、情感激发和评价标准的作用，构成个人人生观的重要内容。从内容上看，信念、信仰、理想是价值观的集中表现形态。从水平上看，价值观可分为日常的价值观和哲学的价值观两个层次。价值观具有特定主体性、社会历史性、绝对倾向性、相对稳定性等特点。

价值观是一个多层次的系统，可以划分为多种类型。从主体角度可分为个体价值观、群体价值观、类价值观；从起作用的领域可分为经济价值观、政治价值观、道德价值观、生态价值观等；从起作用的性质可分为积极的价值观、消极的价值观；从所处的地位可分为核心价值观、一般价值观等。

---

① 《马克思恩格斯全集》（第 19 卷），人民出版社 1965 年版。

三 核心价值观

核心价值观指在价值体系中处于核心地位、统帅和支配着其他处于从属地位的价值观，是一种社会制度长期普遍遵循的基本价值原则，是一种文化区别于另一种文化的基本价值观念。每个社会都有其赖以生存和发展的核心价值观。社会核心价值观具有以下特征：一是统摄性，核心价值观处于价值体系的核心地位，其他价值观处于外围；二是普遍认同性，核心价值观是社会普遍认同的价值理想、价值观念、价值尺度、价值原则的集中反映，并内化为人们的价值追求和价值向往；三是稳定性，核心价值观是最基本的、比较恒定的价值观；四是建设性，一个共同遵循的价值观不是单纯依靠社会自发形成的，而是要正确发现并揭示社会内在发展规律，有赖于统治阶级的建设；五是理想性，核心价值观把人类的远大理想同人们改造世界的现实任务结合起来，既反映现实又超越现实，成为引导人们进行价值追求和价值实践的价值理想和价值信仰。

四 社会核心价值体系

价值体系是指一个社会中的价值目标、价值追求、价值评判和价值取向等与价值有关的综合体，是由一定社会崇尚和倡导的思想理论、理想信念、道德准则、精神风尚等因素构成的社会价值认同体系。从政治导向和思想道德建设方面看，它主要指整个社会的价值导向的各个层次、各个方面的总和。社会核心价值体系是指一定的价值体系中最重要的核心组成部分，是一定价值体系的灵魂，它在整个社会的所有价值目标中处于统摄和支配的地位，引导和主导一个社会的各种不同的价值观念、价值评判和价值取向沿着一定的方向发展，保证一定社会的政治、经济、文化的有序运行。

核心价值体系与核心价值观既有内在联系，又有区别。从一定意义上说，二者是形式和内容、外延和内涵的关系。一方面，核心价值体系是核心价值观的基础和前提，是核心价值观形成和发展的必要条件。从某种程度上说，没有核心价值体系就不会产生核心价值观。另一方面，核心价值观是核心价值体系的内核和最高抽象，是核心价值体系的精神和灵魂，决定核心价值体系的基本特征和基本方向，引领核心价值体系的构建。核心价值观渗透于核心价值体系之中，通过核心价值体系表现出来。

第二节　社会主义核心价值体系

人类社会历史证明，社会核心价值体系并不是一成不变的，在不同的历史时期社会核心价值体系是不同的。

一　社会主义核心价值体系的历史演进

社会主义价值体系经历了一个历史的流变过程，表现为从抽象到具体、从原始的丰富多样性到历史的具体性的展开，表现为从空想到科学、从理论到实践、从革命到建设和改革的转换。

空想社会主义价值体系是科学社会主义价值体系的理论先驱。四百年前，英、法等国的空想社会主义者对现存资本主义制度进行了深刻批判，对未来美好社会进行了具体描述和设计。对平等、博爱、和谐、幸福、劳动、人的全面发展的热烈向往和不懈追求，构成了空想社会主义价值思想的基本内容。空想社会主义的价值体系具有巨大的进步性和积极意义，它对资本主义的批判是整体性的，涵盖了社会的经济、政治、意识形态等各个层面，对未来社会的猜想在一定程度上反映了无产者的愿望，符合社会发展的规律，是科学社会主义价值体系的直接理论来源。但由于十六、十七世纪资本主义的各种矛盾还没有明显暴露出来，无产阶级的阶级意识还比较薄弱，空想社会主义只是原始地、粗线条地勾画出理想社会的轮廓，不可避免地存在着历史局限性。

科学社会主义价值体系是适应时代和无产阶级革命斗争需要的产物，是在资本主义生产状况和阶级状况成熟的条件下产生的。它继承了空想社会主义者的价值思想，以唯物史观和剩余价值论为理论基石，对未来社会价值观进行了预测和阐发，认为未来新社会包括高度发达的生产力、社会占有制、计划经济、按劳分配、阶级消灭和国家消亡等，就价值观念而言，公平正义、尊重人权、友爱互助、富裕和谐、自由等构

成了科学社会主义价值体系的核心内容。科学社会主义的核心价值体系
体现了合目的性与规律性、社会发展与人的发展、科学理性和价值理性
的辩证统一，对未来社会的根本规定性做出了科学判断，但由于条件的
限制并没有对具体的目标、措施、实践方式等给出答案。

俄国十月革命的胜利使社会主义成为现实，列宁探索和开创了落后
国家走向社会主义的道路。在建设社会主义的实践中，列宁扬弃了抽象
的社会主义价值原则，提出有计划地利用商品货币关系走向社会主义、
建设社会主义，通过合作制引导农民积极参加社会主义建设等思想。明
确提出提高社会生产力，增加产品数量是社会主义经济建设的目标。建
立新型的民主制度，由人民自己管理好国家事务是社会主义政治建设的
目标。造就自由全面发展的一代共产主义新人是社会主义文化建设的目
标。在社会主义价值观与社会主义实践、制度的关系问题上，列宁坚持
社会主义的科学性与价值性的统一，这对构建中国特色社会主义核心价
值体系有着启迪作用。继列宁之后，斯大林提出了一国建成社会主义
论，与此相应，形成了斯大林的社会主义价值思想，他明确提出要发展
生产力、消灭贫困、使人民过上美满富裕的生活；要建立无产阶级专政
的国家制度；要加强马克思列宁主义教育，使全体人员尤其是领导干部
都成为马克思主义者，提高人们的科学文化水平等。斯大林思想对社会
主义建设在一定时期起到了积极的作用，但也存在历史局限甚至严重的
错误，他打破、取消了社会主义建设过程中手段与目的、科学与价值之
间的必要张力，没能实现社会主义的价值原则与科学原则的有机统一。
斯大林逝世后，赫鲁晓夫全盘否定斯大林并进而否定列宁，逐渐脱离乃
至背叛马列主义基本理论，使社会主义价值受到了扭曲和偏离，最终导
致苏联解体。实践证明，苏联解体、东欧剧变并不是科学社会主义价值
体系的失败，而是放弃和背离社会主义价值观的结果。

我国社会主义核心价值体系是中国共产党领导中国人民在进行社会
主义革命、建设和改革的伟大实践中逐步形成和完善起来的，经历了由
阶级斗争为纲到以经济建设为中心、到以发展生产力为中心、再到以人
为本的转换，集中体现在毛泽东思想、邓小平理论、"三个代表"重要
思想、科学发展观与构建社会主义和谐社会及党的一系列路线、方针、
政策之中，体现在中国特色社会主义理论体系中。

二 社会主义核心价值体系的结构体系

社会主义核心价值体系是现阶段我国广大人民群众所要树立的世界观、人生观、价值观和道德观的有机整体，也是社会主义和谐社会需要践行的价值追求。它包括"马克思主义指导思想，中国特色社会主义共同理想，以爱国主义为核心的民族精神和以改革创新为核心的时代精神，社会主义荣辱观"四个方面；具有鲜明的政治性和导向性、民族感和时代感，反映了中国特色社会主义建设当前和今后一个很长时期全体社会成员必须遵循的思想追求、价值准则和行为规范；集中体现了社会主义意识形态的本质属性，是对社会主义核心价值体系科学内涵的深刻揭示。

马克思主义指导思想是社会主义核心价值体系的灵魂，决定着社会主义核心价值体系的性质。在社会主义核心价值体系中，马克思主义提供的是科学的世界观，是认识世界和改造世界的立场、观点、方法，是建设社会主义的理论基础和行动指南。在当代中国，坚持马克思主义的指导地位，就是要把马克思列宁主义、毛泽东思想、邓小平理论和"三个代表"重要思想作为党和国家长期坚持的指导思想，坚持以科学发展观统领经济社会发展的全局，坚持用发展着的马克思主义指导改革开放和现代化建设实践。坚持马克思主义的指导地位，并不排斥社会思想观念的多样化，社会思想越是多样化，越是要坚持和巩固马克思主义在意识形态领域的指导地位。只有坚持马克思主义作为我们的指导思想，才能有效引领和整合社会思潮，在尊重差异中扩大社会认同，在包容多样中形成思想共识。

树立中国特色社会主义共同理想，是建设社会主义核心价值体系的主题。所谓共同理想就是共同的价值追求、价值取向和价值目标。所谓中国特色社会主义共同理想教育，就是通过一定的教育途径、方式和方法将建设中国特色社会主义的共同理想转化为全社会和全体人民群众共同的价值追求、价值取向和价值目标。党在社会主义初级阶段的基本路线所确定的共同理想是把我国建设成为富强、民主、文明、和谐的社会主义现代化国家。党的十六大确定了全面建设小康社会这个现实的共同价值目标。党的十六届六中全会通过的决定明确提出社会和谐是中国特色社会主义的本质属性，是国家富强、民族振兴、人民幸福的重要保证，并进一步把党和全国各族人民的共同理想概括为建设富强、民主、文明、和谐的社会主义现代化国家，构建社会主义和谐社会就成为党和全体人民的共同价值追求。共同的理想和追求，共同的文化观念和价值取向，是一个国家和民族发展进步的精神动力。有了共同理想，中华民族就有了共同奋斗的精神动力。

民族精神与时代精神是社会主义核心价值体系的精髓。民族精神和时代精神是一个民族赖以生存和发展的精神支撑。在五千多年的 历史长河中，中华民族形成了以爱国主义为核心的团结统一、爱好和平、勤劳勇敢、自强不息的伟大民族精神。时代精神是我们民族在新时代的实践中激发出来的，反映着社会发展的前进方向，并为全体社会成员所普遍认同和接受的思想观念、价值取向和行为规范。以改革创新为核心的与时俱进、开拓进取、求真务实、奋勇争先的时代精神，是马克思主义与时俱进的理论品格、中华民族富于进取的思想风格与改革开放和现代化精神实践相结合的伟大成果，是各族人民不断开创中国特色社会主义新局面的强大精神力量。

社会主义荣辱观是建设社会主义核心价值体系的基础。荣辱观是社会主义核心价值体系在人们行为取向方面的具体化。荣与辱反映了人在社会生活中的一种心理感受和价值反思。社会主义核心价值体系中的基本价值范畴、本位价值、核心内容、根本价值标准、根本价值追求、基本价值原则和基本价值规范，制约着社会主义荣辱观中的基本理念、标准体系和规范体系。具体而言，一个社会以什么为本位价值，决定着这个社会的价值体系的性质。社会主义核心价值体系中的本位价值是劳动，是否热爱劳动是社会主义荣辱观中判断荣与耻的标准。为人民服务既是社会主义价值体系的核心，也是社会主义荣辱观的核心。集体主义既是社会主义价值体系的基本原则，也是社会主义荣辱观的基本原则。爱国主义作为集体主义价值观的具体体现，也是社会主义荣辱观的基本原则。社会主义义利观是社会主义价值体系的具体体现，义利关系的处理也就成为社会主义荣辱观中的基本规范。以"八荣八耻"为主要内容的社会主义荣辱观，既具有深刻的思想性，又具有多方面的实践性；既具有内在的逻辑性，又具有现实针对性和可操作性。因此，社会主义荣辱观教育是社会主义核心价值体系建设的操作过程。

社会主义核心价值体系四方面的内容，相互联系、相互贯通、相互促进，构成一个有机的统一整体。在社会主义核心价值体系中，马克思主义指导思想居于最高层面，坚持马克思主义的指导地位，就抓住了社会主义核心价值体系的灵魂。中国特色社会主义共同理想是全国各族人民团结奋斗的强大动力。树立共同理想，就突出了社会主义核心价值体系的主题。以爱国主义为核心的民族精神和以改革创新为核心的时代精神，是对实现共同理想动力之源的价值认同，培育和弘扬好民族精神和时代精神，就把握了社会主义核心价值体系的精髓。社会主义荣辱观是对公民思想行为选择标准的价值认同，是中华民族传统美德、优秀革命道德与时代精神的有机结合，树立和践行社会主义荣辱观就夯实了社会主义核心价值体系的基础。

三　社会主义核心价值体系的功能

社会主义核心价值体系是社会主义制度的内在精神和生命之魂，在我国社会价值体系中处于支配地位，发挥着主导作用，决定着整个价值体系的基本特征和基本方向。

指导功能。马克思主义是社会主义意识形态与社会主义核心价值体系的灵魂，决定着社会主义核心价值体系的性质和方向。随着改革开放的深入，我国社会经济成分、组织形式、利益关系和分配方式日益多样化，人们的价值选择、社会意识、生活方式也日趋多样化。这种多样化是社会进步的体现。同时，我们也必须看到，意识形态越是纷纭复杂，就越需要思想指导；社会越是多样化，就越需要有社会协调发展的理想信念和奋斗目标。坚持马克思主义的指导地位不动摇，坚持用发展着的马克思主义指导实践，牢牢掌握意识形态领域的指导权、主动权、话语权，是时代的必然要求。一旦动摇或放弃马克思主义的指导，实行没有马克思主义指导的社会舆论多元化，就会使反马克思主义、反社会主义的思潮在意识形态领域打开缺口，就会导致社会矛盾激化，政局严重动荡，党的组织分裂，群众生活水平下降，就会最终葬送社会主义事业。社会主义核心价值体系的建设，以其系统的价值理念和鲜明的社会主义特征，确保我国现代化建设沿着正确的方向前进。

引领功能。一个社会的核心价值体系，反映社会意识的本质，决定社会意识的性质，涵盖社会发展的指导思想、意识形态、价值取向，影响人们的思想观念、思维方式、行为规范，是引领社会前进的精神旗帜。它引领多元文化和价值观，最大限度地形成社会共识。当前，我国正处在一个思想大活跃、观念大碰撞、文化大交融的时代，先进文化、落后文化和腐朽文化同时并存，正确思想和错误思潮相互交织的时代。实践证明，多样化的社会思潮既是无法避免的，又是必须加以引领的。如果任其自由发展，那就会影响和冲击社会主义的主流意识形态，影响和冲击党和人民团结奋斗的思想政治基础，影响和冲击构建社会主义和谐社会的共同目标取向，甚至会动摇中国特色社会主义事业的根基。在多元价值并存中形成价值共识，确立得到多数社会成员认同的核心价值观，是当今意识形态领域中的一个大问题。在我国，马克思主义指导思想、中国特色社会主义共同理想、以爱国主义为核心的民族精神和以改革创新为核心的时代精神、社会主义荣辱观，代表着最广大人民的根本利益和整个社会的历史走向，具有其他任何价值体系都不可替代的先进性和影响力，因而必然成为我们党引领社会思潮的伟大旗帜。只有旗帜鲜明、理直气壮地以社会主义核心价值体系引领社会思潮，使先进文化得到发展，健康文化得到支持，落后文化得到改造，腐朽文化得到抵制，在多元中立主导，在多样中谋共识，减少思想冲突，增进社会认同，有效避免因认识差异引发社会动荡，才能在建设富强、民主、文明、和谐的社会主义现代化国家这个总目标下，不断增强全民族的向心力和凝聚力，从而也才能沿着中国特色社会主义道路，把构建社会主义和谐社会由美好理想变为举国上下的一致行动。

整合功能。整合功能是指把各类群体的多种需要整合成利益共同体，使之达到有序状态的能力。社会主义核心价值体系，汲取中华民族优秀传统文化，吸收世界优秀文明成果，倡导和谐理念，培育和谐精神，能够最大限度地形成社会共识，凝聚人心，具有很强的包容性和整合性。在各种思想文化相互交织、相互激荡的复杂背景下，建设社会主义核心价值体系，是我们凝聚和统一社会各阶层、各利益群体思想的有力武器。整合人民内部不同的利益诉求，化解各种社会矛盾，客观上要求以社会主义核心价值体系为根本的和谐文化发挥整合功能，引导人们树立和谐的思想观念，以和谐的思维认识事物，以和谐的态度对待问题，以和谐的办法解决矛盾，以和谐的理念平衡心态，以和谐的方式表达诉求，以和谐的举措凝聚人心，使和谐的理念成为全社会的价值取向，最大限度地消解社会不和谐的因素，把全体社会成员的行为纳入理性、道德、法治的轨道，和睦相处，和衷共济，实现社会力量和社会资源的整合，促进社会的和谐发展。社会主义核心价值体系的整合功能，是以承认文化的多样性为前提，与对文化多样性的包容态度分不开的。社会主义核心价值体系，是一种既具有强烈的民族性又具有鲜明的时代性的先进思想文化，它既主张立足当代，古为今用，推陈出新，又主张立足本国，洋为中用，博采众长；既以开放的心态面向世界，虚心学习世界其他民族的长处，又自觉维护国家、民族的利益和尊严。社会主义核心价值体系，把民族精神和社会主义价值观念相融合，充分借鉴一切有利于促进和谐文化建设的有益经验，充分吸收一切有利于增强人们和谐精神的文化成果，使和谐文化不仅深深植根于中华文化的沃土，而且适应世界发展进步的潮流，最大限度地体现了社会的多元诉求，为民族团结一致、和睦相处提供了更为牢固的精神纽带。

凝聚功能。社会主义核心价值体系凝聚人心的作用体现了文化的认同功能。文化认同是社会、国家和民族的"黏合剂"，正是有了文化认同，国家、社会、民族等共同体才能形成一个有序运转的有机体。文化认同是寻求某种文化的一致性或同一性，是人们对其生活在其中的文化系统所产生的认同与归属感。文化认同是多层次的，其中最核心的是价值认同。价值认同则是人们对某类价值的接受和认可，并形成相应的价值观念。正是由于对共同价值的认同，特定的文化才会对个体产生统摄力和吸引力。价值认同程度决定了文化凝聚力、民族凝聚力的强弱。社会主义核心价值体系是在继承以往人类文明的优秀成果的基础上，经过凝练和升华，创造性地进行发展而形成的理论体系，是社会主义的本质体现，是我们党一贯倡导的思想道德和价值观念的集中体现，是中华传统美德和优秀价值观念在新的时代条件下的丰富和发展，是我们党所倡导的东西与人民群众所认同的东西的有机统一。

规范功能。如果社会主义核心价值体系要对人的行为发挥作用，只停留在观念层次上是不够的，观念上意识到的不一定能够落实到行为上。因此，只有通过一定的社会化形式，即表现为一定的规范，价值观念才能具体地指导人们的行为。社会主义核心价值体系的规范功能就是将价值观念通过一定社会化形式，为人们提供具体的行为准则。社会主义荣辱观非常明确具体的为党员和人民群众的思想和行为提供了道德行为准则、确立了价值导向。

创新功能。社会主义核心价值体系，是一个开放的思想体系，它在指导和引领中国特色社会主义伟大实践中，与时俱进，日臻完善，具有鲜明的创新功能。新中国成立以来，我们坚持推进马克思主义的理论创新，坚持和弘扬党领导人民在长期奋斗中形成的革命精神，继承和发扬全国各民族的优秀文化，吸收和借鉴世界各国文明的先进成果，形成了以改革创新为核心的时代精神，明确提出了社会主义荣辱观。社会主义核心价值体系必定要随着时代的发展和中国特色社会主义的伟大实践的发展而不断增添新内容。因此，这一价值体系自身不是封闭的，而是开放的，它要吸收人类创造的一切先进、有益的思想文化成果，不断丰富和完善自己。我们应当把建设社会主义核心价值体系自觉地统一于建设中国特色社会主义、构建社会主义和谐社会的伟大实践中，在坚持中发展，在发展中坚持，不断推动社会主义核心价值体系的发展与创新，始终保持鲜活的生命力、强大的感召力，确保我国经济社会发展沿着社会主义方向前进。

第三节　社会主义核心价值体系与大学生价值选择

一　当代大学生价值观演变的轨迹、趋势及特点

改革开放以来，中国进入新的历史发展阶段。高考制度恢复后，广大青年带着创伤寻找新的学习和成材机会，"把失去的青春找回来"，这成为当时青年大学生的主流价值观。80年代初，经历了十年动乱的大学生的价值观由劫后欣喜转入批判讨论，在对主流文化的价值认同迅速减退的同时，表现出初步的理性反思。80年代中期。大学生踊跃参与城市改革实践，但受效益与商品观念的影响，其价值取向呈二元特征，最终导致大学生社会形象的危机。从80年代末，"新读书无用论"

有所抬头，出现了"校园经商""超前择业""退学"等现象。90年代初，大学生更多关注传统文化，进入了反省时期，关心中国现实问题的倾向明显增强。90年代中期，大学生在经历了80年代社会改革的参与体验后，传统文化和爱国主义主旋律回归，积极投入到市场经济和社会发展中去，理性、务实的价值观念日益明确。进入21世纪，大学生的主动性、批判性明显增强，价值观呈现出明显的自主选择特点，自我价值的选择与科技进步、社会发展和自己的兴趣专长更多的联系起来。

剖析我国大学生价值观的演变过程，可发现其基本的变化趋势：价值主体自我化，即大学生在市场经济条件下自我意识、主动和创新的自觉意识增强，个人本位主义价值观悄然为大学生所接受；价值取向功利化，即在对待个人主义态度和集体主义观念上，追求个人正当利益成为其现实的价值愿望；价值目标短期化，由于市场机制及其决定的社会关系因素，利益、实用等思潮在很多情况下具有优势力量，大学生更加关注个人发展和相对短期目标。

综观当代大学生价值观的变化轨迹和趋势，当代大学生价值观呈现出下列特点：一是理想的价值观遭遇现实的考验。大学生特殊的成长历程促使他们树立起美好、科学、理想的价值观，但一旦接触到复杂多元的社会现实，其价值观念则立即增添无限的困惑和矛盾。如青年大学生既有着报效祖国的远大抱负，又深受拜金主义个人主义影响，尤其是看到某些消极腐败的现象时，往往感到无所适从甚至存在随波逐流的危险倾向等。二是价值取向的双重性。体制转变，社会转型，城镇化速度加快，中外文化观念的碰撞，以及全球化、国际化等原因，导致当代中国社会的思想、文化等各个领域的多元化格局，这从根本上造成了大学生价值观的双重性：积极而消极着，探索而茫然着。如中华传统思想中的集体主义、计划体制下的团结协作观念、市场条件下的效益观、西方文化思想中的开拓意识等，这些都会对大学生的价值观形成和发展产生积极影响。但我国传统观念中的墨守成规、计划体制下的平均主义、西方思潮中的个人自由、市场条件下的物质利益至上等不良思想，也会对大学生的价值观形成产生负面影响。三是价值追求中主体意识增强。当今的大学生拒绝绝对服从与盲目崇拜，主体意识觉醒。他们更关注人的主体性价值，强调通过自我设计、自我奋斗促进自我的个性发挥和潜能发展，然而不容忽视的是，大学生在强调自我实现的同时，集体协作观念、服务和奉献精神等显得不足。四是价值取向的实用性、现实性倾向。伴随价值多元而来的是大学生价值评判标准的更加务实，越来越呈现物质化特征。在专业学习和人际交往上悄然加大了实用主义的权重；将追求幸福视作人的权利和人生目标，并越来越带有物质的和感性的色彩；在面临劳动力市场容量与社会的人才需求之间的矛盾时，越来越多的大学生开始考虑自我定位，降低就业期望，努力适应较低起点的工作或创业环境。

二　社会主义核心价值体系与大学生价值观塑造

探析当今大学生价值观变化轨迹、特点以及存在的问题，在于寻求一个引导大学生建构科学价值观的路径。而路径构建的前提就是要培育大学生正确的价值观念，而这一观念就是我们倡导的社会主义核心价值体系。

青年大学生正处于人生价值观形成的关键时期。当代大学生所面临的社会大环境需要用社会主义核心价值体系引领其价值观塑造。从宏观的社会大环境来看，计划经济向市场经济的根本转变，改变了经济运行模式，同时也深刻地改变着人们的思想观念、行为方式、思维方式。特别是效率优先原则、物质利益原则、竞争法则，以及导致人际关系的趋利化倾向和社会消极腐败现象的滋生蔓延，都深刻影响着当代大学生的思想观念及价值观念。与此同时，随着对外开放的日益扩大，西方敌对势力始终把我国作为意识形态的主要对手，他们在输出技术商品的同时，极力兜售他们的思想文化特别是价值观念。高校作为培养人才的基地，作为整个社会最敏感的部分，其意识形态面临着新的挑战和难以回避的渗透与争夺。当代大学生群体价值观念的变迁和分化现状要求用社会主义核心价值体系引领其价值观塑造。如今的大学生生于"80后""90初"，他们对于外部世界的变化与发展、精彩与无奈，有着极强的感受力，随之在思想上心理上表现出明显的不稳定性与变化性。

人的价值观塑造是一个动态的过程，是个体在适应外部环境与满足自身需要之间不断思考、提炼、整合与选择的过程。价值观形成的这一机理，为大学生价值观的教育与塑造提供了可能性，也为"教育"在个体价值观塑造过程中起到独特作用提供了可能性。用社会主义核心价值体系引领大学生价值观塑造，就必须结合当代大学生价值观领域的变化特征，有的放矢，使这一体系的科学内容为当代大学生普遍认同、自觉实践。正如列宁所说过的那样，通过百折不回的努力，让先进的思想和正确的观念渗透到群体意识中去，渗透到他们的习惯中去，渗透到他们的生活常规中去，化为一种坚定的信念。

一是坚持马克思主义的指导思想，用马克思主义中国化的最新理论成果武装当代大学生。马克思主义指导思想是社会主义核心价值体系的灵魂。马克思主义是我们立党立国的根本指导思想。在大学生成长成材的过程中，马克思主义为我们提供了正确的世界观和方法论，是大学生认识社会发展规律、把握未来方向的强大思想武器。只有用马克思主义的立场、观点、方法来正确认识经济社会发展大势，正确认识社会思想意识中的主流与支流，才能在错综复杂的社会现象中看清本质，明确方向。当前，尤其要加强大学生的理论武装工作，大力开展理论学习教育活动，认真学习、深刻领会包括邓小平理论、"三个代表"重要思想以及科学发展观等重大战略思想在内的中国特色社会主义理论体系，使他们在学习中正确认识社会发展趋势，科学定位人生。

二是引导大学生树立中国特色社会主义共同理想，坚定中国特色社会主义理想信念。中国特色社会主义共同理想是社会主义核心价值体系的主题。理想信念是价值观的精髓，它凝练着人们对未来的向往与追求。在现阶段，全社会的共同理想是建设中国特色社会主义。这个共同理想，昭示了我们在21世纪头20年全面建设小康社会，到21世纪中叶基本实现社会主义现代化，把我国建设成为富强、民主、文明、和谐的社会主义现代化国家。这个共同理想，具有强大的感召力和凝聚力。我们要强化大学生的理想信念教育，使他们深刻理解高举中国特色社会主义伟大旗帜，对于当代中国进步与发展的深远意义，自觉认同中国特色社会主义的共同理想，把这一共同理想化为自己的价值追求、价值取向和价值目标，并坚定地为之努力奋斗。

三是培育和弘扬以爱国主义为核心的民族精神和以改革创新为核心的时代精神，使大学生时刻保持昂扬向上的精神状态。培育和弘扬民族精神和时代精神是社会主义核心价值体系的精髓。以爱国主义为核心的民族精神是我们中华民族获得独立、赢得尊严的精神支柱，以改革创新为核心的时代精神是社会主义中国走向富强、文明、和谐的力量源泉。大力开展爱国主义教育，从优秀传统文化中汲取营养，激发大学生的爱国热情，使他们一方面以开放的心态，虚心学习世界其他民族的长处；另一方面树立坚定的民族自尊心、自信心和自豪感，自觉维护国家利益和民族尊严。培育和弘扬以改革创新为核心的时代精神，就是要发掘大学生的创新精神和创新潜力。创新是高校发展的生命力和价值源泉，没有创新，高校就不可能培养出高素质的创新型人才。高校要进一步深化教育改革，构建有利于创新精神迸发和创新人才涌现的培养模式，使当代大学生紧跟时代步伐，勇于开拓，勇于创造。

四是以"八荣八耻"为主要内容的社会主义荣辱观作为当代大学生的社会荣辱观是社会主义核心价值体系的基础。只有知荣明耻，明辨善恶美丑，一个人才能形成正确的价值判断，一个社会才能形成良好的道德风尚。要在大学生中开展社会主义荣辱观教育，引导大学生自觉遵守"爱国守法、明礼诚信、团结友善、勤俭自强、敬业奉献"基本道德规范。把社会主义道德实践融入大学生日常生活、衣食住行。从我做起，从小事做起，践行社会主义荣辱观，陶冶良好的道德情操。

价值观的塑造是一项系统工程。我们不仅要向大学生传授价值观理论，实施社会主导价值教育，更要培养他们的价值判断能力。而培养和提高价值判断能力仅靠灌输是不能达到目的的，它必须落实到校内外的社会实践和有意义的活动之中，落实到大学生的行为选择当中。因此要鼓励大学生广泛参与社会实践，在实践中辨别正误，在实践中加深对社会主义核心价值体系的理解，在实践中创造有价值的人生。

第四节　社会主义核心价值体系是大学生思想政治教育的灵魂

一　社会主义核心价值体系为大学生思想政治教育的目的和任务指明方向

大学生思想政治教育的目的是指通过思想政治教育活动，在大学生的思想和行为以及社会生活的有关方面所要达到的一种未来状态。

大学生思想政治教育目的确立的依据主要是社会发展的客观需要、党和国家的奋斗目标以及受教育者精神世界发展的需求以及思想实际。当前我国提出了构建社会主义和谐社会的理念,这一理念是我们党根据时代发展潮流和当代中国现实,从中国特色社会主义事业总体布局和全面建设小康社会全局出发而做出的重大战略决策,它开辟了建设中国特色社会主义的新境界。构建和谐社会的重要任务是建设和谐文化,而建设和谐文化的根本是社会主义核心价值体系。因而我们可以看出社会主义核心价值体系是当前大学生思想政治教育目的确立的一个重要依据。

社会主义核心价值体系是达到大学生思想政治教育目的的催化剂,为大学生思想政治教育目的确立指明了方向。在我国现阶段,就是要使大学生接受我们党的政治主张和政治信仰,并且充分看到广大人民群众的利益与自身利益的一致性,使建设中国特色社会主义的理想成为他们的共同理想。所以,评价大学生思想政治教育工作效果的一个重要标准,就是要看党的政治主张、政治信仰和现阶段我国各族人民的共同理想是否为广大青年学生所认同。

大学生思想政治教育的任务是用马克思列宁主义、毛泽东思想、邓小平理论教育广大学生,培育和造就有理想、有道德、有文化、有纪律的社会主义新人。从社会主义核心价值体系的四个方面的基本内容可以看出大学生思想政治教育任务的完成需要马克思主义指导思想的引导,马克思主义指导思想具有与时俱进的理论品格。社会主义核心价值体系是指导思想、社会理想、精神动力和道德规范的集合体,将社会主义核心价值体系融入大学生思想政治教育过程中,更加有利于培育和造就有理想、有道德、有文化、有纪律的社会主义新人这一任务的实现,从而也使大学生思想政治教育的任务更加全面。反过来说大学生思想政治教育任务应该是与时俱进的。大学生是一个鲜活的实体,随着时代的不同、环境的变化、大学生个体的差异性,大学生思想政治教育任务也要发生变化。如果大学生思想政治教育任务一成不变,那么将会阻碍大学生思想政治教育进程。而社会主义核心价值体系体现了时代性,就大学生思想政治教育任务的完善而言,它具有理论基础的作用。

二 社会主义核心价值体系指导、引领大学生思想政治教育内容

大学生思想政治教育的基本内容是用马克思列宁主义、毛泽东思想、邓小平理论和党的路线方针政策武装人们的头脑，包括人生观、政治观、道德观、法制观等方面。马克思主义世界观教育是思想政治教育的核心内容，因而以马克思主义为指导充分体现了马克思主义世界观教育的核心地位。政治观教育是大学生思想政治教育的一项基本内容，起主导作用的内容，进行政治观教育是为了帮助大学生树立坚定的政治立场和政治方向，提高政治素养。而爱国主义教育是大学生政治观教育的一项经常性的教育内容，大学生是民族生生不息、薪火相传的建设者和接班人之一。爱国和民族精神是大学生应有的基本素质，因而高校大学生思想政治教育担任着弘扬爱国主义和民族精神的重大任务；既要让大学生学习博大精深的民族传统文化，又让他们紧跟时代步伐，学习世界各国先进的知识文化水平，自觉维护国家民族的利益和尊严。只有培育出真正爱国、有民族精神的人才，国家富强民族振兴才会具有坚定的人才基础。道德观教育中思想道德素质是一个非常重要的因素和衡量准则。从大方面看，它是一个民族的灵魂和支柱；从小的方面看，它是评价一个人素质高低的重要标准。大学生道德素质的高低关系到作为中国建设的接班人的素质高低，关系到中华民族整体道德素质水平，因而大学生的道德需要一个标准来衡量评价。实践表明，道德评价具有直接、明确、易掌握、效果佳的特点，而社会主义荣辱观作为衡量标准迎合了大学生思想道德素质的评价要求。通过社会主义荣辱观可以及时作出肯定与否定，赞扬与批评等评价，这样规范了大学生的行为，加强其道德修养。可以说道德观教育重在培养大学生的道德素质，而社会主义核心价值体系中的社会主义荣辱观是对道德观教育效果的评价，也是道德观教育内容的经典概括。

大学阶段是大学生确立自我、实现人生目标的关键时期，引导大学生树立高远的志向，是思想政治教育的核心内容。共同的理想信念是一定社会主体共同价值目标的集中体现，当代中国大学生思想政治教育的实质就在于从思想政治理论的高度，使大学生充分认识到中国特色社会主义共同理想的科学性，使大学生不仅在情感上，更能从世界观的角

度，理性地接受和认同中国特色社会主义的价值目标；使他们既看到中国特色社会主义事业面临的挑战和困难，又看到中国特色社会主义事业所具有的旺盛生命力，在构建社会主义和谐社会、加快社会主义现代化建设的历史进程中奋发有为、建功立业。所以，中国特色社会主义共同理想教育是当代大学生思想政治教育的灵魂和基础，它决定着大学生思想政治教育的基本性质。

三 社会主义核心价值体系是大学生思想政治教育价值实现的动力

大学生是未来社会发展的主要推动力量，大学对大学生的塑造深刻地影响着国家、社会的发展和民族的未来。大学生思想政治教育作为塑造大学生灵魂的主渠道，对大学生形成完整人格，培养创新精神和实践能力具有重要作用。大学生思想政治教育的社会性价值是为大学生实现社会理想服务的，对社会存在和发展起着不可估量的作用。当今，大学生思想政治教育以发展大学生本身为目标指向，在发展集体价值的同时充分发展个体价值，凸显了个体价值的时代地位。个体价值由工具性向目的性发展是当代大学生思想政治教育价值发展的重要方向之一。当代大学生思想政治教育通过引导大学生政治方向、激发大学生精神动力、规范大学生思想行为、塑造大学生健全人格等全面发展其个体价值。

社会主义核心价值体系是大学生思想政治教育价值的体现，是大学生思想政治教育价值实现的动力，符合大学生思想政治教育价值发展的当代趋势。改革开放以来，我们形成了改革创新这一时代精神的核心。当代大学生思想政治教育就是要充分利用改革创新为核心的时代精神，在解决和回答一系列新问题中创造出新内容、新途径、新方法，积极探索大学生思想政治教育的规律，与时俱进地推动思想政治教育内容体系和教学模式的创新，使思想政治教育学科获得理论发展创新，使大学生的政治理论素养和思想道德水平得到提高，从而不断增强大学生思想政治教育的实效性，实现大学生思想政治教育的价值。

四 社会主义核心价值体系凸显大学生思想政治教育基本原则

思想政治教育的基本原则贯穿于思想政治教育的全过程，对思想政治教育的顺利进行具有非常重要的意义。中共中央、国务院颁发的

《关于进一步加强和改进大学生思想政治教育的意见》明确提出了加强和改进大学生思想政治教育的基本原则，即："坚持教书与育人相结合；坚持教育与自我教育相结合；坚持政治理论教育与社会实践相结合；坚持解决思想问题与解决实际问题相结合；坚持教育与管理相结合；坚持继承优良传统与改进创新相结合。"这些原则是马克思主义的立场、观点、方法的直接体现，马克思主义是科学与信仰、真理与价值、规律与规范的统一，它既包含一种崇高的价值追求，显示出一种公正的价值判断，又包含着一种进步的价值准则。它有利于促进大学生思想政治教育的科学化和时代性，提高大学生思想政治教育的效益，推动大学生思想政治教育的发展。然而社会主义核心价值体系可以说是在建设中国特色社会主义进程中对大学生思想政治教育基本原则的直接体现。社会主义核心价值体系的基本内容是由马克思主义指导思想、中国特色社会主义共同理想、以爱国主义为核心的民族精神和以改革创新为核心的时代精神、社会主义荣辱观构成。这四个方面集中体现了大学生思想政治教育的基本原则，它们是大学生思想政治教育基本原则的全面概括，同时社会主义核心价值体系也是大学生思想政治教育基本原则确立的参照物。

第五节　大学生思想政治教育是传承社会主义核心价值体系的重要途径

一　高校思想政治理论课是社会主义核心价值体系的教育主渠道、主阵地

大学生群体的特殊性决定了课堂是开展大学生思想教育工作的主阵地。高校思想政治理论课承担着帮助大学生树立正确的世界观、人生观和价值观教育的艰巨任务。它决定了该课程是在大学生中牢固树立社会主义核心价值体系的主渠道。首先，高校思想政治理论课通过共同的理想信念、价值观念和道德规范教育，引导大学生群体树立科学的世界观、人生观和价值观，为核心价值体系的形成和传播提供了思想基础。其次，高校思想政治理论课是社会主义核心价值体系的主要宣传阵地。通过课堂上对核心价值体系内容的讲授，不断深化大学生对体系内容的认识和理解，增强他们对核心价值体系的认同感。最后，高校思想政治理论课是构建社会主义核心价值体系的教育保障。高校思想政治理论课通过对大学生进行理想信念教育，提高其思想政治素质，调动积极性，为他们以后投身社会实践提供精神动力。

2006 年开始我国高校实施思想政治理论课的新方案。这一方案进一步突出了该课程在大学生思想政治教育过程中的重要地位和时效性。中共中央、国务院《关于进一步加强和改进大学生思想政治工作的意见》，对加强大学生思想政治教育提出了明确目标和要求。包括：（1）以理想信念教育为核心的世界观、人生观和价值观教育；（2）以爱国主义为重点的民族精神教育；（3）以基本道德规范为基础的公民道德教育；（4）以学生全面发展为目标的素质教育。从这些目标和要求可以看出，大学生思想政治教育的内容与社会主义核心价值体系的内涵完全一致。社会主义核心价值体系是大学生思想政治教育的精华和核心。落实好社会主义核心价值体系的教育工作，就抓住了做好大学生思想政治教育工作的根本。因而，以社会主义核心价值体系统领思想政治理论课的教学就成为当前大学生思想政治教育工作的重点。充分发挥高校思想政治理论课在构建社会主义核心价值体系中的教育主渠道作用需要做好以下几个方面的工作：

把社会主义核心价值体系转化为人民的自觉追求，需要主动做好意识形态工作，需要把构建社会主义核心价值体系的工作具体落实在实践中。这是一个系统工程，需要从理论建设、思想教育、文化建设、舆论宣传、社会心理和制度创新等层面协调努力。根据意识形态工作的特殊性，思想政治教育是其中最为重要的一个方面，其作用的发挥直接制约着意识形态建设的成效。毋庸置疑，大学生的思想政治教育工作在整个思想政治教育工作中处于核心地位。这是因为大学生是未来社会主义建设的生力军，他们的思想政治素质关系到国家的未来。因而做好大学生的思想政治教育工作是落实社会主义核心价值体系建设工作的重点。

二　高校思政教育是贯彻维护社会主义核心价值体系的有效路径

思想政治教育是一种通过改造人们的主观世界从而改造客观世界的社会实践活动，是对人们的思想意识、政治观点和道德品质施以影响的教育活动。高校思政教育之所以成为宣传社会主义核心价值体系的有效途径，原因在于以下几个方面：（一）拥有知识层面广博的教辅行政人员。高校的教辅行政管理人员具备渊博知识，他们受过高等教育，拥有与社会主义核心价值体系相一致的政治素质，拥有健康的情感世界、高尚的人格力量、精益求精的精神，拥有具备自然科学知识、人文科学知识、技术科学知识及技能以及文学、艺术、卫生体育等方面素养的文化素质。（二）可塑性强的学生群体。如果说高校教师是精神产品生产者的话，那么他们直接生产出的产品是大学生，大学生质量高低直接影响到国家的发展和社会的进步，他们作为中国社会中文化层次较高的群体，通常被认为是最活跃、最健康的群体之一，他们正处于人生观、价值观、世界观的形成期，对外界的事物充满好奇，易于模仿，但缺乏辨识能力；在对社会事物有着独到深刻见解的同时，存在一定的偏差，需要外部力量的积极引导和帮助。（三）拥有复杂性低、学术性强的人文环境。高校作为促进文化发展的一支重要力量，是大学生提高自我、走向社会的一个平台，它拥有良好的育人环境、浓厚的文化氛围、严密的组织领导系统、受过专门训练的教师、志同道合的学生群体以及用于教学的专门设备，设有合理齐全的课程以完善学生的知识结构。由于学校主要由学生和老师组成，成分相对单一，不具备一般社会环境的复杂性，受外界不良思想的影响程度相对来说较小，因此将社会主义核心价值体系作为学生的主流意识形态进行灌输具有很大的优势。

第 三 章

社会主义核心价值体系内化为
大学生自觉行为研究

没有革命的理论，就不会有革命的行动。一个好的理论，只有内化为思想要求，外化为行为规范，才能充分发挥理论的指导作用，社会主义核心价值体系是党在经济全球化、价值取向多元化的形势下，适应思想文化领域的新变化举起的带领全国人民开拓前进的精神旗帜。这一科学体系只有被人们充分理解，人们内心接受并转化为价值认同，才能自觉遵守和奉行，才能最大限度发挥社会主义核心价值体系的引领效能。

当代大学生是最优秀的青年群体，是祖国的未来和希望。把社会主义核心价值体系融入大学生思想政治教育全过程，加强大学生核心价值观教育的重点在于把社会主义核心价值体系内化为大学生的自觉行为。这就要求我们研究人的思想行为关系和思想政治教育的功能，针对大学生的年龄、思想和行为特点，研究大学生思想行为的形成过程、影响因素和作用方式，探讨将社会主义核心价值体系内化为大学生自觉行为的动力、原则和规律。

第一节　人的思想内化为行为的条件和规律

一　思想和行为的概念界定

"思想"一词在中国古代就已经进行过广泛的应用。在近代，"思想"一词大多用作名词，指人们的思维条理脉络；念头、想法；思想道德品质；客观存在反映在人的意识中经过思维活动而产生的结果或形成的观点等。当前，不同学科领域对人的思想的界定存在一定的区别，逻辑学从思维正确运行的角度探讨通过概念、判断、推理等如何形成正确的思想，心理学侧重从人的认知、感情、意志的角度探讨人的思想运动变化的规律，教育学侧重研究教育现象总结教育规律，因为教育的主客体涉及人的思想变化发展，所以教育学往往依据心理学的相关知识，开展如何影响、改造人的思想的研究。管理学、社会学、组织行为学等众多学科对人的思想均有探讨。马克思主义哲学辩证唯物主义对物质和意识的关系进行了科学论述，为"思想"的界定提供了理论基础，思想作为意识的一种，对人的行为和动作具有能动反作用，思想是人脑对客观外界的反映和思考，支配人的行为的认识和观念，具有特定的功能，所以，要全面科学地理解思想的含义，必须把两者结合起来。据此我们认为可以这样给思想界定："思想是人脑反映思考外界客观存在并能支配人的行为的认识和理念。"① 思想具有表层、中层和核心层三个层次结构，每个层次依次增加稳定性，处于核心层的是人生观和世界观。人的思想是人的本质的反映，在现实性上是一切社会关系反映在人脑中的总和，无论思想多么稳定，总是由外在的客观环境决定和影响的，加强对人的教育引导，可以极大地塑造人的思想，每个时代的人的思想，都具有所处时代的特征。这为某种价值观念内化为人的思想进而支配人的行为提供了现实性。

行为是人的生理、心理和思想活动的外在表现形式，是人有意识、有目的的影响周围环境和事物的动作过程。作为一种有目的的活动，人类行为的发生往往具有特定的动机，在心理学上一般认为动机就是决定人的行为的发端、方向、强度和持续性的内部动力，而动机的形成又是基于人的需要，人们根据自身需要满足的程度，会在动机上形成强弱之分，表现出兴趣、意向、意图和信念等，从而决定着人的行为的用力方向、强度和持久性。因此，考察人的行为就必须深入到人行为时的动机继而深入到人的需要，搞清楚需要、动机、思想和行为之间的相互关

---

① 姚伟龙等：《"90后大学生"思想行为特征分析——基于思想行为学视角》，《成人教育》2011年第2期。

系，在这些概念中，人的需要和动机作为人的思想的组成因素，从根本上看，势必是由人的思想决定的，如果单个人的某种需要被社会思想或者单个人的思想所阻止，那么，这个人的需要就不能形成动机或者一旦形成动机就必然会受到相应的制裁和惩罚，所以，归根结底，人的行为是由人的固有的思想所支配的。同时，人的行为，在社会关系中的反复实践和发生，会形成某种定势，这些定势性的东西，经过大脑的加工，进一步作用或者积淀为思想，所以，人的行为被固有的思想支配并在一定程度上又会形成新的思想判断和内容。

二　思想内化为行为的条件和规律

思想内化为行为，需要首先明确两个方面或者过程：一是社会思想内化为个体思想；二是个体思想转化为自觉行为。如果不具备解决以上两个问题的条件，思想内化为行为就不可能实现。

1. 集体思想内化为个体思想。

一种社会思想内化为个体思想，至少涉及社会思想本身、内化过程、个体三个方面的有机统一。"社会思想是指大部分人形成或认可、接受的共同思想，代表着一定社会生活、社会活动的思想主体，是一个社会主体接近客体、主观符合客观的真理性思想，其实质是集体思想，是对人们认识世界和改造世界的集体实践活动的反映，由人们集体需要和利益所决定。"[①] 从社会思想的角度看，社会思想是内化的对象，所以社会必须具备可以被大多数成员所接受的社会思想，这种思想具有被广泛接受的合理性和合法性。

社会的集体思想往往具有同个人原有认知结构相矛盾的一面，这是集体思想存在的必要性。但这种矛盾不具有根本的不可调和性。集体思想必须在较大程度上符合个体原有的认知结构，这是思想内化的又一条件。苏联著名心理学家维果茨基曾经提出"最近发展区"理论，该理论认为，个体原有的心理发展水平与在外部信息刺激下产生的新的心理发展需求之间存在一定矛盾，当外部刺激信息作用于个体原有心理的

---

① 姚伟龙等：《"90 后大学生"思想行为特征分析——基于思想行为学视角》，《成人教育》2011 年第 2 期。

"最近发展区"中，比较容易被接受，如果这些信息不及或者超越个体"最近发展区"，则不易被个体所接受。同时，社会思想还必须能够在较大程度上满足个体的心理特征，通过坚持和实践这种思想，个体在荣誉、尊严等心理方面可以获得一定程度上的满足。因此，从个体的角度看，一种集体思想能否被顺利接受，必须深刻把握接受个体的心理特征和原有的认知结构，否则，容易形成"被接受"的不良局面，不但不能接受，反而形成逆反心理和抵触情节，更无内化可能。

在社会集体思想和个人思想之间能够融合一致的基础上，就是内化的过程科学合理、方式多样、手段新颖。这是社会思想内化为个体思想的又一条件。内化就是指受教育者在教育者或者其他社会教育因素的作用下，接受社会思想并转化为个人意识，既能做到真正地相信、接受和遵守社会思想，又能够自愿地将这些思想作为自己的价值准则与行动依据的过程。思想内化的过程大体有注意、理解和接受三个环节，每个环节的形成都需要具备一定的条件。从注意环节来看，社会思想引起个体注意是比较浅层的内化，但是内化的开端。引起个体注意应该具备个体需要的指向和表现程度、个体的特殊情感、兴趣等主观条件，此外，还需要社会思想给予比较激烈的、富于变幻的刺激存在等客观条件；从理解的角度看，理解是在注意的基础上的继续认知，往往通过改述、归纳、外推等层次来表现，需要个体拥有一定的思维能力和知识取向；从接受的角度看，接受就意味着内化成功，是个体对社会思想进行比较、鉴别、选择、最后摄取，并归结为个人认知结构部分的过程。个体接受的过程是个体以自身原有的知识结构和认知结构重新"编码"的过程，如果个体缺乏"编码"程序，所接受的社会思想无法纳入个体认知结构时，社会思想就不能持久停留在个体头脑中而只能作为"短期记忆"，所以，反复的对个体认知结构"编码"程序的训练和培养就成为个体最终接受社会思想的关键环节。这个环节需要社会思想以科学的、多样的、变幻的表达方式不间断地进行影响。

2. 个体思想转化为行为

相对于个体原有认知结构而言，当一种崭新的社会思想内化为个体思想后，个体思想就具有了社会思想的一致性，个体思想转化为个体行为就成为必须。个体思想转化为行为，中间存在因为思想或为了实现思想而形成的需要和动机，人的需要是绝对的，不需要是相对的，而满足需要则是相对的，满足不了需要是绝对的。一种需要满足了，又会产生新的更高层次的需要。需要是无限延伸的，人们对生活追求永远不会有知足的时候。社会思想对应的是社会需要，个体思想对应个体需要，当个体思想统一于社会思想后，个体的需要也应统一于社会需要。因此，一种社会思想的贯彻和落实必须能够满足个体的需要，当个体在自身头脑中的思想指导下表现自身行为时，会产生预期的目标，其行为就会积极向上，就会形成社会成员一致的行为方式，实现党和国家的要求。这是思想转化为行为首要具备的基本属性。

出于思想或者实现思想而形成的需要转化为行为，还必须存在推动个体行动的直接动机，动机始发推动人的行动，要具备两个条件：一是需要强度。当需要强度由弱增大，对大脑产生强烈刺激时，需要才能转化为动机和愿望，形成始发和指向功能，驱使一个人朝特定的方向行动。二是对象可能。必须有能满足需要的外部目标和环境，使行动实施有现实的空间。

综上所述，社会思想转化为个体行为需要"两步走"，第一步是社会思想内化为个人思想，成为个人思想的统治力量；第二步是社会思想统治个人思想后，个人思想转化为行为自觉，这基于社会思想的统治可以将社会需要和个人需要结合起来，满足个人生存发展的需要，需要的程度越强大，个人行为的动力越强大，个人行为的动机就越持久，一旦个体面对可以经过努力实现自身的目标时或者对象具有实现的可能性时，个人的行为就自觉起来，这就是思想支配行为，思想内化为行为自觉的一般规律。

三 思想政治教育在人的思想向行为内化过程中的价值

思想政治教育是社会或社会群体用一定的思想观念、政治观点、道德规范，对其成员施加有目的、有计划、有组织的影响，使他们形成符合一定社会所要求的思想品德的社会实践活动。要使一种社会思想内化为个体思想，个体思想转化为行为自觉的途径和方法是多方面的，包括来自己家庭、社会、学校等诸多力量的共同作用。但在这些力量中，没有哪种力量比学校教育中的思想政治教育工作更加直接和有效。因此，在社会思想内化为个人行为过程中，必须十分重视和发挥思想政治教育工作的价值。

1. 思想政治教育在人的思想内化为行为过程中承担价值导向的作用

价值导向的主要依据和主要内容是社会意识形态，"任何一个时代的统治思想始终都不过是统治阶级的思想"。[①] 思想政治教育的导向作用，可以清晰表明我们提倡什么、反对什么，为社会思想的表达、动员、传播、交流等提供了最有力的平台。目前，社会主义核心价值体系无疑成为我国价值导向的核心和主导。马克思主义指导思想，是社会主义核心价值体系的灵魂；中国特色社会主义共同理想，是社会主义核心价值体系的主题；民族精神和时代精神，是社会主义核心价值体系的精髓；社会主义荣辱观，是社会主义核心价值体系的基础。四个方面相互联系、相互贯通、相互促进，是一个有机的统一整体，反映了社会意识的本质，决定社会意识的性质，体现整个社会的发展方向和国家的根本利益，成为维系社会团结和睦的精神纽带。在思想政治教育过程中，通过理论研究、政治宣传、教育教学、思想政治工作等的开展，将这些凝合为社会思想的价值及时传达给社会成员，为社会成员提供了思想参考和价值取向，直接作用于思想转化为行动。

2. 思想政治教育在人的思想内化为行为自觉的过程中承担行为导向的作用

行为导向是通过树立具有群众基础、又对群众有感召力的先进模范，使大家钦佩而在精神、心理、人格、行为等方面加以仿效。思想政治教育的行为导向使停留在人头脑中的理想性认知具体化、对象化，可以给个体的思想和行为带来巨大的感染力和说服力，为个人行为提供明辨的方向和判断是非的标准。思想政治教育的行为导向具有丰富的内容，包括人格导向、行为方式的导向和行为导向，通过先进榜样的作用，可以升华个体的人格，明确个体在复杂环境中的行为方式，培养良好的个人行为习惯，促进人的高尚思想和高尚行为的产生。

除了以上几个方面，思想政治教育在人的思想内化为行动自觉的过

---

① 马克思、恩格斯：《共产党宣言》，人民出版社 2014 年版，第 43 页。

程中承担保障作用、教育作用、协调和激励作用等，党提出"政治工作是一切经济工作的生命线"，思想政治教育作为政治工作的核心，"是团结全党进行伟大政治斗争的中心环节"，因此，思想政治教育在社会思想、个体思想、个体行为相互转化的过程中发挥着不可替代的作用。

第二节　思想政治教育将社会主义核心价值体系内化为大学生自觉行为的作用

大学生是国家宝贵的人才资源，是民族的希望、祖国的未来，肩负着人民的重托、历史的责任。大学阶段，是人生发展的重要时期，是世界观、人生观、价值观形成的关键时期。依据上述思想政治教育在人的思想向行为内化过程中的价值，充分发挥思想政治教育导向功能，将社会主义核心价值体系内化为大学生的自觉行为。

一　当前我国大学生思想和行为特点

教育部在第 18 次全国高校学生思想政治状况调查的基础上分析指出，当前高校学生思想政治状况继续保持积极、健康、向上的良好态势，与 20 年前相比发生了转折性变化。他们具有浓厚的爱国情怀，在国家大事、难事、急事面前，能够自觉担当、奋勇向前，表现出强烈的爱国热情、高度的社会责任感、崇高的奉献精神，是值得信赖、堪当重任、大有希望的一代。这是对当前我国大学生的思想和行为特点的客观、凝练的评价。

经过改革开放 30 多年的发展，我国大学生个体的思想与社会思想和行为基本保持一致的良好态势。在政治思想方面，我国大学生关注国家大事的程度空前高涨，能够从自己的独特理解中展现对党和政府的拥护和支持。在全球一体化的情况下，并没有出现盲目崇拜西方世界和被西化现象，而是能以更加理性的眼光关注国际大局，在比较衡量的基础上，他们的爱国情怀浓重，对党探索和坚持的中国特色社会主义道路和理论体系充满信心。以河南省大学生为例，在 2009 年调查中，认同"中国特色社会主义理论体系是马克思主义中国化的最新成果"观点的大学生的比例超过80%，认同"在当代中国坚持中国特色社会主义道路就是真正坚持社会主义"观点的大学生比例超过70%；在道德方面，总体上看大学生的价值取向积极良好，人生观积极向上，与社会其他群体比较，可以模范地遵守道德规范，信仰问题可以客观公正地看待；在个人成长成才思想方面，大学生群体十分重视所在学校的专业教师队伍、辅导员队伍建设和高校培养教育基本条件的完备，特别重视高校对大学生就业的帮助和指导，在个人未来发展道路问题上，显得更加现实和客观；在大学生心理健康思想方面，大学生普遍感觉高校学习的压力较大；在学习和生活的思想方面，能够以朴素节约为主要思想，特别钟爱丰富多彩的课余文化生活，在专业学习和技能培训方面，基本满意自身的表现。

但是，在大学整体思想和行为积极向上的同时，还存在值得关注的问题。主要表现在价值取向多元化倾向显现。当代大学生身上集中体现着时代特征，社会深刻转型、信息网络迅猛发展、多元文化相互碰撞，加之世界一体化进程的推进，各种社会思潮、文化意识、价值观念和生活方式对大学生的冲击，等等，必然会产生多样化的价值观念，过分讲求实惠已在一部分学生中成为时尚；思想观念和行为脱节值得关注。当代大学生思想观念积极，行为务实。他们对"空头政治"、形式主义、"神万能"已不屑一顾。他们渴望成才，企盼致富，关心"看得见摸得着"的实惠，遇到具体问题会变得更加务实。部分大学生"知"的水平虽然已达到一定高度，但"行"却远远跟不上。"知"与"行"不统一这种表层的价值观与深层人格特征之间的矛盾与差异不利于他们良好人格的形成和塑造，这种特点的形成主要是因为当前大学生的文化价值观处于混沌、不稳定的状态，致使他们角色混乱和自我同一性丧失。这些问题的解决始终是加强和改进大学生思想政治教育工作的主要任务。

二　社会主义核心价值体系与大学生思想政治教育目标同向

高校肩负着为社会主义现代化建设培养素质上全面过硬的合格人才。2005年1月，胡锦涛总书记在全国加强和改进大学生思想政治教育工作会议上指出：培养什么人，如何培养人，是我国社会主义教育事业发展中必须解决好的根本问题。他强调指出,切实加强和改进新世纪新阶段大学生思想政治教育,要以理想信念教育为核心,深入进行正确的世界观、人生观、价值观教育;以爱国主义教育为重点,深入进行民族精神教育;以基本道德规范为基础,深入进行公民道德教育;以大学生全面发展为目标,深入进行素质教育。这"四个以"的要求与"四方面"的教育内容,深刻阐明了大学生思想政治教育与社会主义核心价值体系基本内容的一致性,也为大学生思想政治教育指明了方向。社会主义核心价值体系作为我国最根本的集体思想和社会思想,对社会成员的行为必然具有绝对支配和指导作用,是我国当代大学生成为社会主义的合格建设者和可靠接班人必须坚持的根本意识形态要求,为大学生成长成才提供了思想内化的合理性和现实性。把社会主义核心价值体系融入大学生思想政治教育全过程,主要内容就是对大学生开展核心价值观教育,把社会主义核心价值体系内化为自觉行为。

三 发挥大学生思想政治教育的导向功能

思想政治教育在人的思想内化为行为自觉的过程中主要承担价值导向和行为导向的作用。遵循思想政治教育的"适应超越规律",思想政治教育既要适应大学生的思想道德状况,又要有所超越,体现社会思想道德要求。

根据大学生群体自身发展的特点,开展思想政治教育工作。大学是知识创新、传播和运用的基地,是培育创新知识的摇篮,是接受人文精神和科学精神熏陶的园地。引领学术风气,促进思想交流,陶冶品德操守,建设精神文明,是大学的灵魂之所在,大学浓厚的学习研究和成才的氛围,成为青年人的向往,也是大学生成才的沃土。当代大学生年龄一般在18—23岁之间,是个体在身心、知识各方面承上启下的转折时期,是个体走向社会、独立承担社会重任的准备时期,是人才成长、事业定向的黄金时期。在这个时期,大学生精力充沛,充满理想,思想活跃,敢于担当,体现了青年学生刻苦钻研、自强不息的优秀品质和勇于拼搏、奋发向上的蓬勃朝气。然而,思想不够成熟,情绪极易波动,价值观不太定型,可塑性较大等方面,也是青年学生有待加强的地方。我们要抓住大学生这一思想行为特点,围绕"合格建设者和可靠接班人"

的培养目标，确立"德是人才素质的灵魂""一要做人，二做学问"的思想，用社会主义核心价值体系引领大学生思想政治教育工作。通过深入细致、行之有效的思想政治教育活动，将社会主义核心价值体系内化为大学生群体的个体思想，继而使个体思想转化为行为。

根据大学生担当的社会责任加强思想政治教育工作。大学生是国家的未来和希望，其思想素质如何，事关全面建设小康社会、实现中华民族的伟大复兴，甚至影响到中国特色社会主义事业建设成败。时代为当代大学生的成长成才提供了广阔的舞台，也对当代大学生的能力和素质提出了更高的要求。大学生要适应时代要求，肩负起新的历史使命，既需要扎实的专业文化知识、能力，又需要较高的思想道德素质。高校承担着培养社会主义合格建设者和可靠接班人的重任，应牢固树立"育人为本、德育为先"的理念，进一步加强和改进大学生思想政治教育工作。社会主义核心价值体系是引领当代大学生成长成才的根本指针，它为当代大学生加强自身修养、锤炼优良品德、成长为德智体美全面发展的社会主义事业的合格建设者和可靠接班人指明了努力方向，提供了发展动力，明确了基本途径。我们要把社会主义核心价值体系融入大学生思想政治教育全过程，帮助大学生树立正确的世界观、人生观、价值观。

第三节　社会主义核心价值体系内化为大学生自觉行为的动力、规律和原则

社会主义核心价值体系作为我国社会主义意识形态的本质体现，构成了我国社会思想的主流，作为一种社会思想内化为大学生的自觉行为，需要具备动力机制、遵循的规律和坚持的原则。

一　社会主义核心价值体系内化为大学生自觉行为的动力

依据上述思想支配行为的条件规律，我们可以看出，社会主义核心价值体系内化为大学生的自觉行为，就必须用社会主义核心价值体系统领大学生群体的个体思想，继而使大学生群体的个体思想转化为自觉行为，从而达到社会主义核心价值体系内化为大学生行为自觉的目的。

社会主义核心价值体系本身的思想魅力以及该思想表现的彻底性。邱柏生在论及中国特色社会主义理论的宣传普及时指出，一般来说，一个理论的魅力主要基于三个因素，首先是理论本身的品质，第二是这种理论与人们的相关需求之间的勾连状况，第三是这种理论能够满足人们需要的程度，其中后两个因素可以合并为一个考量因素。① 马克思也曾说："理论只要说服人，就能掌握群众；理论要说服人，就要彻底，所谓彻底，就是抓住事物的根本，而事物的根本不是别的，只能是人本身。"② 理论越具有说服力，就越能为人民群众所掌握，从而精神的力量也会转化为物质。社会主义核心价值体系的内容决定了其理论品质的正确性。马克思主义和中国化的马克思主义理论是无数无产阶级革命者和社会主义建设者经过艰难探索、反复实践所积累的科学的理论，马克思主义所界定的人生观、世界观、价值观最终目的是为了实现每个人自由而全面的发展，对青年大学生实现自身价值和人的本质具有毋庸置疑的指导性，而中国化的马克思主义是马克思主义理论在我国的创新和发展，进一步具体到中国人民的生存和发展，对大学生的成长成才具有根本指导性；中国特色社会主义共同理想是我国由贫穷落后向发达先进转变的中国特色社会主义道路和旗帜的统一，只有坚持中国特色社会主义道路，青年大学生才能奠定自身成才成长的基础和条件，只有紧紧围绕在中国特色社会主义伟大旗帜下，青年大学生才能不迷失方向；民族精神和时代精神成就了灿烂文明的古代中国和蓬勃发展的现代中国，大学生是历史的继承者，更是未来的开拓者，只有具备爱国主义精神和改革创新的精神，才能取得辉煌的成就；社会主义荣辱观提供了判断是非、荣辱的基本标准，为大学生的成长成才提供了直接行为指导。综上所述，社会主义核心价值体系作为社会思想，相对于成长中的大学生群体来讲，其自身具有极强的理论品质和满足大学生成长需要的能力，具有较强的彻底性。

社会主义核心价值体系满足大学生个体的需要而形成动机。基于需

---

① 邱柏生：《增强宣传普及中国特色社会主义理论的有效性》，《思想政治工作研究》2008 年第 11 期。

② 《马克思恩格斯选集》（第 1 卷），人民出版社 1995 年版，第 9 页。

要而形成的动机是推动个体行为的内在动力。马斯洛认为人的基本需要分为五个层次，即生理的需要、安全的需要、归属与爱的需要，尊重的需要，自我实现的需要。马斯洛认为，而后三种则是高级需要，高级需要的满足建立在低级需要满足的基础上，低级需要的部分满足也会导致高级需要的产生。社会主义核心价值体系作为一种社会思想，给大学生带来的直接感觉应属于高级需要，因此，在进行社会主义核心价值体系教育和内化的同时，必须适当满足大学生相应的合理的低级需要。当前，大学生面临的实际困难比较具体和现实，比如就业问题直接关系到大学生的生存和发展，如果低级需要不能得到满足，大学生面对社会主义核心价值体系时会产生"假大空"的感性误解，所以，进行社会主义核心价值体系内化为个人思想时，应该坚持社会主义核心价值体系在实际操作领域的具体化，从而引导大学生在不断实现低级需要而行为的基础上向实现高级需要而行为的内化路径，形成大学生以社会主义核心价值体系为指导进行行为，不断实现自身的理想需要，不断产生新的需要动机，才能使社会主义核心价值体系内化为大学生行为的自觉。

二　社会主义核心价值体系内化为大学生自觉行为遵循的规律

社会主义核心价值体系内化为大学生行为自觉的规律。思想内化为行为的规律，就是思想、主体、行为等基本要素之间本质的、必然的联系。社会主义核心价值体系作为我国社会思想的主流支配大学生群体的行为时，必须遵循思想支配行为的规律和思想政治教育的规律。

思想支配行为的规律是社会主义核心价值体系得以内化为大学生行为自觉的一般规律。人的思想一旦产生，就要支配他的行为。思想支配行为的过程，人的活动从满足个体某种需要的念头开始，进而产生愿望和理想等。动机是个体的内在过程，行为是这种内在过程的结果。人的思想支配行为有两种情况：一是感性认识支配行为；二是理性认识支配行为。感性认识支配行为常常带有自发性；理性认识支配行为带有自觉性。同时，人的行为在思想的支配下，积极地进行改造客观世界，这是一个检验思想和理论的过程，经过实践进一步深化正确思想认识，并形成新的思想认识，从而行为又促进思想的发展。社会主义核心价值体系作为社会或集体思想，必然是一种理性认识，所以其一旦支配大学生行为，就必然带有自觉性的特征。大学生个体按照社会主义核心价值体系的要求进行行为时，会对周围的客观世界带来特定的影响，这种影响可以是积极的，也可以是消极的，在积极和消极的对比中，进一步强化社会主义核心价值体系的思想要求袪除非社会主义核心价值体系的观点和思想，从而在更高层次上加强社会主义核心价值体系的行为自觉性。

思想政治教育的规律是社会主义核心价值体系内化为大学生行为自觉的基本规律。社会主义核心价值体系作为思想政治教育工作的重要组成内容，其内化为大学生行为自觉的过程必须发挥思想政治教育的作用，遵循思想政治教育的基本规律。思想政治教育的基本规律为"适应超越律"，具体而言，就是教育者的教育活动既要适应受教育者的思想政治品德基础和发展需求，又要超越受教育者的原有基础，体现社会思想品德的要求的规律。社会主义核心价值体系的教育和引导必须适应大学生原有的认知结构和思想基础，处于"接近区域"中，遵循人的思想品德形成和发展的要求、大学生作为人的身心发展特点，坚持一切从实际出发，从大学生的实际水平和素质出发，讲求实效性；同时，社会主义核心价值体系的教育和引导还必须超越大学生原有的思想状况，使大学生群体接受该价值体系后在思想品德、价值尊严、生活成绩、社会认可等方面得到进步和提高，将大学生群体统一到社会主流的要求中来，才能有足够的吸引力和号召力。"适应超越律"揭示了社会主义核心价值体系的要求和大学生自身思想行为之间存在的基本矛盾，体现了大学生成长成才的本质要求，为大学生自觉将社会主义核心价值体系内化并真正认可和力行提供了基本规律。

三 社会主义核心价值体系内化为大学生自觉行为坚持的原则

社会主义核心价值体系内化为大学生自觉行为不是自发的过程，而是在教育教学和社会实践的过程中大学生对所接受的社会主义核心价值体系的认知进行不间断地注意、理解和接受"编码"、实践的过程，必须坚持相应的基本原则。

社会主义核心价值观思想的灌输与解决大学生实际问题相结合的原则。《中共中央国务院关于进一步加强和改进大学生思想政治教育的意见》在加强和改进大学生思想政治教育的基本原则方面强调"坚持解决思想问题与解决实际问题相结合",大学生作为人,其本质"是一切社会关系的总和",处于社会中的大学生,其面临人际交往、生存发展、学习深造等一系列社会带来的要求和任务,这些实际问题具有极强的现实性和迫切性,只有在解决所面临的实际问题后,才能更好地响应社会和国家提出的更高的要求。社会主义核心价值体系为社会主义大学生行为提供指导思想、政治道路、精神风貌、荣辱标准、行为方式等多个方面的内容,从根本上讲与大学生面临的实际问题具有极强的契合性,因此,特定主体在进行大学生社会主义价值观教育活动时,必须从具体上升到抽象,从实际升华为理论,为大学生提供有血有肉的社会主义核心价值体系,而非高高在上空洞无物的高调理论宣传。

社会主义核心价值体系的知识教育与共产主义的崇高信仰教育相结合的原则。社会主义核心价值体系的教育属于价值观的教育,该体系的教育和宣传必须以科学知识为载体,在知识的字里行间融汇出价值观的要求,社会主义核心价值体系本身就是中国化马克思主义的重要组成部分,具有科学的知识性,同时还有一个如何将知识内化为信仰的问题,如果学生只掌握了价值观知识,而没有上升到信仰的高度,价值观的教育就失去了意义。

社会主义核心价值体系的理论教育与大学生社会实践相结合的原则。大学生社会实践是大学生了解社会、服务社会、造福社会的重要途径,更是大学生转化知识、检验理论的最佳平台。在进行社会主义核心价值体系的理论教育后,应该积极引导大学生走向社会,通过丰富多样的实践活动,如大学生志愿服务、参与公益活动、假期实践活动等,了解社会对自身的需求,感悟坚持社会主义核心价值体系所获得的尊严和成就,对比不符合社会主义核心价值体系要求的行为后果,只有经历自身亲身体验后形成符合价值观要求的思想认知过程,才能更加心甘情愿地按照社会主义核心价值观的要求进行自觉行动

旗帜鲜明地批判错误行为和正确引导鼓励积极行为相结合的原则。大学生群体的思想和行为状态处于成熟与不成熟之间,既是引导积极向上自觉践行社会主义核心价值体系要求的良好时机,又是极易思想堕落腐化背叛社会主义核心价值体系的时期。所以,在大学生群体中间要通

过榜样的力量鼓励其形成崇高的精神追求，适当及时地给予表扬和激励，又要通过教育、法律等手段旗帜鲜明的批判错误行为，在反复的试错过程中，促使其不良行为方式得到转化，从而自觉养成良好的行为习惯。

第四章

社会主义核心价值体系贯穿于大学生思想政治教育全过程的方式方法研究

《中共中央国务院关于进一步加强和改进大学生思想政治教育的意见》提出的大学生思想政治教育四项主要任务,深刻回答了"培养什么人"和"怎样培养人"这一我国社会主义教育事业发展中必须解决好的根本问题。同时,也是对大学生提出了"做什么人"和"怎样做人"的基本要求,对大学生思想政治教育提出了"开展什么教育"和"怎样教育"的根本要求。党的十六届六中全会提出"建设社会主义核心价值体系"的科学论断,社会主义核心价值体系的提出则实现了以价值线索对思想政治教育内容的科学整合,即以马克思主义指导思想为灵魂,以中国特色社会主义共同理想为主题和归宿,以爱国主义为核心的民族精神和以改革创新为核心的时代精神为要求,以社会主义荣辱观作为基本道德标准。党的十七大报告明确提出建设社会主义核心价值体系的战略任务,强调要"切实把社会主义核心价值体系融入国民教育和精神文明建设全过程,转化为人民的自觉追求"。社会主义核心价值体系成为大学生思想政治教育内容的灵魂,使得不同方面的大学生思想政治教育内容成为一个价值体系中的不同层次,既体现了整体性,又呈现出层次性,使原有的思想政治教育内容由散在状态转向了聚合状态,符合新世纪新阶段大学生思想政治教育的内在需求。它以科学的体系,对思想政治教育起了明确核心教育内容的重要意义,并使教育内容体系更加系统化。

第一节　当前我国高校思想政治
教育中存在的突出问题

　　随着改革开放的深入，社会大环境的改善，高校思想政治教育也有了进一步的改进，获得了新的生机和活力，内容更丰富，方法有创新，途径呈多样，制度上有保障，普遍呈现出稳定发展的良好局面，这些都标志着我国高校思想政治教育全面进入了强化充实新时期。除传统的思想政治教育内容外，中央及部委先后印发了《公民道德建设实施纲要》《关于加强普通高等学校大学生健康教育工作的意见》《关于进一步加强和改进大学生心理健康教育的意见》《普通高等学校大学生心理健康教育工作实施纲要》（试行）等文件。这些都从制度、政策层面上做到与时俱进，不断完善高校思想政治教育内容。

　　从现状来看，虽然思想政治教育的内容有了较完整的结构体系，但各方面的内容在体系结构中相应的地位不明确，主次关系不清晰，核心的教育内容不明确；同时对教育内容也缺乏一个规范、明确和稳定的表述。具体来看，主要存在以下一些问题：

一　过于理想化和形式化

　　当前思想政治教育内容设置存在过高、过急的超现实的理想化要求，超越了社会发展阶段、社会民众，尤其是青少年的身心发展水平，使得教育的内容远离社会生活，缺乏现实生活根基和现实人性基础。思想政治理论课的教学内容中，大都是对最大问题的一种解说，如世界、国家、社会等问题的解说。因问题宏大，其解说不可避免地具有抽象性，内容指向性也不明确，缺少和现实社会实际密切相连的具体的、实在的内容和社会事例，显得虚而不实，对学生显然缺少说服力。因为内容太过形式化、理想化，被定位于观念上层建筑领域，脱离了人的实践性，难以与现实社会状况相衔接，自然也难以起到思想政治教育应起的教育功能。

二　忽视思想政治教育内容的多样性、内容比较狭隘

　　思想政治教育内容应把主导性和多样性结合起来。改革开放以来，

我国高校大学生思想政治教育工作取得了重大成绩，为全面贯彻党的教育方针，坚持社会主义办学方向，培养合格人才，维护安定团结的政治局面，发挥了重要作用。面对新的形势、新的任务和要求，我们必须及时转变观念，转换视角和转移工作的着力点。但当前思想政治教育往往把教育当成简单的政治任务，由于太过强调其政治性，使得思想政治教育被理解为一种政治宣传。而人为地强化其工具性价值，一味地以牺牲个人价值为代价去迎合社会需要，自然会窄化教育的内容，思想政治教育因为过于强调其政治性，而忽视学生的主体性，无法真正体现"以学生为本"的教育理念，往往会使教育变得抽象、单调，说服力和感染力受到制约，真实性受到质疑，变成空洞的说教和被动的接受，教育的功能也在很大程度上被弱化。

三　缺乏稳定性和连续性

思想政治教育内容是相对稳定性与随机应变性的辩证统一。稳定性是指根据教育方针、教育目标和受教育者年龄特征确定的内容；灵活性是指要根据社会形势和受教育者思想发展变化的实际，灵活地确定某些内容。而传统的思想政治教育在内容上是随机应变有余，相对稳定不足，具体表现为：我们对"政治""思想""品德"等的界定往往受当时社会意识形态的影响，缺乏应有的、面对人的本质和社会生活本质的稳定性，同时其内容的表述也缺乏一个规范、明确的表述。由于没有稳定的内容，就难以对思想政治教育内容进行科学的安排和计划，会出现盲目性和主观随意性，这又会导致教育内容的零碎和肤浅，失去了科学的理论前提和厚实的思想根基，缺乏应有的深度和力度。

第二节　社会主义核心价值体系对大学生思想政治教育的意义论析

一　社会主义核心价值体系的提出及其对思想政治教育内容的价值意义

党的十七大报告指出："社会主义核心价值体系是社会主义意识形态的本质体现。要巩固马克思主义指导地位，坚持不懈地用马克思主义中国化最新成果武装全党、教育人民，用中国特色社会主义共同理想凝聚力量，用以爱国主义为核心的民族精神和以改革创新为核心的时代精神鼓舞斗志，用社会主义荣辱观引领风尚，巩固全党全国各族人民团结奋斗的共同思想基础。"[①] 这些以社会主义核心价值体系的基本内容为依托提出的新要求，既明确了高校思想政治教育的使命和责任，也指明了高校思想政治教育的前进方向。当前，社会主义核心价值体系是中国社会主义具有时代性内涵和特征的主导地位的意识形态，它是立足于社会主义经济基础之上的价值认同系统，它涉及经济、政治、文化、思想等社会生活的方方面面，集中体现了社会主义意识形态的本质属性，在所有社会主义价值目标体系中处于统摄和支配地位。它决定着社会主义的发展模式、制度体制和目标任务，是社会主义制度的精神内核和本质特征。社会主义核心价值体系的新要求就是要在马克思主义指导下，用共同理想凝聚力量，培育人们在思想和情感上的向心力；用民族精神和时代精神鼓舞斗志，培育人们在推动实践上不断前行的向前力；用荣辱观引领风尚，培育人们在提升精神品质上的向上力。这三种"力"作为人的素质，是中国特色社会主义伟大事业对其建设主体的基本要求，也是高校思想政治教育对其对象即大学生基本素质的培育目标。马克思主义指导下的向心力、向前力、向上力是高素质人才培养的必要前提和基础，也是社会主义核心价值体系建设对于高素质人才培养的基本要求。因此，在当前把社会主义核心价值体系贯穿于大学生思想政治教育全过程，契合了思想政治教育作为意识形态工具的本质属性，也满足了时代对大学生思想政治教育提出的新要求。

二 把社会主义核心价值体系贯穿大学生思想政治教育全过程是确保新时期大学生思想政治教育针对性、实效性的要求

思想政治教育应与时俱进，大学生的思想政治教育更应体现时代性、把握规律性、富于创造性。当前，国际国内形势的复杂多变必然引发大学生思想状况的多元多变。高校青年学生的思想政治状况主流

---

① 胡锦涛：《高举中国特色社会主义伟大旗帜为夺取全面建设小康社会新胜利而奋斗——在中国共产党第十七次全国代表大会上的报告》，人民出版社 2007 年版，第 34 页。

是好的，是积极、健康、向上的。但是也有一些青年学生不同程度地存在政治信仰迷茫、理想信念模糊、价值取向扭曲、诚信意识淡薄、社会责任感缺乏、艰苦奋斗精神淡化、团结协作观念较差、心理素质欠佳等问题。一些青年学生呈现出"关心与冷漠相容，希望与困惑并存，进取与彷徨相伴，认同与失落交错"的双重思想特点，他们有强烈的爱国热情，但政治方向模糊；关心拥护改革，但对改革方案和改革进程又存在种种偏颇认识；对民主有高度的参与意识和热情，但又缺乏正确运用民主权利的素质和能力；他们渴望成才，然而在为谁成才、怎样成才的问题上又存在模糊认识。当代青年学生在价值取向上的这种双重性和价值判断上的矛盾性，直接影响着他们的政治立场和思想道德水平。

在这种情况下，如何加强思想政治教育，提高对大学生价值观念的整合能力；如何用马克思主义特别是当代中国化马克思主义最新成果武装青年大学生头脑，扩大主流意识形态在青年学生中的影响；如何弘扬积极健康的道德风尚，帮助大学生树立正确的人生观和价值观；这是我们党的理论研究与思想政治建设面临和必须解决的重大课题，也是高校思想政治教育必须认真研究解决的重大课题。"把社会主义核心价值体系贯穿大学生思想政治教育全过程"是把大学生的思想政治素质具体化为大学生的马克思主义信仰、社会主义信念、爱国立场和思想道德素质，因此，社会主义核心价值体系的提出为增强大学生思想政治教育的针对性、实效性，应对其面临的新形势新挑战奠定了基础。社会主义核心价值体系集中体现了社会主义国家的理想信念、价值标准和道德规范，既有核心价值观，又有政治价值观、经济价值观和社会生活价值观等不同层次；不仅包含了政治意识形态的因素，而且整合了思想观念、价值取向和道德操守。① 这就使得社会主义核心价值体系在坚持社会主义基本原则前提下，具有更大的包容性。社会主义核心价值体系自身所具有的层次性和包容性，准确地把握了当前经济全球化、文化多样化的发展变化趋向，能够统摄多元、规范多变，有利于对大学生群体开展因

---

① 杨晓慧：《社会主义核心价值体系融入大学生思想政治教育全过程论析》，《东北师大学报》（哲学社会科学版）2009 年第 5 期。

势、因群、因业、因人的思想政治教育，从而极大地提升了大学生思想政治教育的针对性、实效性。

第三节　社会主义核心价值体系贯穿于大学生思想政治教育全过程的原则

一　灌输和渗透相结合的原则

高校思想政治教育是作为主体的大学生知、情、意、行的有效结合与统一，是一个不断内化、提升的过程。在高校思想政治教育过程中，学生是内因，是关键因素；教师是外因，是辅助因素。因此，这就要求我们在思想政治教育过程中采取单向灌输与渗透相结合的原则，坚持"以学生为本"的教育理念。

遵循规律，辩证发展。大学生思想政治素质的塑造是一个复杂的辩证发展过程，人的思想政治品德不是生来就有的，而是在后天的外部社会环境影响下形成的，客体因素对人的思想政治品德的形成与发展具有重要影响。这就要求我们要采取思想政治教育的灌输方法，从根本上讲，就是加强思想政治理论课主阵地主渠道的作用，从理论上灌输坚持社会主义核心价值体系在大学生思想政治教育中的主导地位。即要求当前大学生思想政治教育必须将社会主义核心价值体系融入全过程，用社会主义核心价值体系来指导大学生思想政治教育中"培养什么人""如何培养人"的关键问题。但是，高校的思想政治教育灌输不应该成为对大学生的一种外部强加，在教学中还应体现"以学生为本"的教育理念，满足受教育者被尊重的心理需求。因此，实践中，教育者应注重激发学生学习的兴趣和内化的主观能动性，注重培养学生理论联系实际的能力、独立思考和解决问题的能力、主动创新和实践的能力。可以运用课堂讨论、课堂辩论、案例分析、学生演讲、模拟法庭等生动活泼的教学方式，使学生与教师有更多更深的交流，在交流与碰撞中澄清模糊的、错误的认识。同时注重社会主义核心价值体系在人文课程如伦理学、哲学、政治学、社会学、经济学、法学中的渗透力度，学生能够从这些课程中获得思想熏陶，从而提高道德判断力和选择的自觉性，增强对社会主义核心价值体系的体验和理解。

二　理论和实践相结合的原则

大学生思想政治理论教育的目的，是为了帮助大学生树立正确的世界观、人生观和价值观。它的主要表现方式之一是对大学生开设若干门思想政治理论课程。课程教学的主要特征是一种灌输式的、理论知识的传导。而大学生接受理论知识并将它们内化为自己的意识是一个比较复杂的过程，需要一定的社会实践作为这些转化的推动力和"催化剂"，又需要一定的人生经验为依托。恩格斯曾经指出："我们的理论是发展的理论，而不是必须背得烂熟并机械地加以重复的教条。愈少从外面把这种理论硬灌输给美国人，而愈多由他们通过自身的经验（在德国人的帮助下）去检验它，它就愈会深入他们的心坎。"① 在人们的知识、信念和行为之间有一个必须用参加一定种类活动的经验来填补的"网眼"。也即是在思想政治理论课教学中一方面强化社会主义核心价值体系的理论灌输，让大学生对社会主义核心价值体系内容认同更全面；另一方面，社会实践对理论知识起着丰富作用。即通过社会实践，使得大学生对抽象理论知识的理解变得具体化、形象化和多样化。同时社会实践使得大学生对理论知识产生创新的动机和欲望。大学生不会静态地对待书本知识，当他们在社会实践中认识到社会现实在向理论提出新的挑战时，就会萌生创新理论以应对新的问题情景的内在冲动，对社会主义核心价值体系的认同程度更为深刻，从而更能将社会主义核心价值观转化为自己的行为。

如何做到理论和实践相结合，这是把社会主义核心价值体系贯穿于大学生思想政治教育全过程的关键。实践的形式丰富多样，包括课堂教学实践和社会实践。课堂教学实践主要是在课堂上通过案例分析、演讲、讨论等多种形式，把讲台让给学生，充分发挥学生的积极性和主动性。2006 年以来，随着高校思想政治理论课的改革的深入，我们也在教学中创新课堂教学模式。在《思想道德修养与法律基础》课程中，以信阳师范学院作为试点探索和实践"板块互动式"教学模式。开展"两地书"的亲情教育、学习投资效益表等活动，提升大学生的思想道

---

① 《马克思恩格斯选集》（第 4 卷），人民出版社 1972 年版，第 460 页。

德修养。同时把课堂搬到红色革命纪念馆，通过现场教学，对大学生进行爱国主义教育，弘扬民族精神。在《毛泽东思想和中国特色社会主义理论体系概论》课程中，结合时事热点焦点和大学生实际，把讲台让给学生，调动学生学习和接受理论知识的积极性和主动性。同时依托学生处、团委等部门，加强大学生社会实践活动的指导，均取得了很好的效果。2009 年，课题组在信阳师范学院对 400 名在校大学生进行的抽样调查显示：大学生对各门思想政治理论课程的兴趣存在不平衡现象，选择"非常感兴趣"和"比较感兴趣"两者总和的比例依次为"思想道德修养与法律基础"（78%）、"形势与政策"（55.5%）、"毛泽东思想概论和中国特色社会主义理论体系"（45.5%）"马克思主义基本原理概论"（41%）、"中国近现代史纲要"（30.2%）。由此可见，把社会主义核心价值体系贯穿于大学生思想政治教育全过程只有注重理论和实践的结合，才能让大学生全面掌握社会主义核心价值体系的内容和增强对社会主义核心价值体系的认同程度，从而让大学生树立社会主义核心价值观。

三 显性和隐性相结合的原则

从思想政治教育被人感知的程度上看，思想政治教育方法有显性教育和隐性教育的区分。显性教育和隐性教育是相辅相成、辩证统一的一对方法，二者在不同的层面上构成实施方法的整体，彼此相互依存、相互联系、相互补充。我们应整合二者的关系，协调二者的功能，采用显性教育与隐性教育相结合的方法，以争取教育的最佳效果。

显性教育是指思想政治教育工作者通过明显地、直接地向受教育者表明教育的目的、任务和内容，使受教育者受到影响的有形教育方式，显性教育方式的固有特性，使其一直成为高校思想政治教育的主渠道和主要的工作方式。目前我国高校所开设的"思想道德修养与法律基础""马克思主义基本原理概论""毛泽东思想和中国特色社会主义理论体系概论""中国近现代史纲要"思想政治理论课课程以及学生的党团活动等都是显性教育的运用和反映。但是，显性教育具有教条化、强制性的局限，一定程度上影响了高校思想政治教育的实效性。为此，我们应不断对其进行改进与完善，要拓展思想政治理论课的教学方法和手段，运用多媒体技术和信息网络技术进行课堂教学。同时要通过开展心理咨询、热线服务等方式，使大学生思想政治教育的覆盖面更广，形式更加生动活泼，从而激发学生接受信息的兴趣。

隐性教育作为一种教育策略和方法，是相对于显性教育而言。它是指通过无意识的、间接的和内隐的教育活动使受教育者在不知不觉中受到影响的无形教育方式。隐性教育的最大优势就在于它的作用方式是渗透式的，是间接和潜在的，可以有效地避免显性教育可能导致的逆反心理。为此，我们要在校园文化建设中渗透思想政治教育的内容，要拓展物质性隐性教育方式（校园、教室的物理环境等），从而起到陶冶情操，启迪思想，规范行为的作用，激励学生积极上进；完善制度性隐性教育方式（班级与学校教育中的领导体制、管理模式等），通过文化制度的建立健全来规范大学生言行，形成良好的制度文化；丰富精神性隐性教育方式（校风、班风、教材中的内隐价值观、师生互动、教学过程等），给学生以无时不在、无处不在的文化熏陶和文明洗礼，使学生形成正确的世界观、人生观和价值观。

显性教育方法是一种直接的、注入式的思想政治教育方法。其优点在于可以对受教育者进行系统的理论教育，其弱点是，往往忽视教育对象的心理感受。隐性教育方法可以在生活中潜移默化地进行，其优点在于能够有效避免受教育者产生逆反情绪，使思想政治教育更具趣味性、感染性，更具吸引力，能增强思想政治教育的实效。当然隐性方法也有自身的局限，例如无法完成系统理论教育功能，无法对思想政治教育过程进行直接的指导和调控等。因此，我们要善于把隐性教育方法和显性教育方法有机结合起来，使二者合理配置、扬长避短、相得益彰。

四　整体性教育和分层次教育的原则

社会主义核心价值体系既包括四个不同层面的内容，又共同形成了一个从低到高、从实践到理论的完整层级架构和内涵丰富、层次鲜明的有机整体。社会主义核心价值体系的整体性与层次性辩证统一的基本特征规定我们在"把社会主义核心价值体系贯穿于大学生思想政治教育全过程"的工作实践中要遵循整体教育与分层次教育相结合的原则和教育方式。

所谓整体性教育，就是要明确社会主义核心价值体系是中国社会主义具有时代性内涵和特征的主导地位的意识形态，它是"立足于社会主义经济基础之上的价值认同系统，它涉及经济、政治、文化、思想等社会生活的方方面面，集中体现了社会主义意识形态的本质属性"。①因此，要用社会主义核心价值体系来教育人、激励人、凝聚人、鼓舞人，形成中华民族伟大复兴的共同精神力量。这里面的人是包括大学生在内的全体国民。其中，特别强调通过加强大学生思想政治教育推动社会主义核心价值体系对大学生思想政治观念的影响力、渗透力、统合力，这一目标的达成离不开社会主义核心价值体系有效融入大学生思想政治教育的系统性、整体性过程。

所谓分层次教学，即根据受教育者的个体差异，对其进行分类，将其划分为不同的层次，针对每个层次的不同特点，因材施教，借以实现既定的人才培养目标的一种教学方式。分层次教学，即是在坚持社会主义核心体系中处于统摄和支配地位的同时，根据不同形势和大学生不同群体特征、专业特征与个体特征进行分层教学、分类辅导、分段提高、分批推进。

社会主义核心价值体系是整体与层次、先进与广泛辩证统一的理论体系。这要求思想政治教育既不能因为学生中存在不同层次的思想道德素质而降低甚至否定先进性的要求，也不能不顾现实差异，用完全相同的标准要求所有大学生。因此在大学生思想政治教育方法的改革上，追求系统化整体性教育的同时，要针对不同学生个性特点设计实施与之相适应的教育方法，进一步促使大学生思想政治教育构建起丰富多元的方法群。

第四节　社会主义核心价值体系贯穿于大学生思想政治教育全过程的路径推进

党的十七大报告提出"切实把社会主义核心价值体系融入国民教育和精神文明建设全过程，转化为人民的自觉追求"战略目标以后，

①　韩震：《社会主义核心价值体系研究》，人民出版社 2007 年版，第108 页。

如何用社会主义核心价值体系对大学生进行思想政治教育，使他们成为社会主义核心价值体系的深入学习者、社会主义核心价值体系的坚定信仰者、社会主义核心价值体系的积极传播者、社会主义核心价值体系的模范践行者，是新形势下高校及全社会教育工作者迫切需要思考和解决的重大课题。为此，本课题组通过深入调研，具体研究高校思想政治理论课和各门专业课教学、社会实践活动、校园文化建设、心理健康教育、师德师风建设等方面在把社会主义核心价值体系贯穿于大学生思想政治教育全过程中的作用方式，着力构建起大学生社会主义核心价值体系教育的有效路径和机制，从而为加强和改进新时期大学生思想政治教育，坚持和巩固社会主义核心价值体系在大学生思想政治教育中的主导地位开创教育工作新格局。

一　充分发挥思想政治理论课课堂教学主阵地作用，注重社会主义核心价值体系在人文课程和其他专业课程中的渗透力度，同时结合课外其他认知性教育途径，提高大学生对社会主义核心价值体系理论认知

思想政治理论课是大学生思想政治教育的主渠道，也是对大学生进行社会主义核心价值体系教育的主阵地和有效途径。它可以帮助大学生掌握马克思主义立场、观点和方法，坚定对马克思主义的信仰，认同中国特色社会主义的共同理想，理解以爱国主义为核心的民族精神和以改革创新为核心的时代精神的深刻内涵，践行社会主义荣辱观。社会主义核心价值体系的提出，为新时期高校思想政治教育工作提出了战略目标，它与思想政治理论课的目的是一致的，所以抓好了思想政治理论课的教学工作，就抓住了大学生社会主义核心价值体系教育的首要问题。此外，社会主义核心价值体系还作为意识形态层面渗透在其他专业课之中，教育工作者应认识到利用传授专业课知识的同时开展思想政治教育的重要意义，要注重发挥专业课教师在大学生社会主义核心价值体系教育中的重要作用，使其肩负起育人职责，从多方面提高大学生对社会主义核心价值体系理论认知。

1. 充分发挥思想政治理论课课堂教学主导作用，强化大学生理论教育的系统性

高等学校的一切工作必须以教学工作为中心，大学生社会主义核心

价值体系教育也应当以课堂教学为主导。高校思想政治理论课承担着对大学生进行马克思主义指导思想、中国特色社会主义共同理想、以爱国主义为核心的民族精神和以改革创新为核心的时代精神、社会主义荣辱观等为主要内容的社会主义核心价值体系的理论教育任务。要按照让学生终身受益的要求，充分发挥课堂教学这个主渠道、主阵地的作用，系统地对大学生进行核心价值体系理论教育。在课堂教学中进行这一教育时，牢牢把握"三个力"：一要有说服力。用发展着的马克思主义教育学生，让学生深刻认识到中国特色社会主义理论体系是马克思主义中国化的最新理论成果，是指导当代中国发展的唯一正确的科学理论。二要有引导力。引导学生运用马克思主义的立场、观点和方法，正确观察和分析形势，正确认识国情和社会发展的规律，正确对待自己、他人和社会，正确理解自己肩负的历史责任。三要有内化力。积极践行核心价值体系，激励学生紧跟时代步伐，勇于创新，善于创造，敢于奉献，在推进中国特色社会主义事业的伟大进程中，奋发有为，建功立业。①

2. 加强高校思想政治理论课程的教学研究与改革

首先，增强教学内容的改革。思想政治理论课教师要综合考虑，根据课时的多少，合理安排教学内容，确定那些内容讲，哪些内容不讲，哪些内容详细讲，哪些内容略讲。教学内容尽量贴近学生实际，用马克思主义的立场、观点和方法分析现实生活中的实例，解决学生思想上存在的困惑，使学生进一步相信马克思主义，提高社会主义核心价值体系教育的成效。其次，加强思想政治理论课的教学方法改革。由于传统的灌输式教学方法的实际效果不够理想，所以我们要在具体的教学方式和方法上进行改革，应当尽量采用多样的和互动的教学方法，如研究式教学、启发式教学、参与式教学、专题讲授、案例教学和实践教学等教学方法。这些方式和方法比传统的教学方式和方法更能促进师生之间的互动，能让学生主动的参与学习，加深对相关理论的理解和内化，从而提高他们分析问题与解决问题的能力，转化为他们自己的价值观念。这样就可以增强大学生社会主义核心价值体系教育的效果。再次，加强思想

---

① 陈光：《大学生社会主义核心价值体系教育的路径探析》，《中国高等教育》2009 年第 5 期。

政治理论课的教学手段改革。思想政治课教师要转变思想观念，充分利用网络、多媒体等现代化教学手段。现代化教学手段可以把枯燥的教学内容转化为形象生动的图片、音频和视频等形式，使理性的问题感性化、深刻的问题通俗化，从而提高学生对课程内容的理解能力，充分调动学生学习的积极性，提高教学效果。同时，还可以在网上对学生进行答疑解惑，解决学生遇到的疑难问题。最后，改进和完善考试方法。考核方法具有重要的导向作用，因此，积极探索符合现代教学理念的综合考核指标体系，全面考核学生的道德品质和马克思主义理论素养，尤其注重对学生实践和日常行为表现的考核，对发现问题、分析问题和解决问题的能力考核，以及对现实思想政治表现的考核。建立了平时考核、阶段测试、闭卷考试，撰写调查报告、论文，组织集体答辩等方面构成的综合考核体系，让社会主义核心价值体系扎根于学生的心中。[①]

3. 充分重视社会主义核心价值体系在专业课教学中的渗透作用

实施这一途径，首先是寻找到社会主义核心价值观与专业教学的结合点，充分挖掘各门专业课教学中蕴含的价值观教育的内容。比如，理科类专业就蕴含着事物是客观存在、普遍联系的，其运动变化有规律可循等马克思主义哲学的基本观点。人文社会科学则更多地展示历史和现实的经济社会状况，其中多为颂扬传统文化、人类普遍认同的美德、责任、价值观念及进步创新观念，很多内容都涉及社会主义核心价值观教育。其次，瞄准社会主义核心价值观融入专业教学的切入点。专业课教师应坚持"文道统一"之原则，将相关内容有意识地渗透进专业知识的讲授中，把教材本身的科学性、知识性与思想性和谐统一，有意识引导学生更好地理解社会主义核心价值观。[②]

二　依托各类实践教育活动，强化知行合一的一体性，把社会主义核心价值体系内化为大学生的行动认同

改革开放以来的教育实践已经证明，社会实践已经成为大学生思想

①　葛荣霞、郭文玲：《加强大学生社会主义核心价值体系教育的实践与探索》，《河北大学学报》（哲学社会科学版）2009 年第 3 期。

②　唐小芹、夏继春：《关于引导大学生确立社会主义核心价值观教育路径的研究》，《湖南商学院学报》2009 第 1 期。

社会主义核心价值体系贯穿于大学生思想政治教育全过程的方式方法研究

政治教育的重要环节。中共中央国务院《关于进一步加强和改进大学生思想政治教育的意见》明确指出，社会实践是大学生思想政治教育的重要环节，对于大学生了解社会、了解国情、增长才干、奉献社会、锻炼能力、培养品格、增强社会责任感具有不可替代的作用。大力开展行之有效的主题实践活动，促进社会主义核心价值体系由观念向实践的转化。只有理论的灌输，没有自我的实践，理论的力量将不会得到稳固和升华。要使社会主义核心价值体系扎根于大学生思想深处，就必须有目的、有计划地开展多种主题实践活动，通过实践活动，让大学生通过亲身体验接触和了解社会，从感性上增加对社会主义核心价值体系的认识。

在社会主义核心价值体系教育过程中，要积极借鉴社会实践的有效途径，通过组织学生参加爱国主义基地教育、志愿服务、社会调查、生产劳动、专业实习以及暑期的"三下乡"等实践活动，增强他们对社会主义核心价值体系的认同，从而更加坚定地以马克思主义思想为指导，坚持中国特色社会主义的共同理念，继承和发扬以爱国主义为核心的民族精神和以改革创新为核心的时代精神，自觉以社会主义荣辱观作为是非、美丑、善恶的评价标准，树立起正确的世界观、人生观、价值观，加深对社会主义核心价值体系本质的理解，并落实和转化为实际行动。①

1. 积极发挥高校暑期社会实践重要载体育人作用，把大学生理论认知带到实践中检验和升华

当前在许多高校，学生参加各种形式的社会实践活动非常踊跃。每年团中央都对各团省委下发暑期大学生"科技、卫生、文化"三下乡的社会实践活动通知，各高校也是结合自身情况组织许多大学生进行各有特色的社会实践活动，并对这种大学生长知识、增才干的教育形式深入报道，在全社会形成了强烈反响。利用社会实践这个平台，有助于培养大学生的集体主义精神、正确的劳动观念、良好的社会规范和社会主义公民道德。各高校基本上都按照校内与校外相融、城市与农村并重、集中与分散相结合的原则，校内实践以技能实训、军政训练、勤工助学

---

① 马征、白玉：《浅谈加强大学生社会主义核心价值体系教育的途径与方法》，《安康学院学报》2009 年第 1 期。

为主，校外实践以"三下乡""四进社区"等主题活动为主。每年假期都组织许多支实践团队奔赴不同地方和实践教育基地开展政策宣传、科技咨询、技术培训、企业帮扶、社区援助、山区支教、文艺演出等专题实践活动，其余学生则返乡参加社会调查。多层面、多形式的社会实践活动，使大学生目睹了国家的发展进步，亲身体会到服务社会的价值，提高了自己的思想道德水平和文化专业素质。

2. 组织主题讨论会

学生可以联系社会、学校等方面，就理想、信念、爱国主义、创新精神等问题进行讨论，目的是使学生了解现实问题，具有参与社会活动的意识以及使学生面对一些现实问题，激发学生的思维，培养学生分析问题和解决问题的能力。

3. 角色扮演

角色扮演能为学生提供设身处地地思考问题的机会，例如有些高校依托社团为学生组织模拟法庭，让学生扮演各种角色，了解审判程序，思考一些社会问题。孔子曰："好学近乎知，力行近乎仁，知耻近乎勇。知斯三者，则知所以修身。"大学生只好好学习、身体力行是不够的，只有知道什么是耻辱、羞耻，才能真正了解如何修身。耻，不一定就是错误，更不一定是犯罪，但属于为人们所不齿的事，一旦为他人所知，便不免要为人们所厌恶、所唾弃、所孤立。知耻，正是人的健康社会性的一个非常重要的组成部分。①

三　把社会主义核心价值体系融入高校校园文化之中，充分发挥隐性教育资源对大学生思想政治教育的渗透作用

马克思在批判费尔巴哈的形而上学唯物主义时曾经指出："有一种唯物主义学说，认为人是环境和教育的产物，因而认为改变了的人是另一种环境和改变了的教育的产物，—这种学说忘记了，环境正是由人来改变的，而教育者本人一定是受教育的。"② 这为我们教育工作者优化

---

① 李娟娟、杨倩：《在工科院校大学生中进行社会主义核心价值体系教育的途径》，《中国冶金教育》2007 年第 6 期。

② 《马克思恩格斯选集》（第 1 卷），人民出版社 1972 年版，第 17 页。

教育环境、实行环境育人，提供了坚强有力的理论依据。大学生社会主义核心价值体系的教育，要求我们努力营造与之相适宜的教育环境。因为，教育在很大程度上需要受教育者的情感体验，让他们在良好环境中接受熏陶，潜移默化。两千多年前，荀子在《劝学篇》里就说："蓬生麻中，不扶而直。白沙在涅，与之俱黑。"我们应当高度重视环境的育人功能。城市建筑、历史文物、文化场馆、公园广场等都是教育活动的优质资源。无论作为宏观层面的整个国家环境，还是作为中观层面的省、市城区环境，乃至作为微观层面的校园环境，都要力求能给大学生一种愉悦心情、陶冶思想的和谐氛围，给他们以一种蓬勃向上的力量，使他们对自己的国家和民族有一种归属感、认同感和自豪感，在耳濡目染中自觉接受共同理想和核心价值观念。[1]

高等学校校园文化是社会主义先进文化的重要组成部分，"通过校园文化引导大学生树立正确的世界观、人生观、价值观，树立科学的理想信念。通过校园文化促进文明校园的建设，提高大学生的文明素养。通过校园文化促进素质教育的实施，使党的教育方针能认真贯彻落实"。[2] 我们要正确把握和处理高校校园文化与社会主义核心价值体系二者之间的关系，真正做到以社会主义核心价值体系为根本建设高校校园文化，用和谐健康的高校校园文化促进社会主义核心价值体系的完善和发展。

1. 加强高校校园文化建设，使社会主义核心价值体系寓于校园环境之中，发挥环境"润物细无声"的教育作用

高校环境主要是指大学的校园、建筑、设施、环境，包括池塘馆所、楼台亭榭、花草树木、标志性纪念雕塑，等等。高校环境建设体现为一种环境文化，是高校校园文化的重要组成部分，是一代代高校人积淀的产物，具有历史的传承性和鲜明的时代性。许多高校历代领导都十分注重营造精品环境文化，他们通过精心设计、打造，将教学楼、实验楼、办公楼、阶梯教室进行必要的装饰，精心布置名人名言、人文警示语，对学校进行整体绿化等，使学校整体面貌达到润物无声的层次。这

---

① 陈光：《大学生社会主义核心价值体系教育的路径探析》，《中国高等教育》2009 年第 6 期。

② 袁应柏：《高校校园文化与社会主义核心价值体系》，《绵阳师范学院学报》2008 年第 12 期。

种无声环境的文化内涵能对学生起到潜移默化的教育作用，也能说明一个高校的人文底蕴、历史沿革、审美能力、办学水平、办学特色。校园文化环境的发展变化，必然推动人的思想观念、价值追求等的变化。校园文化环境是一种无形的感染力量，它能影响人的思想、陶冶人的情操，使大学生在潜移默化中认可社会主义核心价值体系。

2. 注重社会主义核心价值体系在高校校园制度建设中的渗透性，使大学生遵守校园制度与接受社会主义核心价值体系相一致

校园制度文化是指国家的法律、法规，学校的各种规章制度，教学科研管理，群体道德规范，行为规范等，是校园文化健康发展的保障。以完善的服务、管理制度为载体，不断提升行为文化的水准，积极倡导和谐的师生关系，强化服务意识，是塑造学生美好心灵、培养实践能力、挖掘潜力的基础，是形成正确价值观、树立共同理想的重要方法。在制度的制定和制度的执行中要体现人文精神，既要具有必须执行的"习性"，又要具有"柔性""弹性"的一面，使制度制定与社会主义核心价值体系建设目标相一致。尽可能使学校的教育和工作目标与师生的个人发展目的统一起来，让师生感受到自己的特殊价值和权利，并为他们的发展提供制度保障，最终达到制度约束与自我约束的统一，建立起人格化的自我约束管理体制。完善的行为管理制度是高校校园文化建设的必要手段，也是加强大学生社会主义核心价值体系教育和建设社会主义核心价值体系的依托。

3. 积极把握在校园文化活动中实现对大学生进行社会主义核心价值体系教育的重要性

丰富多彩、积极向上的校园文化活动不仅可以拓展学生的知识，培养学生的技能、陶冶学生的性情，还可以对大学生进行社会主义核心价值体系教育。因此，我们要积极组织开展丰富多彩的校园文化活动，营造良好的社会主义核心价值体系教育的氛围，把社会主义核心价值体系教育融入校园文化活动之中，这样不仅丰富了大学生业余文化生活，而且能使大学生社会主义核心价值体系教育取得很好的效果。所以，我们要充分挖掘各种校园文化活动中的社会主义核心价值体系的因素，对大学生进行教育。充分利用各类节日、重要纪念日、重大事件等集中开展主题教育活动，对大学生进行社会主义核心价值体系教育。如利用

"五一"劳动节来对学生进行热爱劳动，爱惜劳动成果的教育。利用毛泽东诞辰纪念日，举办歌咏比赛、诗歌朗诵等活动，对学生进行毛泽东思想的教育。利用校庆，通过参观校史展，编排一些与学校历史有关的歌舞节目，让学生了解校史、校情，增强其爱校、爱国意识等。总之，我们要把校园文化活动的开展与社会主义核心价值体系教育结合起来，做到娱乐性与教育性的统一。

四　注重挖掘红色资源，建立大学生红色教育德育基地，进一步增强大学生对马克思主义中国化成果及新时期建设社会主义核心价值体系的系统性认知和知行合一的自觉性

红色资源所蕴含的革命精神及奋斗精神和厚重的文化内涵折射出前人与当代人的崇高理想、民族精神、时代精神、荣辱观，因此，红色资源具备培育大学生社会主义核心价值的功能，也是当前加强和改进大学生思想政治教育的新亮点。社会主义核心价值是一个体系，与红色资源的精神内涵是一脉相承的，其基本内容与红色资源所蕴含的中国共产党在长期的革命斗争和建设中形成的精神财富，从实质上说是一致的。再者，红色资源是社会主义核心价值的载体。中华民族的奋斗史、创业史、奋进史所留下的有形的物质遗址和无形的精神财富，无不是凝聚了太多的民族情感和意志、理想和追求，是民族精神的集中体现。同时，挖掘红色资源，给大学生建立固定的红色教育基地，不仅是按照中央要求全面建设社会主义核心价值体系的需要，也使大学生在接受红色教育时由感性认识基础上产生理性思考，具有直观性、真实性，能够增强对大学生的吸引力、感染力，切实做到思想性、艺术性和观赏性的有机统一。在各种思想文化相互激荡的今天，依托红色资源进行社会主义核心价值的培育，能够让大学生明白马克思主义理论不是虚无的、社会主义道路不是臆想的、民族精神不是空洞的、时代精神不是缥缈的。红色资源可以帮助大学生把中国特色社会主义的共同理想信念内化为内心的坚定信仰和执着追求，并最终产生实际行动。

1. 要着力构建全员全方位的教育模式

红色资源是一种社会化的教育资源，运用红色资源进行社会主义核心价值体系教育，应当广泛动员社会各方面的力量，健全政府、学校、家庭、社会相结合的教育体系，构建全员全方位、多渠道的教育模式。其中，政府应当发挥主导作用。红色资源的开发与教育，离不开政府的倡导和支持，包括政策导向、财政保证和社会动员等。学校是运用红色资源进行社会主义核心价值体系教育的主渠道。学校要把教育与实践结合起来。既要把红色精神教育引入课堂教学，又要精心组织进行各种形式的实践活动，包括各种形式的参观活动、社会调查活动、纪念活动等，使青少年学生在教育和实践中提高自己的思想道德修养。家庭在运用红色资源开展青少年德育中具有特殊重要的作用。父母通过陪同子女参观红色基地，观看红色经典影视，阅读红色经典作品，进行红色旅游等，能够收到很好的教育效果。同时，城市社区、农村基层组织等，也应当整合利用身边的红色资源，举办各类活动，为辖区居民创造良好的思想政治教育环境，发挥社会的教育功能。①

2. 把红色资源教育纳入大学生的生活实践过程

坚持"贴近实际、贴近生活、贴近学生"的原则，是加强和改进大学生思想政治教育必须始终坚持的重要原则。按照"三贴近"的要求，高校应努力创造条件，使广大大学生在生活实践中更好地体验红色资源的巨大魅力。高校可以利用红色资源积极开展各种道德实践活动，把高校思想政治教育的要求渗透到大学生的日常生活中，也可以利用节假日、革命领袖的诞辰和逝世纪念日、建党、建军纪念日，红军长征等重大革命纪念日，精心组织红色参观、红色旅游、体验红军生活、重走红色革命之路等活动，积极邀请老战士、老干部、老专家作革命传统报告、讲革命传统故事。使大学生在休闲度假中受到教育和熏陶，从而升华精神境界。总之，只有把红色资源教育与大学生生活实践结合起来，构筑全方位覆盖的高校红色资源教育网络，才能使二者相互促进，发挥各自的优势，取得大学生思想政治教育的实效。②

3. 红色教育纳入高校思想政治理论课的教育教学

---

① 李康平、李正兴：《红色资源开发与社会主义核心价值体系教育》，《道德与文明》2008 年第 1 期。

② 周琢虹：《论大学生思想政治教育中红色资源的有效运用》，《党史文苑》2009 年第 2 下期。

把红色教育纳入高校思想政治理论课的教育教学一环，制定具有一定弹性的教学方案，以省级划分编写红色辅导读物和以就近原则建立高校与红色资源定点联系基地。高校思想政治理论课的教育教学，不能只有灌输理论知识，应该结合本省市红色资源，将红色教育贯穿于课堂的教学相关环节，是大学生在获取理论知识的同时，通过对个别红色资源细节的把握来感知红色精神与社会主义核心价值体系的关系，自觉接受马克思主义中国化最新理论成果。在红色资源比较丰富的地方，还可以根据本地的实际情况开设相关的选修课，并提出相应的学习要求，甚至组织专门人员编写具有地方特色的红色资源辅导读物，帮助学生了解家乡人民在党的领导下英勇奋斗的历史，并从中吸取精神的力量。同时，高校还应积极利用已开发的红色资源，并与附近红色资源建立固定的大学生思想政治教育实践基地，每学期安排一定学时组织学生亲自实践感受红色精神，坚持经常化、制度化，不要流于"节日化""片面化"，做到理论和实践的统一，有利于他们接受与社会主义核心价值体系一脉相承的这些红色资源所发生的历史大背景和时代精神。

五 与时俱进，紧紧跟进受教育者思想关注焦点和学习生活实际，积极拓展网络阵地等新载体，不断提升社会主义核心价值体系在大学生思想政治教育中的传播力

任何社会的核心价值体系要在全社会范围宣传与普及，都离不开大众传播媒介的参与和支持。早在 1849 年，马克思在回击反动势力对《新莱茵报》的控诉时就深刻阐明了报纸作为大众传媒在理论传播和舆论引导中的喉舌作用。他指出："报刊按其使命来说，是社会的捍卫者，是针对当权者的孜孜不倦的揭露者，是无处不在的耳目，是热情维护自己自由的人民精神的千呼万应的喉舌。"[①] 马克思提出的传媒"喉舌论"后来逐渐发展成为我国传统大众传媒体制的一个基本价值支点。随着社会科技的飞速发展，大众传媒从最初以报刊为主流逐渐演变为由报刊、电视、网络多媒介为主。特别是网络技术的飞速发展带来的网络的普及应用，使网络成为传播社会核心价值的强有力新兴媒体，发挥着

---

① 《马克思恩格斯全集》（第6卷），人民出版社1956年版，第275页。

极其重要的作用。我们应紧跟时代发展，积极拓展大学生思想政治教育的新阵地，充分利用网络特别是利用校园网络进行大学生社会主义核心价值体系教育，减少网络文化对大学生的负面影响，为大学生健康成长营造良好的网络环境。

1. 提高高校对网络教育的重要性的认识，掌握社会主义核心价值体系等主流意识形态在网络虚拟空间中的主导权

进入 21 世纪以来，一场大学生信息接收方式的变革正在悄然兴起。以互联网、手机为代表的新兴媒介在大学生群体中得到迅速普及和广泛应用，在互联网上查资料、写博客、发飞信、QQ 聊天、加入校友录和各类论坛不再是一种时尚，已经成为大学生日常学习生活不可或缺的组成部分。相对报纸、广播、电视等传统大众传媒而言，新媒体技术构建形成的网络虚拟空间对大学生思想观念养成、理想信念确立的影响愈加明显，虚拟空间中多元价值观念的激荡和意识形态领域的争夺也愈发激烈。面临这种形势，社会主义核心价值体系如果不能有效融入新兴媒介，马克思主义主流意识形态在这些媒介平台中的话语权与主导权势必丧失，融入大学生思想政治教育这一根本目标也势必难以实现。特别是网上的信息良莠不齐，一些低俗的、不健康的信息在网上大量存在，严重影响大学生身心的健康成长，给大学生社会主义核心价值体系教育带来严峻的挑战。高校必须高度重视网络对大学生的思想道德的负面影响，尽快用社会主义核心价值体系占领网络阵地，巩固马克思主义在意识形态领域的指导地位，充分利用网络的开放性、互动性、及时性和民主性等特点，开展网上社会主义核心价值体系教育，引导和帮助大学生树立正确的世界观、人生观和价值观，提高大学生辨别是非的能力，增强抵御网络负面影响的能力。

2. 加强校园网络建设，积极开辟大学生社会主义核心价值体系教育喜闻乐见的网络阵地，提高网络教育的吸引力和感染力

校园网站是高校对大学生进行社会主义核心价值体系教育的主要网络阵地。强校园网站的建设对网络大学生社会主义核心价值体系教育的顺利开展具有重要意义。高校都应该加强校园网站的建设，建立自己的网站，并在校园网上建立社会主义核心价值体系教育主页，对学生大力宣传马克思主义的世界观、人生观和价值观，弘扬中国的优秀民族文化

和改革开放的创新精神和培养社会主义荣辱观。要想提高网络社会主义核心价值体系教育的吸引力和感染力，就必须要认真研究网络思想政治教育规律，在内容、形式和手段上下功夫，吸引大学生去浏览社会主义核心价值体系教育网页，提高网站的点击率。首先，在网页的制作上，要充分运用音乐、动画、图片、视频等多种手段来设计页面。尽力做到图文并茂，给浏览者带来视觉和听觉的享受。努力使社会主义核心价值体系教育内容的形式从静态的、抽象的转变为动态具体的，从枯燥乏味转变为妙趣横生。其次，在信息内容的更新上，不仅要保证信息内容的质量，还要保证信息内容的时效性和丰富性。再次，教育者充分借助网络、手机在大学生群体中的重要影响作用，最大限度地拓展社会主义核心价值体系在大学生中的覆盖面，最大限度提升其在新兴媒介中的传播力。如以爱国教育、创新能力培养等为主题建立网络虚拟社区或 QQ 群，编发彩信手机报和电子杂志等，增强教育的实效性，提高教育的吸引力和感染力。

3. 建立一支政治过硬、素质高、理论强、业务精的高校网络思想政治工作队伍

高素质的网络思想政治教育工作队伍是落实大学生社会主义核心价值体系教育目标的组织保证，也是增强网络思想政治教育实效性的关键所在。在网络对大学生的影响越来越深的情况下，大力加强队伍建设，建立一支精干高效、反应灵敏、应变力强、富有敬业精神、掌握信息网络技术的新型高校思想政治教育工作队伍就显得格外重要。当前我国高校网络思想政治工作队伍建设总体上仍处于起步阶段，而专职的网络思想政治工作人员更是少而又少，这种局面决定了加强高校网络思想政治队伍建设，建立一支高素质的专业化、职业化的网络思想政治工作队伍已成为当务之急。

要建设这样的教育工作队伍，高校可以对一些网络基本知识差的思想政治教育者进行培训，提高他们的网络技术水平，还可以从网络专业人才中挑选优秀人员，充实到队伍中来，组建起一支政治过硬、业务精湛、熟悉学生的网络信息工作队伍。同时，为了保证网络阵地在开展大学生思想政治教育中起到实效和有效，高校应该充分认识到这支队伍专业化和职业化建设是形势发展所需，高度重视，加大投入，提高其待遇

与加强管理。有了这样一支队伍，就可以随时从网上了解学生的思想动态，及时解决学生思想上出现的问题，有针对性地开展社会主义核心价值体系教育。由于教育者具备了良好的网络技术，既可以从网络中获取大量有关社会主义核心价值体系的有效信息，经过加工制作上传到校园网上，来丰富网络社会主义核心价值体系教育的资源，又可以运用技术手段过滤网上的不良信息，防止不健康信息进入网站，从源头上净化网络，为大学生社会主义核心价值体系教育提供一个健康的网络环境，使学生免受不良信息侵扰。

大学生是社会主义现代化的建设者和接班人，他们的思想道德素质决定着国家的前途命运。积极开展大学生社会主义核心价值体系教育的有效途径研究，采取从课堂到课外，从理论到实践，从生活实际到虚拟空间等方式方法，切实把社会主义核心价值体系融入大学生思想政治教育全过程，进一步增进教育实效。

第五章

社会主义核心价值体系融入大学生思想政治教育全过程的机制研究

第一节　社会主义核心价值体系融入大学生思想政治教育全过程机制存在的主要问题

没有相应的制度作保障、作支撑，没有一定的物质载体、技术条件和必备的基础设施，没有形成一套系统完善、相互协作、密切配合的工作体制和机制，任何作为观念形态的价值体系都会成为空中楼阁，都不可能发挥长效作用，社会主义核心价值体系融入大学生思想政治教育全过程亦是如此。

完善的机制体制和可靠的基础条件，是加强大学生社会主义核心价值体系建设的重要保证，也是确保工作顺利开展的基础和关键。

但是从目前大学生社会主义核心价值体系融入大学生思想政治教育全过程的进程来看，还没有形成一套系统的、全面的、完善的工作机制，主要表现为：

一是领导机制不健全。对社会主义核心价值体系融入大学生思想政治教育全过程的重要性认识不到位，不能从政治和全局的高度，从党和国家社会主义事业后继有人的高度去认识和对待这项工作。有的地方尽管口头上常讲"两手抓，两手都要硬"，但在实际工作中却抱有"只有业务工作是实的，其他都是虚的"错误观念，把推进社会主义核心价值体系融入大学生思想政治教育全过程的工作看作是可有可无的软任务、软指标，没有与其他工作一起部署、一起检查、一起考核，没有摆上应有的重要位置，在领导认识、工作格局、力量配备上没有体现出重中之重的要求，影响了社会主义核心价值体系融入大学生思想政治教育全过程工作措施的落实和实际效果。

二是运行机制不健全。近年来，各地在如何建立社会主义核心价值体系融入大学生思想政治教育全过程的机制体制方面进行了积极的探索，取得了许多成果，但还是原则性要求多，将制度性安排内化为可操作、可执行的规范化、科学化的任务少，在建立适应大学生社会主义核心价值体系建设的内在动力机制、外部管理机制、服务育人机制、运行保障机制方面，还没有一套内容明确、结构完整、评价科学、监督有效、成熟完备的制度体系。

三是协作机制不健全。大学生作为一个社会群体，在思想上、行为上有着许多共同点，但是在大学生内部，却很难在思想和行为上找到一个共同的模式。大学生内部结构层次的复杂性决定了社会主义核心价值体系融入大学生思想政治教育全过程的艰巨性，仅靠哪一个人、哪一所学校、哪一个部门的力量是远远不够的。从目前看，我们工作的格局仍是以学校为主、以家庭为辅、以社会为补充的局面，还没有真正形成"全员育人、全方位育人、全过程育人、全社会育人"的良好格局，没有形成社会方方面面的力量共同做工作的强大合力。有的高校重智育、轻德育，对教育成效没有一套成型的评价、监督和考核体系，更不用提社会主义核心价值体系融入大学生思想政治教育全过程的相关体系。

四是保障机制不健全。顺利落实社会主义核心价值体系融入大学生思想政治教育全过程的任务，队伍是核心，人才是关键。但从现有的思想政治教育队伍素质来看，形势不容乐观。以高校来说，思想政治教育队伍建设情况还存在着许多与新形势、新任务不相适应的困难和问题。目前，我国高校思想政治教育队伍主体是以高校马克思主义理论教师队伍、辅导员队伍为主，但这支队伍却面临着工作任务重、工作压力大、待遇较低、管理制度不完善的问题，在一定程度上挫伤了他们做好思想政治教育工作的积极性。

第二节　构建社会主义核心价值体系融入大学生思想政治教育全过程机制的对策

一　构建相关的领导机制

领导机制是大学生思想政治教育运行的"龙头"，其是否完善，直接关系到社会主义核心价值体系融入大学生思想政治教育的任务能否得到切实落实。

长期以来，高校都是党委抓思想政治教育，行政抓业务，看起来思想政治教育的地位很高，但实际上党委和行政往往是两条线、"两张皮"，导致思想政治教育成为软指标、空架子。影响了党的教育方针的全面贯彻落实和人才培养的质量，从而也直接影响了社会主义核心价值体系能否真正融入大学生思想政治教育全过程中。因此，高校应将大学生思想政治教育贯穿于学校教育教学的全过程，建立和完善党委统一领导、党政齐抓共管、以校长及行政系统为主的社会主义核心价值体系融入大学生思想政治教育全过程的领导体制和工作运行机制。学校党委要统一领导相关工作，经常分析大学生思想状况和思想政治教育工作状况，制订社会主义核心价值体系融入大学生思想政治教育全过程的总体规划，对如何做好相关思想政治教育工作做出全面部署和安排。校长要对大学生德智体美全面发展负责，把社会主义核心价值体系教育与教学、科研、服务工作结合起来，同时部署，同时检查，同时评估。学校各部门要制订、完善有关规定和政策，明确各自责任，密切协作，形成教书育人，管理育人、服务育人的良好氛围和工作格局。学校基层党团组织都要根据学校党委的部署安排，认真履行大学生社会主义核心价值体系教育的职责。只有这样，才能把社会主义核心价值体系融入大学生思想政治教育全过程的工作纳入党政领导的职责之中，使他们更好地把握思想政治教育工作的全局，把社会主义核心价值体系融入大学生思想政治教育全过程的各项任务真正落到实处。

二　构建相关的管理机制

教育与管理是相辅相成的，管理是高校学生思想政治教育的一个重要组成部分和重要渠道。因此，把社会主义核心价值体系融入大学生思想政治教育全过程同样离不开管理，高校应有针对性地树立"管理也要育人"的教育理念，努力构建社会主义核心价值体系融入大学生思想政治教育全过程的管理机制。具体来讲，主要包括以下几个环节：

1. 分解教育任务

在将社会主义核心价值体系融入大学生思想政治教育全过程的工作中，课堂教育、校园教育、社会教育、自我教育等分别担负着不同的教育任务。要实现其教育目标，必须把教育任务合理分解到每个教育环节，明确其各自承担的任务，做到各司其职。课堂教育是大学生思想政治教育的主阵地、主渠道，不管思想政治理论课教师还是专业课教师，都要积极做好课堂教育工作，把社会主义核心价值体系落实到课堂教育中去。加强校园教育，就是要求学校教育要占领学生在课堂之外、校园之内所参与的一切活动的思想阵地，包括学校、院系、班级组织的集体活动、学生在宿舍中的活动、学生的网络活动等。社会教育，就是要求全社会包括宣传、理论、新闻、文艺、出版等部门，各类网站、文化教育基地、大学生实习单位、学生家庭、学校周边单位和政府部门都要积极参与、支持、配合社会主义核心价值体系融入大学生思想政治教育的工作，为做好社会主义核心价值体系教育工作创造条件、营造良好环境。大学生的自我教育，不管是学生个体的自我教育还是大学生中的党团组织、学生会、班委会等学生群体组织的大学生自我教育活动，学校都要为他们创造必要的条件，提供必要的帮助和引导。

2. 沟通教育信息

大学生思想政治教育信息沟通机制具备四个主要功能：一是收集功能，即一线教育人员和组织通过思想汇报、谈心、观察等途径，能够深入了解和收集大学生思想政治状况及新情况新问题；二是传输功能，即把大学生思想政治教育工作开展的情况和大学生的思想状况传递给大学生思想政治教育工作的决策者；三是分析功能，即对收集到的情况和问题进行全面深入的综合分析，研究一定时期大学生思想政治状况、特点、变化及原因、问题及对策；四是反馈功能，即把经过一定程序研究出来的教育计划反馈给一线，组织新的教育活动。因此，在社会主义核心价值体系融入大学生思想政治教育活动的过程中，建立快捷及时、全面准确的大学生思想政治教育信息反馈机制，对于实现社会主义核心价值体系融入大学生思想政治教育全过程的特定目的，具有特别重要的意义。首先，要用制度来强化反馈系统的整体效应。既要健全思想政治教育系统内反馈制度，以协调系统内上下左右的反馈行为，也要建立和健全思想政治教育系统与其他系统之间的反馈制度，以确保思想政治教育对其他系统更好地发挥服务作用和促进作用。其次，要用岗位责任制确保反馈渠道的畅通快捷，从事思想政治教育的人员和机构都应把反馈工作作为自己的应尽职责。在进行思想政治教育信息反馈时，要大力倡导畅所欲言的民主风气，讲实话，报实情，保证反馈工作按正确的原则和规范进行。再次，要运用好反馈信息，及时对教育活动进行科学合理的调控，以适应被教育者和社会的需求，使社会主义核心价值体系融入大学生思想政治教育活动得到全面落实，达到最佳的效果。

3. 整合教育资源

思想政治教育的资源包含着多种不同的构成要素，诸如党团组织、学生组织、行政领导、政工人员、政治理论课和专业课教师等。对社会主义核心价值体系融入大学生思想政治教育全过程的任务进行分解的目的，是要使各种教育资源能够各司其职，切实完成好各自担负的社会主义核心价值体系融入大学生思想政治教育的任务。但是，如果仅仅局限于此，始终"单打独斗"，仍然不可能取得最佳的教育效果。只有有机整合各种思想政治教育资源，才能把课堂教育同课外教育、学校教育同社会教育、学校、教师、党团组织、辅导员教育同大学生自我教育有机结合起来，把分担教育任务的各种力量组合起来，才能使各种教育资源分工合理、协调一致、优势互补、默契配合，形成社会主义核心价值体系融入大学生思想政治教育全过程的合力，充分发挥各种教育资源的整体效应。在社会主义核心价值体系融入大学生思想政治教育过程中，学校党委要系统研究教育资源中各要素的功能和优势，提出合理的任务和要求，建立协调制度，探索形成比较科学的协调配合机制，保障教育活动的有效展开。一方面，要领导各院、系、班党组织开展教育活动，另一方面要领导和组织学校各部门、各群众组织在教育活动中发挥职能作用，从纵横两个方向把全校教育力量整合起来。学校各级党组织要在校党委领导下，分别建立和完善力量整合机制，在各自职责范围内把相关力量整合起来，为社会主义核心价值体系融入大学生思想政治教育全过程服务。

4. 考评教育绩效

要使社会主义核心价值体系融入大学生思想政治教育全过程开展的更有成效，必须解决当前存在的"干好干坏一个样"的问题，建立公平合理的考核评价机制，进而在此基础上建立奖优罚劣的奖惩激励机制。考核评价机制是基础，奖惩激励机制是动力，二者相辅相成，是达到教育活动目标的不可缺少的有效方式。所谓教育绩效考评，就是借鉴绩效管理的理论和经验，对教师开展社会主义核心价值体系融入大学生思想政治教育全过程工作的情况实行绩效管理。对教师实施大学生思想政治教育绩效管理，主要通过对大学生认识社会主义核心价值体系程度的情况考评来进行，重点是考评大学生在学校开展的世界观、人生观和价值观教育、民族精神教育、道德教育、素质教育中取得的学习成绩和进步情况，要力求做到标准化、具体化、程序化，力求客观真实、公开、公正。这种考评的结果，反映了每个教育工作者在社会主义核心价值体系融入大学生思想政治教育中履行职责和取得业绩的情况，同时也在一定程度上反映了每个教育工作者的思想素质、理论修养、道德水准和政治态度。在建立考评机制的同时，还要建立完善配套的奖惩激励机制。奖惩奖励机制的设置和实施，可以提高思想政治教育工作者的自豪感和责任心，调动他们努力做好大学生思想政治教育工作的主动性和创造性，这样才能保障社会主义核心价值体系融入大学生思想政治教育目标的实现，达到开创思想政治工作新局面的预期效果。需要注意的是，落实考核评价机制，要充分利用先进的测量与评定技术，坚持定性与定量相结合，增强可操作性，同时要科学设计和综合运用考核评价方法，进行多形式、多层次、多渠道的综合性考核评价，确保考核评价的科学性、公平性、准确性，防止以偏概全。

三　构建相关的教学机制

高等学校思想政治理论课，承担着对大学生进行系统的马克思主义理论教育的任务，是对大学生进行思想政治教育的主渠道，也是把社会主义核心价值体系融入大学生思想政治教育全过程的关键环节。充分发挥思想政治理论课的作用，用社会主义核心价值体系武装当代大学生，是党的教育方针的具体体现，是社会主义大学的本质特征，是党和国家事业长远发展的根本保证。

改革开放以来，特别是党的十三届四中全会以来，高等学校思想政治理论课教育教学取得了很大成绩，在引导大学生坚定对马克思主义的信仰、对社会主义的信念，增强对改革开放和现代化建设的信心、对党和政府的信任等方面，发挥了重要的作用。但是，我们必须清醒地认识到，新的形势对高等学校思想政治理论课教育教学提出了新的任务和更高的要求，如何引导大学生正确认识社会主义核心价值体系，把社会主义核心价值体系融入大学生思想政治教育全过程，使大学生正确认识肩负的历史使命，努力成为德智体美全面发展的中国特色社会主义事业的建设者和接班人，是必须认真研究解决的重大而紧迫的课题。

思想政治理论课教师要按照充分体现社会主义核心价值体系的要求，不断深化教学改革，改进教学方法，提高教学效果，向大学生系统地讲授社会主义核心价值体系，帮助大学生确立在中国共产党领导下走中国特色社会主义道路，实现中华民族伟大复兴的共同理想和坚定信念，树立正确的世界观、人生观和价值观。

同时，高校所有的课程都具有育人功能，所有教师都负有育人职责。在专业课教学中对大学生进行以社会主义核心价值体系为重心的思想政治教育，具有其他教育途径不可替代的主导作用。高校要教育引导各科教师立足教材，掌握自身所任学科的特点，紧紧抓住学科优势，深入发掘蕴涵在本学科中的思想政治教育资源，把社会主义核心价值体系融入大学生思想政治教育的全过程，然后将相关的思想政治教育工作贯穿于本学科教学的全过程。

四 构建相关的服务机制

落实社会主义核心价值体系融入大学生思想政治教育全过程的工作，必须努力构建长效的服务机制。

1. 构建体现社会主义核心价值体系的心理健康教育服务机制

近几年来，大学生面临的学业、就业、经济等压力增大，由此引发的心理问题逐渐增多，影响了大学生思想道德素质、科学文化素质和心理健康素质等方面的协调发展。健全完善大学生心理教育与咨询服务机制，有针对性地植入社会主义核心价值体系教育，是落实社会主义核心价值体系融入大学生思想政治教育全过程的一个重要方面。一是切实加强对大学生心理健康教育工作的领导。要把大学生心理健康教育纳入学校教育的整体规划，纳入学校思想政治教育重要议事日程，制定大学生心理健康教育计划并认真加以落实。二是完善心理健康教育课程体系。开设体现社会主义核心价值体系的心理健康教育课程并纳入正常的教学计划，组织专题讲座，广泛宣传、普及心理健康知识，强化学生的心理健康意识，增强他们主动接受心理健康教育的积极性。三是加强心理健康教育师资队伍建设。通过专、兼、聘等多种形式，建设一支以少量精干专职教师为骨干，专兼结合、专业互补、相对稳定、素质较高的心理健康教育工作队伍，鼓励学生工作者和教师参加全国心理咨询师资格考试，提高他们的心理健康教育水平。四是建立健全心理健康教育的专门机构。成立心理健康指导中心，定期开展大学生心理健康普测工作；建立校、系、班心理健康教育三级工作体系，加强联系与沟通，形成心理健康教育立体网络；完善心理健康教育平台，开设心理健康教育网站、心理咨询热线和心理健康辅导信箱。五是完善心理健康教育的基础设施。要提供专项经费，为心理健康教育工作者开展工作创造必需的物质条件和良好的工作环境。如，建立专门的心理咨询室、心理测量室、心理档案室、学生访谈室等，并根据实际需要配备电话、电脑、打印机等设备，以确保大学生心理健康教育工作的顺利开展。

2. 构建体现社会主义核心价值体系的就业创业指导服务机制

就业是民生之本。认真做好毕业生就业工作，关系到每个大学生的切身利益。当前，在社会竞争日益激烈的形势下，大学毕业生的就业压力逐年加大，就业创业指导服务机制成为高校思想政治教育服务机制的一个重要组成部分，只有将社会主义核心价值体系融入大学生就业指导与服务工作中，才能保证其融入大学生思想政治教育的全过程。要在就业素质教育中加入社会主义核心价值体系的内容，形成覆盖全程、辐射全员的就业素质教育体系，使每一位大学生在大学期间都有机会接受系统的、蕴含社会主义核心价值体系的就业素质教育。要将社会主义核心价值体系教育融入"就业指导""求职心理学"等课程之中；对毕业生进行体现社会主义核心价值体系的择业观、就业观和成才观教育，帮助大学生认清就业形势，提高择业能力，掌握面试技巧，实现成功就业。同时，建立激励机制，鼓励教职员工积极为毕业生提供用人单位信息，形成人人关心就业，人人为毕业生就业做贡献的氛围。

3. 构建体现社会主义核心价值体系的家庭困难学生帮扶机制

据调查，目前高校中家庭经济困难学生约占 20%。他们在校学习期间，存在着不同程度的经济困难，影响了他们的学习生活和身心健康，帮助他们克服经济困难，不让一个学生因为经济困难而失学，进而顺利完成学业，是高校必须做好的一项重要工作。对家庭困难学生的帮扶是对其进行社会主义核心价值体系教育的关键环节，也是社会主义核心价值体系融入大学生思想政治教育全过程必不可少的一部分。为此，一是针对部分大学生家庭经济困难的情况，建立以奖、勤、助、贷、减、免为主的救助家庭经济困难学生的保障机制。积极拓展勤工助学渠道，搭建勤工助学的社会平台，使家庭贫困学生发挥自身特长为社会开展有偿服务，减轻他们的经济压力；按照国家有关助学贷款的政策精神，推动助学贷款工作健康有序地进行，让其体会到国家的关怀。二是建立全员助贫体系。各高校要建立健全全员帮扶家庭经济困难学生的体系，通过开展"党员服务站""手拉手、一帮一"等活动与家庭经济困难学生对接，帮助他们解决生活困难，把党的温暖和学校的关心送到家庭经济困难学生心里。三是积极争取社会资助，吸引企业家和有识之士在高校设立奖、助学金，使家庭经济困难学生时时处处感到社会的关爱，培养他们的爱心和回报社会的决心。四是在精神上帮困。通过开展优秀家庭经济困难学生评选、举办优秀家庭经济困难学生先进事迹报告会等活动，选树典型，表彰先进，引导和激励他们树立自立自强的信心，刻苦学习，努力拼搏，奋发成才。

4. 构建体现社会主义核心价值体系的学生社会实践服务机制

目前大学生思想政治教育活动中最薄弱的环节仍然是品德实践环节。实践是任何教育教学活动的普遍特征,对思想政治教育特别是品德和心理教育尤其重要。将社会主义核心价值体系融入大学生思想政治教育全过程,实践是必不可少的环节。目前与之相关的教育实践活动还是主要集中在校园里,以第二课堂活动等形式存在,它的确是把社会主义核心价值体系融入大学生思想政治教育全过程的重要环节,但仅有第二课堂活动是远远不够的。近年来,很多高校很多学生走向社会,在校外建立基地或联系点进行思想品德教育活动,对落实社会主义核心价值体系融入大学生思想政治教育全过程进行了有益的探索。新时期,高校加强和完善相关社会实践的服务机制应该重点抓好四项工作:一是建立社会实践课程化制度。把社会实践课纳入学校教育课程体系和学分体系,分配必要的学时,将大学生参加实践活动纳入正规的教学计划,按照课程管理的办法组织大学生社会实践活动,以防止和纠正社会实践活动中的随意性和不平衡性;二是系统设计大学生实践活动的目标、内容和方式,对实践性较强的内容要压缩课堂教学时间,加大实践活动学时,在实践中培养大学生的思想、道德和心理品质;三是加强和完善实践育人机制建设,建立实践育人评价机制,实践育人的工作绩效要量化,建立奖励制度,树立典型,保障大学生社会实践活动切实有效地实施。四是学校要结合自身的实际,挖掘社会实践内容,结合思想政治教育、专业教育、就业工作等,针对社会热点、难点问题,设计丰富多样的实践形式,创建有特色的大学生社会实践活动方式。

五 构建相关的保障机制

把社会主义核心价值体系融入大学生思想政治教育的全过程,必须构建与之相关的保障机制。

1. 社会主义核心价值体系融入大学生思想政治教育全过程的教育工作队伍保障

社会主义核心价值体系教育队伍与大学生思想政治教育工作队伍主体是同一的,都是学校党政干部和共青团干部,思想政治理论课和哲学社会科学课教师,辅导员和班主任。学校党政干部和共青团干部,要切实负起学生社会主义核心价值体系教育的组织、协调、实施的职责；思想政治理论和哲学社会科学课教师，要根据学科和课程的内容、特点，加强对学生进行蕴含社会主义核心价值体系的思想理论教育、思想品德教育和人文素质教育；辅导员、班主任是大学生思想政治教育的骨干力量，要按照学校有关部署，有针对性地开展相关的思想政治教育活动。广大教职员工，不管是教师、管理人员还是后勤服务人员，都负有对大学生进行思想政治教育的重要责任。高校要制定完善有关规定和政策，明确职责任务和考核办法，形成教书育人、管理育人、服务育人的良好氛围和工作格局。要按照政治强、业务精、纪律严、作风正的要求，坚持专兼结合的原则，研究制定加强工作队伍建设的具体办法，完善队伍的选拔、培养和管理机制，吸引更多的优秀教师从事学生思想政治教育工作。采取有力措施，着力建设一支高水平的辅导员、班主任队伍。要建立完善大学生思想政治教育工作者的激励和保障机制，鼓励支持他们安心本职工作。

2. 社会主义核心价值体系融入大学生思想政治教育全过程的法规制度保障

制度具有根本性、全局性、稳定性和长期性，是保障社会主义核心价值体系融入大学生思想政治教育全过程长效机制运行的根本。我们应全面吸收现有的思想政治教育的成果与经验，在高校思想政治教育工作中，各级党组织要及时对大学生思想政治教育工作中的好做法、好经验进行总结、提炼，使之上升为制度，进一步建立健全与国家法律法规相协调、与高等教育全面发展相衔接、与学校发展实际相符合、与大学生成长成才需要相适应的教育管理的一系列规章制度，并以落实制度为动力，强化高校思想政治工作者认真负责、积极主动地做好大学生思想政治教育工作的责任意识、进取意识和价值意识，努力营造教育者用心教、学生用心学、管理者用心管的良好局面，不断促进相关教育工作的科学化、制度化、规范化，保障社会主义核心价值体系融入大学生思想政治教育全过程的有序进行。在制度建设中，要注意把握制度的系统性、层次性和可操作性，找准制度之间的内在联系，使各种制度、规定环环紧扣、相互配合，形成实用化、程序化的制度体系，不断强化制度的约束力，激励大学生和思想政治工作者自觉遵守制度，使制度体系成为自律与他律、自觉与强制相统一的长效机制。

3. 社会主义核心价值体系融入大学生思想政治教育全过程的经费及物质保障

思想政治教育不是赢利的事业，不可能也不能搞什么创收。但是在市场经济条件下，它的运作程序也必须在市场经济的规则下进行。因而必要的经费投入是不可缺少的。要按照国家教育行政主管部门的要求，结合学校实际，把社会主义核心价值体系融入大学生思想政治教育工作所需经费列入预算，并合理确定相关的经费投入科目，如大学生思想政治教育活动的正常经费、社会实践的必要经费、聘请专家学者参与教育活动的经费、确保思想政治教育专职人员待遇不低于专业教师待遇的经费，等等，都应予以切实保障，以保证大学生思想政治教育各项工作的顺利开展。同时，与开展思想政治教育工作相关的物质条件也是必不可少的，如思想政治教育工作部门的活动场所、学生心理咨询的场所、学生群体活动的场所、开展大学生就业服务工作所需的场所和交通工具、必要的计算机和多媒体设备、必要的专题图书等，都要根据学校事业发展情况，不断地得到改善和优化。

4. 社会主义核心价值体系融入大学生思想政治教育全过程的评估机制保障

对社会主义核心价值体系融入大学生思想政治教育全过程的成果进行评价是检验工作成效的重要组成部分，从某种意义上讲，思想政治教育针对性不强、实效性不够的问题，都与缺乏科学的评估标准有关。加强对相关思想政治教育工作评估，一方面，有利于全面了解各单位特别是大学生思想政治教育职能部门对学校党委决策的执行、落实情况，科学地总结工作中的成败得失，积累经验，纠正偏差，进一步明确工作的目标与方向，调整或重新制定工作的计划与有关政策，实现工作的动态管理，不断提高学校各单位的工作水平，另一方面也有利于充分调动学校各单位、思想政治工作者和大学生参与相关思想政治工作的积极性，共同完成工作任务。因此，建立健全科学合理、可操作性强的社会主义核心价值体系教育评估机制非常必要。学校要以建立理性的、综合的、重发展评价的指标体系为目标，在评价内容的全面性、评价方法的多样性和教育评价主体的多元化等方面多下功夫，把社会主义核心价值体系融入大学生思想政治教育工作成效考核评估纳入教学评价体系，明确对各院系学生思想政治教育工作的考核要求，定期进行检查、评估，引导各院系重视教学科研、学科建设、师资队伍建设，充分调动各院系做好学生思想教育政治工作的主动性和创造性。要结合实际建立大学生思想政治教育工作的奖惩制度，做到奖惩分明，对学生思想政治教育工作效果明显的院系在预算投入等方面予以必要的倾斜，对不重视学生思想政治教育工作的院系予以一定的限制。根据一些高校的经验，这样的措施取得了比较明显的成效。

下　篇

社会主义核心价值观贯穿于大学生
思想政治教育全过程的实践探索

第 一 章

社会主义核心价值观贯穿于大学生思想政治教育理论课教学过程的实践探索

党的十六届六中全会通过的《中共中央关于构建社会主义和谐社会若干重大问题的决定》深刻揭示了社会主义核心价值体系的内涵，明确提出了社会主义核心价值体系的内容。即坚持马克思主义指导思想、坚持中国特色社会主义共同理想、坚持以爱国主义为核心的民族精神与以改革创新为核心的时代精神、社会主义荣辱观。自此，学界对社会主义核心价值观的概括展开深入探讨。2012 年 11 月 8 日中共十八大报告，用 24 个字，分别从国家、社会、个人三个层面，高度概括社会主义核心价值观，明确提出"三个倡导"，即"倡导富强、民主、文明、和谐，倡导自由、平等、公正、法治，倡导爱国、敬业、诚信、友善，积极培育社会主义核心价值观"，这是对社会主义核心价值观的最新概括和最高抽象。清晰而凝练，不仅展现了党对社会主义核心价值观的全新认识，而且让社会公众找到核心价值观里的"主心骨"，为多元时代凝聚思想共识指明了方向。价值观是人们心中的深层信念，是判断是非的标准，是行动遵循的准则。一个国家和社会是否拥有广泛认同的核心价值观，直接影响到一个国家的凝聚力和影响力。"共识"产生"合力"，夺取中国特色社会主义新胜利，需要最大可能地引领社会思潮，凝聚社会共识。倡导富强、民主、文明、和谐，昭示中国特色社会主义伟大事业的美好前景，始终是一个鼓舞人心、振奋精神的价值理想，是一个能够凝聚起亿万人民群众智慧和力量的宏伟目标。倡导自由、平等、公正、法治，是对人民首创精神的尊重，是对人民权益的保障，更是对人民平等发展权利的维护，顺应了人民群众的呼声与需求。倡导爱国、敬业、诚信、友善，是对个人价值和个人道德的普适要求，与从古至今每个人都在追求的仁爱德义不谋而合。可以说，"三个倡导"顺应世情民意，最大限度地代表了社会共同理想和追求。

现阶段，要实现把社会主义核心价值观贯穿大学生思想政治教育实践全过程，努力增强社会主义核心价值观对大学生思想政治教育的说服力、感召力、凝聚力，要结合当代大学生思想政治素质现状，充分运用思想政治教育原理、创新思想政治理论课教育方法，抓好以下环节。

第一节　坚持马克思主义的指导：将马克思主义的立场、观点和方法贯穿和融汇于思想政治理论课教育教学的全过程

一　坚持马克思主义的科学指导

如果一个社会不是社会主义社会就无所谓社会主义核心价值观。而社会主义社会作为马克思、恩格斯对资本主义批判基础上的美好理想，其产生、发展离不开马克思主义理论的科学指导。马克思主义是关于自然界、人类社会和人类思维普遍规律的科学，是我们立党立国的根本指导思想，是社会主义意识形态的旗帜和灵魂，是我们认识世界、改造客观世界和主观世界的强大思想武器，也是社会主义核心价值体系的灵魂，决定社会主义核心价值观的性质和方向。价值观是受思想支配的，什么样的思想决定什么样的价值观，只有树立马克思主义的科学世界观、人生观、价值观，才能在纷繁复杂的社会现象面前不迷失方向，才能不受各种形形色色的错误思潮的影响和侵袭。江泽民同志曾强调，"坚持马克思主义的指导地位，最基础的工作就是用马克思、列宁主义、毛泽东思想、邓小平理论武装全党、教育人民"。①

马克思主义，既包括由马克思恩格斯创立的马克思主义的基本理论、基本观点、基本方法，也包括经列宁等对其继承和发展，推进到新

---

① 《江泽民文选》（第3卷），人民出版社2006年版，第587页。

的阶段，并由毛泽东、邓小平、江泽民、胡锦涛、习近平等为主要代表的中国共产党人将其与中国具体实际相结合，进一步丰富和发展了的马克思主义，即中国化的马克思主义。思想政治教育作为马克思主义整体理论中的一个重要概念，是中国共产党依据马克思主义经典作家的有关思想，在系统总结国际共产主义运动特别是我国社会主义革命和建设历史经验的基础上，于新中国成立后明确提出来的。马克思说过，批判的武器当然不能代替武器的批判，物质力量只能用物质力量来摧毁，但理论一经掌握群众也会变成物质力量。只有努力去宣传马克思主义，让群众相信马克思主义，才能抵制各种非社会主义思潮的影响和侵蚀，巩固和坚定社会主义阵营，才能吸引广大群众投身于社会主义实践之中，形成社会主义建设的巨大物质力量。在当代中国社会背景下，思想政治教育唯有以马克思主义为内核才能在多元中立主导，才能在适应现实中保持适度的超越性，才能统领社会多元观念、纠正错误观念，并积极应对和整合各种虚无主义、自由主义、后现代主义思潮，并消弭各种错误思潮带来的消极影响，解除人们心理上、精神上出现的困惑和迷惘，满足人们精神世界的真实需求，从而树立正确的世界观、人生观、价值观、荣辱观，明确应有的价值取向、行为准则和道德规范。

大学生作为祖国的未来，民族的希望，其信仰状况决定着民族前进的方向。虽然长期以来，大学生思想政治工作始终坚持以马克思主义为指导，坚持用马克思主义中国化最新成果武装大学生的头脑，为中国特色社会主义现代化建设源源不断地培养、造就了一批又一批合格建设者和可靠接班人。但是我们同时必须看到，一些大学生对马克思主义的科学内涵还缺乏真正的了解，这很大程度上影响了大学生对马克思主义的信仰。坚持马克思主义的指导地位，加强大学生马克思主义教育，必须做到以下几点：

一是始终坚持灌输马克思主义的科学精神和基本原理，努力使学生掌握马克思主义的立场、观点、方法，树立正确的世界观、人生观、价值观和政治观、道德观。引导学生科学把握人类社会发展的基本规律，准确判断社会发展趋势等。

二是始终坚持用马克思主义中国化最新成果武装大学生的头脑，尤其要用毛泽东思想、邓小平理论、"三个代表"重要思想和科学发展观、中国梦教育学生，深入开展党的基本理论、基本路线、基本纲领、基本经验教育，增强大学生对马克思主义的信念。马克思主义不是远离社会生活、脱离社会实践的书斋学问，而是深深植根于实践、服务于实践，又在实践中不断发展的创新性理论。要立足于社会现实用发展的马克思主义引领思想政治教育，增强问题意识、时代意识和主体意识，善于运用马克思主义的立场、观点和方法去认识、分析和解决发展中的问题，把思想教育与解决学生的实际问题结合起来，

三是必须以完整准确的马克思主义科学体系指导思想政治理论课，防止和克服过去出现过的教条主义、实用主义、形式主义等不良倾向。换言之，"现代思想政治教育学的理论基础是马克思主义，坚持以完整准确的马克思主义的科学体系为根本指导思想，是现代思想政治教育学能够得以建立和健康发展的根本条件，也是实现思想政治教育科学化的根本保证"。[①]

四是思想政治理论课要汲取马克思主义与时俱进、现实性的理论品质，切实增强思想政治教育的有效性、有益性。思想政治理论课程教学必须灵活运用马克思主义，适应新形势变化，不断探索加强马克思主义教育的新方法、新手段、新机制，不断提高马克思主义教育的效果，真正让大学生坚持对社会主义核心价值观的认同。引导大学生为落实科学发展观，构建社会主义和谐社会做出积极贡献。

只有坚持把马克思主义作为思想政治教育的本源和灵魂，坚持马克思主义的立场、观点和方法，才能确保社会主义核心价值观的根本性质和方向，才能培育出建设中国特色社会主义事业所需要的合格建设者和可靠接班人。

二 正确处理好"四种关系"

（一）阶段性与长期性的关系

把握阶段性与长期性的关系，实际上就是要求我们既要立足当前，又要着眼长远，用发展的眼光看问题。建设社会主义核心价值观是一个从认识到实践，再从实践到认识的反复过程，必须坚持将长远的价值追

---

① 张耀灿、郑永廷：《现代思想政治教育学》，人民出版社 2001 年版，第 42 页。

求与阶段性的具体要求结合起来。把社会主义核心价值体系融入大学生思想政治教育全过程，一方面，要立足当前，针对大学生思想政治素质现状，直面他们现实生活中面临的各种思想矛盾和困惑，提出与实际情况相适应的、相协调的价值追求，努力形成有利于大学生多元思想观念的对话交流，有利于先进思想文化引领整合的机制，积极探索把社会主义核心价值体系融入大学生思想政治教育全过程的有效途径和方法。通过建设社会主义核心价值体系能够解决大学生的思想困惑，解决他们的实际问题。另一方面，又要着眼长远，坚持以中国特色社会主义建设的根本目标和根本任务出发，从高校要把大学生培养成中国特色社会主义事业的合格建设者和可靠接班人的根本任务和目标出发，要求我们清楚地提出价值理想追求，进行长远的规划和持续努力，促进社会主义核心价值体系建设经常化、长效化。把社会主义核心价值观融入大学生思想政治教育全过程，坚持重在建设、循序渐进、逐步积累，把价值认同体现到大学生日常学习、生活、工作和社会交往中去，构建把社会主义核心价值体系融入大学生思想政治教育全过程的长效机制，坚持不懈努力，促进大学生对社会主义核心价值观的广泛认同，夯实他们成长成才的思想道德基础，把他们培养成为中国特色社会主义事业的合格建设者和可靠接班人。

（二）先进性与广泛性的关系

社会主义核心价值观无疑代表着先进文化的前进方向，体现了价值观念和道德理念的先进性要求，但它同时又有着广泛的群众性，具有深厚的社会基础，是价值观念的先进性要求和广泛性群众基础的有机结合和统一。不能狭隘地把社会主义核心价值观看作只是社会先进分子的价值观，更不能视为少数精英的价值观。社会主义核心价值观代表了人民群众最根本的利益，反映了人民群众内心积淀深厚的价值追求，是他们期待和向往的共同价值观。毋庸讳言，作为社会主义核心价值观的道德要求和行为准则，对于当前来说，不是人人都能做到做好的，不少人还有差距。但不能因此否定和抹杀广大群众对社会主义核心价值观的认同感、认知感。人们对社会生活中的真善美的热烈追求和褒扬，对假恶丑的无情鞭挞和斥责，就充分说明了这一点。尽管社会呈现的是一种错综复杂的状况，也尽管社会价值观念多元多样多变，但广大人民群众自始至终存在着对真善美的不懈追求，这和社会主义核心价值观的基本内容是相契合、相一致的，实质上也是对社会主义核心价值观的期待和向往。人民群众内心世界对真善美的追求和向往，恰恰是倡导和弘扬社会主义核心价值观的坚实基础和强大力量，也真切地说明社会主义核心价值观是广大人民群众所追求的共同价值观。因此，培育和践行社会主义核心价值观，一定要和多种多样、健康有益的群众性活动结合起来，体现在精神文明创建实践和各种重大纪念庆典活动之中，贯穿于各行各业的规章制度、市民公约、乡规民约、学生守则之中，广泛吸引群众参与，使社会主义核心价值观的影响如同空气一样无所不在、无处不在，让群众从这种浓厚的氛围和实践中感知它、领悟它，增强认同感，提升精神境界，从而实现从外在行为规范到内在自觉追求的转化，使培育和践行社会主义核心价值观取得实实在在成效。

处理好先进性与广泛性的关系，就意味着我们必须承认和尊重个体思想道德建设的层次性，必须坚持从实际出发，既要鼓励先进，又要照顾多数，使先进性与广泛性要求结合起来，对不同层次的个体提出不同的要求。处理好先进性与广泛性的关系，既要坚持先进文化的发展方向，又要符合不同层次的个体的思想状况；既要体现一致的愿望和追求，又要涵盖不同的群体；同时，也要突出先进性，赋先进性于广泛性之中，用重点带动一般，使少数影响多数，这样才能使社会主义核心价值体系具有广泛的适用性和包容性，具有强大的整合力和引领力。

把先进性与广泛性结合起来，主要是把大学生的共同理想教育和最高理想教育结合起来，把道德方面的社会主义道德和共产主义道德教育结合起来，对大学生中的先进分子，如大学生党员、学生干部等，必须坚持共产主义理想和道德教育，而对广大普通学生来讲，则必须加强建设中国特色社会主义共同理想教育。把社会主义核心价值体系融入大学生思想政治教育全过程，一定要在坚持先进文化的前进方向的同时，尊重大学生的个体差异和符合不同层次的大学生的思想状况，只有把先进性与广泛性教育结合起来，才能适应当代大学生思想活动的独立性、选择性、多变性、差异性等特点，引领大学生确立正确的价值取向和塑造理想人格。

社会主义核心价值观贯穿于大学生思想政治教育理论课教学过程的实践探索

（三）传承与借鉴的关系

正确处理好传承与借鉴的关系，就是要求我们一方面坚持继承和发扬我国优秀传统文化。只有深刻认识到祖国传统文化的现实价值，继承和弘扬中华优秀传统文化，才能在历史提供的高起点上创造出高层次的和谐文化。要深入挖掘我国优秀文化中有利于促进社会主义核心价值观建设的内容，汲取合理的思想内核，使优秀传统文化得以传承，优秀民族文化得以新生。另一方面，继承不是墨守成规，在继承的基础上，要坚持与时俱进，体现新的时代精神，赋予新的时代内涵，同时，还要吸收和借鉴世界优秀文明成果。每一个国家和民族的文化都有自己的优势和长处，不同文化的相互学习和借鉴是文化发展的必要条件。弘扬社会主义核心价值观，离不开与世界文化的交流和对话，离不开对各国有益文化的学习和借鉴。正确处理好继承与发展的关系，使社会主义核心价值体系不仅根植于中华优秀传统文化的沃土，而且适应世界发展进步潮流，理性对待西方文明，汲取西方文明精华，增强自身的吸引力和感召力。

（四）现实性与超越性的关系

社会主义核心价值观源于现实、植根现实，但又高于现实、引领现实。这是因为，社会主义核心价值观还没有成为社会每一个成员内心的信念，成为他们自觉遵循的行为准则，也就是说还没有成为社会的普遍现实，因此社会主义核心价值观又是激励和鼓舞人们为之奋斗的理想目标和价值追求。在走过的历史中，我们为什么能够经受各种风险和考验，战胜各种艰难险阻，克服重重困难，应对许多难事，办成许多大事，成就许多喜事，坚持和弘扬社会主义核心价值观无疑是一条重要经验。尤其在当前，我们面临全面建成小康社会和实现中华民族伟大复兴中国梦的新形势新任务，更需要培育和践行社会主义核心价值观，更需要强调社会主义核心价值观的引领和激励作用。从国内来讲，经济体制深刻变革、社会结构深刻变动、利益格局深刻调整、思想观念深刻变化，人们思维的自主性、独立性、多变性明显增强，价值观念多元多样多变，需要我们用社会主义核心价值观凝心聚力，强基固本；从国际来讲，也出现许多新情况、新特点，风云变幻、挑战频频，我国面临的外部环境风险和考验的压力也在加大，需要我们用社会主义核心价值观增强民族向心力、凝聚力、感召力，维护我国安全和发展的核心利益。正因为如此，我们要从教育引导、舆论宣传、文化熏陶、实践养成、制度保障等多方面入手，从思想道德层面、法律层面、政策层面给力，切实把社会主义核心价值观贯穿于社会生活方方面面，内化于精神追求，外化于自觉行动，成为支配行为、引导生活、推动实践的强大精神力量。

我国改革开放和社会主义现代化建设取得的成就辉煌，举世瞩目，但也面临不少新情况、新问题：一个是，到建党100周年，即2020年左右，建成全面小康社会；再到新中国成立100周年，即2050年左右，基本实现现代化。这是我国现代化进程的时间表，也是我们常说的"两个一百年的奋斗目标"，任务艰巨繁重。另一个是，前进道路上横亘着许多突出的矛盾和问题：收入分配差距拉大；经济社会之间、城乡之间、地区之间发展不平衡；教育、就业、社会保障、医疗、住房、生态环境、食品药品安全、安全生产、社会治安、执法司法等关系群众切身利益的问题较多，部分群众生活困难；自然资源紧缺、环境污染严重以及消极腐败现象多发等。在新形势新任务、新情况新问题面前，毫无疑问会有各种声音，这是很自然的现象，思想文化和价值观念的冲击和激荡也是在所难免的。问题在于，如何在多元之中立主导，在多种声音中求共识？如何保持社会的和谐稳定、治理和秩序？如何凝心聚力、同心同德，朝着"两个一百年的奋斗目标"前进？这是我们必须面对的重大现实问题。

社会主义核心价值观具有普遍的指导意义，但它不是空洞抽象的概念，也不意味着遥不可及、高不可攀，它是非常实在具体的，是和我们的生活紧密相连、息息相关的。

人们常常看到，面对同样的事情、处于同样的境遇，不同的人反应可能会是不同的，甚至截然相反的。面对危难，有见义勇为的，也有溜之大吉的，有扶危救困的，也有袖手旁观的，有助人为乐的，也有冷漠处之的；面对金钱，有热心慈善事业的，有诚实守信的，也有不择手段、利令智昏的；面对白发老人，有赡老敬孝的，也有厌老弃老的。总之，在涉及社会公德、职业道德、家庭美德和个人品德等诸多问题上，几乎都可以看到正反两方面的事例。正因为如此，才有各地相继出现的推选最美好人的活动和持续不断的赞美声浪，也才有社会舆论对"小悦悦事件"等失德、败德现象的鞭挞、愤慨和反思。为什么在同样的事情面前会有不同的立场、情感和举止？原因就在于人的价值取向、价值选择不同，也就是人的内心深处的人生观、价值观不同。这一方面说明，价值观就在我们身边，就在生活之中，而且呈现出多元多样多变的态势；另一方面又说明，我们必须要在多元中确立主流价值观，在多样中求得最大公约数。因此，培育和践行社会主义核心价值观，要结合和用好我们身边生活中的凡人善举、义德义行。大学生身上的崇德向善、感人至深的好人好事，深刻体现和反映了社会主义核心价值观的基本内容，是社会主义核心价值观的具体化、形象化、生动化，从中可以立小见大、处低观高，因此，思想政治理论课教师还要善于发现大学生日常生活中的凡人善举加以宣传，使社会主义核心价值观的宣传教育和舆论引导生动活泼、易学易懂、亲切感人，落细落小落实，入脑入情入心，从而使社会主义核心价值观变为大学生内在的信念意识和行为准则。

三　开发运用好"四项载体"

（一）主渠道载体

把社会主义核心价值观融入大学生思想政治教育实践全过程，积极开发运用主渠道载体，必须从以下几个方面着手：

1. 充分运用思想政治理论课"主渠道"作用

高校思想政治理论课是大学生思想政治教育的"主渠道"，它承担着对大学生进行系统的马克思主义理论教育的艰巨任务，是帮助大学生树立正确的世界观、人生观、价值观和荣辱观的重要途径，也是对大学生进行社会主义核心价值体系教育的主渠道、主阵地。抓好这项工作，就抓住了把社会主义核心价值体系融入大学生思想政治教育全过程的首要问题。党的十六大以来，以胡锦涛同志为总书记的党中央作出了制定实施高校思想政治理论课新课程方案的重大科学决定，明确在本科生中开设"马克思主义基本原理概论""毛泽东思想、邓小平理论和'三个代表'重要思想概论""中国近现代史纲要""思想道德修养与法律基础"等四门必修课程。这四个层次构成的相互联系、较为完整的课程体系，既体现了原理与实际的相结合，又体现了"学马列要精，要管用"的原则，对大学生进行社会主义核心价值体系教育更具有针对性、实效性和实践性。在思想政治理论课教学中，既要着眼每门课程的地位，又要做好四门课程之间的衔接。思想政治理论课教学离不开系统的课程教学，但又必须联系改革开放和社会主义现代化建设的实际，联系大学生的思想实际来进行，坚持"主旋律"教育。广泛深入地对大学生进行爱国主义、集体主义、社会主义教育，树立正确的理想信念、人生观、价值观。增强民族自尊心、自信心，帮助大学生自觉抵制腐朽、丑恶的东西，防止敌对势力的"西化""分化"的和平演变战略图谋，力求思想政治理论课的实效性、针对性、说服力和感染力。同时，坚持高校思想政治理论课"主渠道"教育，还要正确处理好思想政治理论课与专业课的关系。目前，在一些高校，过分强调思想政治理论课对大学生思想政治教育的主渠道作用，从而忽视了专业课的思想政治教育功能。我们应该认识到，高等学校各门课程都具有育人的功能，所有教师都有育人的职责。因此，要树立寓思想政治教育于全课程的教育观念，要把大学生社会主义核心价值体系教育融入大学生专业学习的各个环节，渗透到教学、科研和社会服务的各个方面。要深入挖掘各类课程的思想政治教育资源，在传授专业知识过程中加强思想政治教育，使大学生在学习科学文化知识的过程中，自觉加强思想道德修养，提高思想政治觉悟。

2. 加强师资队伍建设

对大学生进行社会主义核心价值观教育，师资队伍培训尤为关键。教育引导大学生学习、践行社会主义核心价值观，是高校教师的共同职责，辅导员、班主任与大学生朝夕相处，工作在思想政治教育第一线，对大学生成长成才影响很大，作用不可替代。因此要专门组织广大教师学习社会主义核心价值观，系统掌握它们的基本内容、精神实质，要从广度和深度两个方面下功夫，对这一理论更加完整、准确地把握。教师对社会主义核心价值观的把握，将直接影响到社会主义核心价值观教育的实际效果。比如社会主义核心价值体系与社会主义核心价值观的关系怎么把握、有了核心价值观还要不要核心价值体系？我国的核心价值观比如民主、自由、平等等与资本主义国家的含义是否一样？如果认为有了核心价值观就不需要核心价值体系了，把我国的民主、自由、平等说成和资本主义的含义、要求一样，后果不堪设想，等等，因此，对思想

社会主义核心价值观贯穿于大学生思想政治教育理论课教学过程的实践探索

政治理论课教师进行培训很重要。

同时，还必须大力开展师德建设，引导广大教师按照"为人师表、言传身教、率先垂范"的要求，进一步增强学识魅力和人格魅力，为加强社会主义核心价值观教育提供强有力的师资保证。

3. 推进教学方法和手段的改革和创新，丰富教学形式，提高教学效果

大学生思想政治教育的关键在教师，即教育的实施者。研究和创新教学方法和手段是实施思想政治教育的实效性的保障，是把社会主义核心价值观融入大学生思想政治教育全过程的重要环节。首先，要坚持以课堂教学为主渠道，注重传统的理论灌输，使大学生通过课堂教学掌握马克思主义基本立场、观点、方法。在课堂教学中要勇于实践、大胆创新，改革教学方法，增强教学效果与感召力，可以通过课堂讨论，开展辩论等达到师生互动，通过案例分析、撰写论文、个案研究等方法，充分发挥大学生的主动性、积极性，使大学生对社会主义核心价值体系由认知走向认同，由内化信仰走向外化践行。同时，在教学过程中要充分运用现代教育技术，进行教学手段改革。现代教育技术具有生动、直观、形象等特点，对大学生社会主义核心体系教育有很大的感染力和吸引力。将现代教育技术与教育目的、教育内容有机结合起来，把声音、图像、文字结合起来，可以增强感染力、说服力，从而提高教学效果。

（二）实践活动载体

人的思想意识是在社会实践中形成的，并随着实践的发展而发展。运用实践活动载体是思想政治教育的内在要求，指通过组织和引导人们参加各种社会实践活动，逐渐提高思想道德素质，是思想政治教育顺利进行并取得较好效果的内在需求。社会实践活动在培养大学生改造客观世界能力的同时，也提升了他们改造主观世界的能力，它是知与行有机统一的过程，也是内化转化为外化，以外化去推动和巩固内化的过程。社会实践是大学生思想政治教育的重要环节，也是社会主义核心价值体系融入的有效途径。通过社会实践，不断强化和加深大学生对社会主义核心价值观的认识和理解，它对促进大学生了解社会、了解国情、增长才干、锻炼意志、培养品格、提高道德水平、增强社会责任感等具有不可替代的作用。

社会主义核心价值观贯穿于大学生思想政治教育全过程的实践探索

把社会主义核心价值观融入大学生思想政治教育实践全过程，一方面，必须坚持以校内的一系列思想政治教育活动为载体，促进大学生社会主义核心价值体系教育，实现社会主义核心价值体系真正进入学生的头脑。如开展中华传统文化系列讲座、形势政策系列讲座，组织学生观看红色题材的电影，开展纪念日活动，鼓励学生组织和参加学习社会主义核心价值体系相关的学生社团，等等，使这些校内思想政治教育活动系列化、规范化，使思想政治教育活动与理论教育相互渗透、相互促进，不断提高大学生对社会主义核心价值观的认识和理解。另一方面，鼓励和组织大学生积极参加校外的社会实践活动，到社会实践中走一走、看一看。1999 年 6 月中共中央、国务院印发的《关于深化教育改革，全面推进素质教育的决定》指出："高等学校要加强社会实践，组织学生参加科学研究、技术开发和推广活动以及社会服务活动，利用假期组织志愿者到城乡支工、支农、支医和支教。"我国大学生实践活动的广泛开展，在实现高等教育的目标任务，培养社会主义建设者和接班人的事业中发挥了积极作用。把社会主义核心价值体系融入大学生思想政治教育全过程，要鼓励大学生深入农村、企业、社区等体验改革开放带来的时代变革，增强大学生对基本国情的理解，加强大学生对全面建设小康社会的认识，增强大学生对党的基本路线、基本纲领、奋斗目标的理解；通过深入边远山区、贫困地区，走进弱势群体，深化大学生对科学发展观的理解，对构建和谐社会的认识，从而不断坚定对马克思主义的信仰，树立中国特色社会主义共同理想；通过组织大学生参观革命战争遗址、纪念馆、烈士陵园以及现代化的科技馆等，如南昌八一起义纪念馆、毛泽东纪念馆、井冈山烈士陵园，以此来激发大学生爱国情感，弘扬民族精神、培养创新精神；通过让大学生参加勤工俭学、大学生志愿者活动、公益活动、社会调查等形式的社会实践活动增强大学生自强自立、艰苦奋斗、团结协作、吃苦耐劳、乐于奉献精神和仁善仁义的道德情操。总之，把社会主义核心价值观融入大学生思想政治教育实践全过程，就是要求把社会主义核心价值观教育与实践融入实践活动中，增强思想政治教育的感染力、说服力。

（三）校园文化载体

"文化能够潜移默化地影响着人们的思想和行为趋向，引导人们树立正确的价值观，作为思想政治教育的文化载体，是指思想政治教育充分利用各种文化产品，将思想政治教育内容渗透于各项文化建设中，让各种文化活动承担一定的思想政治教育功能。"① 文化具有渗透性强、影响持久及形象、生动、直观等特点，将思想政治教育内容寓于文化建设当中，会使思想政治教育更加生动活泼，更具吸引力。把社会主义核心价值观融入大学生思想政治教育实践全过程，必须充分发挥校园文化的引领作用，重视加强校园文化建设。把通过校园文化宣传和践行社会主义核心价值观作为课下作业，布置给学生，如开辟固定场地、固定专栏选出有代表性的学习社会主义核心价值观的体会进行张贴，激发大学生践行核心价值观，这种活动和大学生的平时成绩挂钩；还可以在大学生中搞一些评选践行核心价值观的先进学生活动，等等。大学校园文化是大学精神风貌的展示，也是大学精神文明建设的重要内容，这要求我们要用社会主义核心价值观指引校园文化建设，在文化渗透中贯穿社会主义核心价值观，从而形成和谐的、健康的、积极向上的校园文化，达到对大学生进行潜移默化的思想影响和文化熏陶。

（四）网络载体

网络作为大学生开阔视野、扩大交往、更新知识的重要渠道。它对大学生的行为模式、价值取向、政治态度、心理发展、道德观念等产生越来越大的影响。把社会主义核心价值观融入大学生思想政治教育实践全过程，必须积极开发运用网络载体，通过互联网向大学生传播丰富的、生动的、正确的思想政治教育信息，以帮助大学生形成时代发展所要求的思想观念、政治观点、道德规范以及健康的精神状态。比如教师要适应时代发展，掌握网上技术，比如 email、qq、微信、微博等，把学生看成好友，与学生沟通、交流、分享网络趣事，并通过好友的空间动态、微信转发等及时掌握学生的思想倾向和动态，对于一些误入迷途的学生加以引导。但是，我们应该清醒地认识到网络是一把"双刃剑"，一方面，它传播信息量大、覆盖面广，传播方式呈现出平等性、交互性特点，传播手段多样，传播信息具有实效性等特点，为大学生获

---

① 张耀灿、郑永廷、吴潜涛、骆郁廷：《现代思想政治教育学》，人民出版社 2006 年版，第 401 页。

取知识和信息提供了极为有利的条件。另一方面，网络信息具有很强的虚拟性、自由性、复杂性、隐蔽性等特点，使在思想信息的导向上容易失去控制；网络信息良莠不齐，真伪难辨，网络安全得不到保障，如果管理不好，虚假的、不健康的，甚至反动的信息乘虚而入，将对大学生身心健康造成极大的危害。"调查情况表明相当一部分学生把很多的时间用于网上聊天，玩游戏上；不少学生陷于网络不能自拔；有的夜不归宿，有的轻信网上交友而招来杀身之祸。"① 加强和改进大学生思想政治教育，必须加强网络载体建设，要切实用社会主义核心价值观占领大学生思想政治教育网络的制高点，形成网络主旋律，牢牢把握网络思想政治教育主动权。

第二节　坚持以中国梦为引领：将富强、民主、文明与和谐的社会主义国家价值观贯穿于大学生思想政治理论课教学的全过程

　　随着改革开放的深入，市场经济体制的建立，各种经济成分、利益主体和社会生活方式日趋多样化，给人们的思想观念、行为方式带来了影响，面对前所未有的新矛盾、新问题，一些人包括一些党员感到迷茫困惑。对马克思主义信仰出现危机，对共产主义理想信念淡化，对社会主义缺乏信心等。这种对中国特色社会主义共同理想产生迷茫和困惑的现象在高校也不例外，据 2006 年广东省高校教师及学生的思想政治状况调查报告显示，部分大学生对一些重大理论问题认识模糊，对社会主义必然代替资本主义信心不足。调查显示：只有 44.8% 大学生赞同"社会主义必然代替资本主义"，还有 53.2% 的大学生对这一问题认识不清，从而可以反映出目前高校部分大学生对社会主义共同理想存在困惑，对此目标的实践感到迷茫。

　　大学生能否树立中国特色社会主义共同理想，直接关系到社会主义事业宏伟目标能否实现。大学生思想政治教育的根本目的在于不断提高广大青年学生的思想道德素质、科学文化素质和认识世界、改造世界的

---

① 石国亮：《论新形势下大学生思想政治教育的创新》，《青年探索》2005 年第 1 期。

社会主义核心价值观贯穿于大学生思想政治教育理论课教学过程的实践探索

能力，培养造就有理想、有道德、有文化、有纪律的社会主义合格建设者和可靠接班人，引导他们树立远大的理想是思想政治教育的"灵魂"。因此，坚持以社会主义核心价值观贯穿大学生思想政治教育，必须坚持中国梦的引领作用，使大学生充分认识中国特色社会主义共同理想的科学性，理性地接受和认同中国特色社会主义的价值目标，这是高校培养社会主义合格建设者和可靠接班人的重要思想保障。

中国梦作为我们的强国梦、民主梦、文明梦、和谐梦的统一，既是国家梦也是个人梦，彰显了中国特色社会主义的富强、民主、文明与和谐社会价值。因此，大学生的思想政治理论课只有以中国梦为灵魂，把握教学方向、圈定教学重点，如用中国梦坚定大学生对中国特色社会主义道路的自信、用中国梦激发与凝聚大学生的精神与力量、用中国梦激发大学生自觉提升人文素质等，才能将富强、民主、文明与和谐的社会主义国家价值观贯穿于大学生思想政治理论课教学中。不同的课程侧重可以不同。这里以"毛泽东思想和中国特色社会主义理论体系概论"课为例。

一　着力于中国梦是能实现的强国梦，坚定大学生对社会主义富强价值观的信仰，激发民族自豪感

中国梦是中华民族的理想，是中国的强国梦，是能实现的。这一点大部分学生坚信不疑，但也有部分大学生对中国梦的信念不够坚定或内心多少对中国梦的实现持怀疑态度。调查显示部分大学生感觉未来压力很大，特别是将来的就业压力、面临的考研压力等。也有大学生认为求学期间家长的付出使他们背负父母的辛苦债将来无以回报，会影响他们的幸福感，也说明他们对中国梦是富民梦、幸福梦不太自信。鉴于这种情况，思想政治理论课教学必须着力纠正大学生的这种错误思想。比如，在"毛泽东思想和中国特色社会主义理论体系概论"（以下简称"概论"）课教学中，应着力于新中国成立前后的对比、改革开放前后的对比，说明不论条件多么艰苦、环境多么恶劣、阻力多么巨大、任务多么艰巨，只要有理想，勇于拼搏和进取，我们对美好生活的憧憬总是会实现的。"概论"课教学中一方面可以着力于用"三步走"战略的实现过程，说明中国梦不仅是强国梦，更是富民梦、幸福梦。如用改革开放以来人们生活水平和消费水平不断提高的事实，说明中国梦的富民性；可用鲜明的图片课件进行讲解：20 世纪 70 年代居民日常生活中的三大件是自行车、手表、缝纫机，80 年代是冰箱、彩电、洗衣机，90 年代是电脑、空调、大背投，2000 年以后人们的生活水平又上了新台阶，私家车、别墅、旅游成了新宠。并且还要从政策层面着力补充说明，"三步走"战略能否实现，不是单纯的 GDP 能衡量的，人们的生活水平以及幸福指数更为重要。另一方面，中国梦是富民梦还体现在社会主义的价值目标上。即，"概论"在社会主义本质这一章中应着重强调社会主义的价值目标是共同富裕，也是社会主义和资本主义的根本区别。尽管现在我国社会出现了贫富差距，但我们要相信，我们的分配制度会逐步完善，最终会缩小这种差距。在给学生讲清楚共同富裕既不是同步富裕，也不是同等富裕，而是诚实劳动、合法经营条件下的有差距的共同富裕时，着重说明通过深化收入分配制度改革，我们将努力实现人民收入增长和经济发展同步、劳动报酬增长和劳动生产率提高同步，并通过提高居民收入在国民收入分配中的比重与提高劳动报酬在初次分配中的比重逐步实现社会公平。才能不断增强大学生对中华民族的认同感、归属感，增强中华民族的自信心、自豪感，增强爱国意识。

为了让学生从内心深信未来的美好，认同富强价值观，我给学生布置了几个课件作业题，如"改革开放前后中国发生的巨大变化""加入WTO 带给中国的实惠和变化""你们家最近十年的变化"，等等。让学生通过上网查资料或者咨询家中的长辈，做课件对比。并把课堂展示课件作为平时成绩的一部分。学生们在展示课件时非常积极踊跃。

课堂时间远远满足不了展示的需要。很多学生只好通过邮箱发给我以表示他们的认真和积极。学生们课件的内容准备得非常充分和精彩，不仅充分使用了图片和鲜明的对比，有的还使用背景音乐如《春天的故事》等、并加入适当的视频，展示课件期间，底下的同学也很兴奋、很认真、抬头率百分之百，笑声和鼓掌不断。他们通过亲自做课件并展示课件对改革开放的感受由感性认识上升到了理性自觉，在展示的最后，深情地说："我们要感谢改革开放，感谢我们的社会和国家带给我们的美好生活，我们要好好学习，将来报效祖国，祝愿祖国的明天更美好。"足以表明他们对未来的憧憬和信心了。在给我的教评中，很多同学做了诸如此类的评语："老师，您让我们做课件，不仅增长了我们的知识，更加锻炼了我们的能力，学到了很多，这种方法非常好。"

二　着力于中国梦是能实现的民主梦，坚定大学生对社会主义民主价值观的信仰，自觉抵制西方所谓"民主"的蛊惑

人民当家做主是中国特色社会主义民主的本质和核心。人民民主是社会主义的生命，没有人民民主就没有社会主义。长期以来，我们坚持中国特色社会主义政治发展道路，坚持党的领导、人民当家做主、依法治国有机统一，不断扩大人民民主，保证人民当家做主，使中国特色社会主义民主展现出旺盛的生命力。中国特色社会主义民主是马克思主义民主理论与中国特色社会主义实践相结合的产物，是对资本主义民主的扬弃和超越，是符合民主本意、更高类型的民主。因此，中国梦也是保证每个人政治上的民主梦。

早在 1979 年，邓小平同志就深刻指出："什么是中国人民今天所需要的民主呢？中国人民今天所需要的民主，只能是社会主义民主或称人民民主，而不是资产阶级的个人主义的民主。"①

因此，这部分要求思想政治理论课着力于中国特色的社会主义民主与资本主义民主的对比以彰显我国社会主义民主的优越性。主要从四个方面展开对比：

第一，民主所能涵盖的人群。社会主义民主在政治上把国家中的最大多数人纳入到人民的范畴，成为民主的主体。包括工人、农民、知识分子、全体社会主义劳动者、拥护社会主义的爱国者和拥护祖国统一的爱国者在内的亿万人民，掌握一切国家权力和社会资源。人民享有管理国家事务和社会事务、管理经济和文化事业的各项政治权利，享有生存权和发展权、人身人格权以及经济、社会、文化等广泛权利，成为国家、社会和自己命运的主人。社会主义民主在经济上实行公有制为主体、多种所有制经济共同发展的基本经济制度，实行按劳分配为主体、多种分配方式并存的分配制度，占人口绝大多数的工人阶级和其他劳动人民在享有生产资料不同形式所有权和支配权的基础上当家做主。经济

---

① 《邓小平文选》第 3 卷，人民出版社 1993 年版，第 195 页。

地位上的平等，从根本上决定并保证了社会主义民主不是受资本操纵的民主，不是少数人占有生产资料从而支配多数人的民主，而是最广大人民享有的民主。

西方资本主义民主是资产阶级的民主，实际上是垄断资本的民主。这种民主的本质是资产阶级的统治和专政，是"富人的游戏"和"钱袋的民主"。据美联社 2000 年对美国金钱与选举胜势关系进行的数据分析，1999 年美国竞选获胜当选的 81% 的参议员和 96% 的众议员，所花的钱超过了竞争对手。金钱可以操纵美国的民主选举成为不争的事实，以至于有美国学者指出："只要在联邦大选委员会那里查一下筹集资金的账户，就可以在大选之前知道大选的最终结果。"① 西方民主实际上被掌控在少数资本家及政客手中。对于广大劳动人民来说，这种民主永远是可望而不可即的。因此，我们只有始终不渝地坚持民主的社会主义性质，坚定不移地走中国特色社会主义民主发展道路，才能从根本上保证亿万人民当家做主，实现日益充分的人民民主。

第二，从国体的本质上比较。

国体是国家阶级本质的反映，国体问题是国家政权建设的首要问题，也是民主政治建设的根本问题。在我国，人民民主专政是国体，工人阶级是领导阶级，工农联盟是政权基础，全体人民是国家的主人。人民民主专政是无产阶级专政在我国的一种实现形式，是对人民民主和对敌人专政的结合。由于社会主义民主建设是在一定范围内还存在阶级斗争的条件下进行的，所以只有对极少数敌视和破坏社会主义的势力依法予以制裁和惩罚，才能保障人民充分行使当家做主的权利，才能维护和巩固人民民主制度。人民民主专政的国体的根本任务就是保障和实现人民民主。人民依照法律规定，通过各种途径和形式，全方位、多层次、多渠道地管理国家事务和社会事务、管理经济和文化事业，最大限度地享有民主。同时，国家依照法律制裁极少数敌视和破坏社会主义的势力，保证人民当家做主。

西方资本主义国家往往只讲政体而否认国体，把资产阶级民主说成是超阶级、超金钱、超意识形态的和普适的，否认或者掩饰其资产阶级

---

① 李振通：《如何看待西方的民主制度》，《求是》2006 年第 1 期。

社会主义核心价值观贯穿于大学生思想政治教育理论课教学过程的实践探索

专政的阶级本质。西方资本主义国家的宪法和法律虽然也宣称主权在民、国家权力归属国民，但其民主内含着三大基本矛盾——理论上标榜代表社会普遍利益与实践中保护资本特殊利益的矛盾、政治法律形式上的平等与社会经济事实上不平等的矛盾、国家政权形式上的权力分立与实际上国家权力凌驾于社会之上的矛盾。因此，在西方资本主义民主中，劳动人民永远不可能真正当家做主，不可能真正享有和行使国家的一切权力。我们要推动中国特色社会主义民主不断发展，就必须始终坚持人民民主专政的国体。

第三，从政体上比较。我们坚持人民代表大会制度的政体。

政体是国家政权的构成形式，由国体所决定，体现和反映国家的本质。人民代表大会制度是我国的政体，是国家的根本政治制度，体现了我国的性质，符合我国国情。这种制度既能保障全体人民统一行使国家权力，充分调动人民群众当家做主的积极性和主动性，又有利于国家政权机关分工合作，协调一致地组织社会主义建设，维护国家统一和民族团结，是实现人民民主的最好制度形式，具有强大的生命力和巨大的优越性。人民代表大会制度实行民主集中制的组织原则和活动方式，在充分发扬民主的基础上正确集中各方意见，协调不同利益，集体行使权力，科学作出决策，保证人民意志和利益的实现，维护社会公平正义。人民代表大会制度把民主与集中、民主与效率、民主与法治紧密结合起来，可以避免西方民主政治中"多数人暴政"的发生，充分体现和发挥了社会主义民主制度集中力量办大事、提高效率办成事的优势。中国决不实行西方的三权分立。三权分立不能解决国家权力凌驾于社会之上的基本矛盾，难以形成人民和社会对国家权力监督制约的制度化机制。在三权分立之下，人民不是国家的主人和民主的主体，公民权利与国家权力呈对立状态，公民权利经常遭到国家权力的侵犯。同时，以权力制约权力为特征的三权分立互相掣肘、互相扯皮，降低甚至丧失了效率，使国家机器不能适应社会发展变化的需要。三权分立作为西方民主政治的组织活动原则，其本质是资产阶级内部的权力分工。我们要推动中国特色社会主义民主不断发展，就必须始终坚持人民代表大会制度的政体，不搞西方的三权分立，不搞西方的议会民主制和两院制；坚持多民族团结统一的单一制国家形式和"一国两制"方针，实行民族区域自治和特别行政区高度自治，不搞西方的联邦制或邦联制，坚决反对以任何形式分裂中国。

第四，把我们的共产党领导的多党合作制与西方的多党制对比。

中国共产党领导的多党合作和政治协商制度是我国的政党制度，也是我国的基本政治制度。中国共产党在多党合作和政治协商制度中处于领导地位。中国共产党与参加合作的各个政党之间不是平分秋色、轮流执政或者执政党与反对党、在野党的关系，而是友党合作共事的关系、领导与被领导的关系、执政党与参政党的关系。中国共产党根据"长期共存、互相监督、肝胆相照、荣辱与共"的方针，采用协商民主的原则、制度和方法，与各民主党派建立起完全不同于西方多党制政治模式的新型政党关系。在这种新型政党关系基础上，形成的是中国共产党领导执政与各民主党派平等相待、政治协商、参政议政、民主监督的和谐统一。这是中国特色社会主义民主的一大特色，也是我国的一大政治优势。

在西方国家，多党制的特点是：政党代表资产阶级的利益和要求；由一些熟悉资本主义民主政治游戏规则、党务经验丰富的资产阶级政客为中坚组成，这些人实际上控制和操纵着政党组织；以组织选举和争夺权力为主要政治活动；组织体系比较松散，在选举活动之外很少有全党统一的政治活动。西方多党制在各国的名称和形式不尽相同，但其实质都是资产阶级通过其政党对广大劳动人民进行统治。我们要推动中国特色社会主义民主不断发展，就必须始终坚持中国共产党领导的多党合作和政治协商制度，决不搞西方的多党制，不搞西方的议会党团、轮流执政和政党政治。

坚持党的领导、人民当家做主、依法治国有机统一，是中国特色社会主义民主的基本要求，是划清中国特色社会主义民主同西方资本主义民主界限的重要标志。党的领导是人民当家做主和依法治国的根本保证。没有党的领导，就没有人民民主，就没有社会主义现代化，就不可能建成社会主义法治国家。人民当家做主是社会主义民主政治的本质要求，党的领导就是要代表中国最广大人民的根本利益，组织和支持人民依照宪法和法律管理国家事务和社会事务、管理经济和文化事业，实现当家做主。依法治国是党领导人民治理国家的基本方略，是社会主义民主政治的基本要求，是人民民主的制度化、法律化运作。坚持党的领导、人民当家做主、依法治国，三者相互依存、相互作用，统一于中国特色社会主义民主的实践之中。坚持三者有机统一，要求我们不仅努力发挥社会主义民主的优越性，而且高度重视社会主义民主实现形式的创新与发展，但决不能因此搞西方的三权分立、政治掣肘和司法独立。西方资本主义民主试图用表面上普遍公正的法治和民主程序弥合其社会的内在矛盾，但资本主义制度正是这种内在矛盾产生的根源，只要资本主义制度存在，其政党与人民、民主法治与人民的矛盾就不会消除。我们要推动中国特色社会主义民主不断发展，就必须把西方资本主义民主的阶级本质与其实现形式、运作机制区分开来。

中国特色的社会主义民主是立足国情发展起来的社会主义民主，是逐步完善和提高的高度民主，是真正能保证每个公民当家做主的民主。

一个国家选择什么样的民主发展道路和模式，归根结底是由这个国家的性质和国情决定的。一个国家是否民主，不能只看有没有全国性竞选，是否实行三权分立、议会制和多党制——这些都是西方民主的所谓"标准"，我们不能盲目照搬。我们认为，评判一个国家民主的基本标准是：民主应当符合本国历史文化传统、现实国情、社会政治制度、经济文化发展水平，有利于解决本国面临的主要问题；应当有利于本国人民行使选举权、知情权、参与权、表达权和监督权等民主权利，管理国家事务和社会事务、管理经济和文化事业，真正当家做主；应当有利于本国人民安居乐业、享受幸福生活，得到绝大多数人民群众的认同、支持；应当有利于国家政治体制高效运行，使公权力受到有效监督制约、腐败降到最低程度；应当有利于本国经济持续发展、社会和谐稳定、法治秩序建立；应当有利于本国民族团结和睦、国家强盛统一。

技术、器物可以引进模仿甚至全部照搬，但民主是与特定国家的经济、社会、文化条件密切联系的上层建筑，不能全部照搬。在一国土壤里生长起来的民主制度，搬到另一国的土地上可能就不适宜。任何国家的民主政治制度只有适合本国国情，不断完善和发展，才是有效的、富有生机的。照搬照抄别国的民主模式，从来不能成功。在实践中我们可以看到，一些国家在被迫接受了西方民主政治制度模式后，不仅没有实现政治稳定和经济发展，反而发生了严重的社会动乱，造成社会秩序紊乱、经济危机不断，有的国家甚至发生了无休止的内战。

中国特色社会主义民主是西方民主模式在近代中国屡试屡败、不能拯救中国的条件下产生的；是中国共产党人把马克思主义基本原理同中国具体国情相结合、同时学习借鉴世界民主政治文明的有益成果，经过长期的探索而逐步形成的。实践证明，中国特色社会主义民主具有强大的生命力和巨大的优越性。只要我们从我国国情出发，毫不动摇地坚持中国特色社会主义民主道路，中国特色的社会主义民主价值就可以凸显，民主梦就能实现。

无论怎么讲解，总有学生由于先入为主而赞赏西方的民主，并通过一些媒体宣传的导向，认为西方的民主才是真正的民主，而因为中国现实中某些违背民意、不民主的个案而不认可我们的民主，进而质疑民主梦实现的可能。对于这样的质疑，一要给他们解释清楚核心价值观的超越性，即民主作为国家层面的核心价值观是社会主义的美好追求，指向的是未来，并不是指当下的状态。正是由于现实的不完美，我们才把民主作为一种重要的价值、理想去追求，从而彰显社会主义的价值、体现社会主义以人为本的民主本质。二要通过大量的事例给学生分析西方的民主实质上并不是真正的民主。首先，西方的民主政治是有钱人的游戏，我们可以用西方貌似民主的选举过程去透析西方民主的虚伪性。美国民主制度的资本化越来越严重，日益演变成"钱主"制度。美国敏感问题中心 2011 年 11 月数据显示，46% 的美国联邦参、众议员拥有过百万资产。正因如此，美国政府拟向年薪百万以上的高收入阶层加税的计划在国会遭到阻挠。有评论指出，在美国政治体系中，金钱已经成为选举的王牌，最高法院认可企业用雄厚的经济实力来支持有利于其经营的政策和候选人，同时抵制有损其商业利益的政策和候选人。最有说服力的就是他们为了拉选票不惜重金上山下海的游说活动，比如奥巴马当年选举时仅在线广告就花费了 1600 万美元，这个数字岂是一般老百姓能玩得起的，并且这个数字仅仅是他选举开支的很小一部分，从而可以有力地说明美国等西方国家的选举是有钱人的游戏。其次，西方国家貌似公正、平等竞争的竞选演说实质上是口水战，并没有实质意义。在竞选演说中谁给老百姓许下的空头支票美轮美奂、有诱惑力、更迎合老百

社会主义核心价值观贯穿于大学生思想政治教育理论课教学过程的实践探索

姓的急需比如解决就业压力、增加薪酬等谁更能赢得多数票，而一旦当选没有人追究是否兑现，因此，谁在现场能说会道、谁能抓住人心谁就能赢得胜利，因此，与我国通过政绩考核选拔人才的制度相比，西方的竞选无疑是口水政治。第三，西方国家无论怎样标榜自己的民主，腐败现象也不可避免。如臭名昭著的华盛顿游说大鳄杰克 - 阿布拉莫夫"说客门"丑闻案。

案例： 2006 年 1 月 3 日，美国联邦法院惊爆游说业近几十年来最大的"说客门"丑闻，阿布拉莫夫承认共谋、欺诈和逃税三项重罪。由其主谋或参与的多桩舞弊腐败案卷入了至少 20 名位高权重的公职人员，包括四名立法者、两名布什政府前行政长官和十几位现任或前国会助理，其中之一便是堪称重量级政治人物的前共和党众议院领袖汤姆 - 迪莱（Tom DeLay）。为换取减轻刑事责任，他同意成为检察方证人，配合调查政治捐献腐败案中涉嫌受贿的国会人员。（Johnson，2006；Harris，2006）阿布拉莫夫是华盛顿最富有、最神通广大的说客之一，是靠非法手段敛财的行家里手。他的收入高达每小时 750 美元。阿布拉莫夫的摇钱树是权力、关系和影响。在说客与政客的二重奏中，秘密回扣、贩卖政治影响自然成为主旋律。堪称阿布拉莫夫最大手笔的，是其为美国印第安族部落开办赌场进行的游说。为了保持免税的有利地位、阻止竞争对手在附近修建新赌场，一些印第安部族头面人物花巨款聘请阿布拉莫夫游说国会和政府高官。仅在 2001—2003 年，阿布拉莫夫就从得克萨斯、路易斯安那、密西西比、密歇根、新墨西哥等州的 6 个印第安部落经营的赌场那里，收取了共约 8200 万美元的巨额游说费用，其中大部分作为回扣落入他和部分国会议员的腰包。自 2000 年起，阿布拉莫夫还"精明地"利用了自己骗取的印第安部落的部分政治献金。这其中包括向议员提供竞选政府职位的资金支持、国内外豪华旅行、高尔夫娱乐项目、体育比赛门票、高档餐厅免费用餐机会以及政府官员亲属的就业机会，等等。根据美国联邦选举委员会公布的数字，2000—2005 年，阿布拉莫夫的政治捐款和游说费用超过 440 万美元。仅在 2000 年，阿布拉莫夫就为前共和党众议院领袖迪莱的伦敦和苏格兰之行支付了账单，包括飞机票以及苏格兰高尔夫豪华旅馆的餐费和其他消费。迪莱因被指控洗钱及腐败于 2005 年 9 月卸下众议院多数党领袖一职，等待法院判决。①

除此之外，还有美国联邦众议员兰迪－卡宁汉姆受贿案，等等，通过这样的讲解，使学生不仅对中国的民主价值观有了深深的认同，消解了对美国等资本主义发达国家的民主盲目崇拜的心理，更坚信了中国梦是能实现的民主梦。

三 着力于中国梦是能实现的文明梦，坚定大学生对社会主义文明价值观的信仰，凝聚民族精神力量

中国梦的实现不仅需要生产力的极大提高，更需要我们不断提升文化软实力，中国梦不是单纯追求物质生活的富裕，更要追求精神上的富足、幸福与超越。因此中国梦也是文化发展繁荣的文明梦。

讲这个问题之前，先让学生做个课外调研："从古至今我国文化演化和变迁的轨迹""文化的繁荣与经济繁荣的关系""中国文化繁荣与国际地位的关系""文化消费与个人境界的关系""文化软实力是什么、有什么作用""整个世界的生产力发展与社会文明进步什么关系"，等等，并课堂提问。

通过提问，我们可以发现学生对这些问题的回答基本正确，并且有的可以说理解的相当深刻。然后，我再让学生欣赏一系列音乐视频，从革命歌曲到爱情歌曲、从红歌到网络歌曲，有宋祖英的、邓丽君的、周杰伦的、费玉清的、李玲玉的、杨钰莹的、周笔畅的、凤凰传奇的、冷漠的，等等，学生们一时陶醉在音乐的氛围中，然后我问这些音乐的魅力何在？学生有的说熏陶力、有的说感染力、有的说凝聚力、有的说愉悦力、有的说心理微调力，等等。那么趁这个机会我给学生介绍了其他文化形式的功能：法纪整合力、理论指导力、舆论导向力、文明教化力，等等，接着自然而然地道出了文化即文明与教化，有了文化人类才一步步走向文明，一步步摆脱愚昧和落后，因此，文明的程度是人类进化的程度，是人类发展的程度，社会主义作为人类迄今为止最为进步的

---

① 张宇燕、富景筠：《当代美国的腐败》，《国际经济评论》2006 年第 11 期。

社会形态,不应在文化和文明上落后于以往的社会制度与现存的资本主义制度,更应该把文明作为追求的价值理想。

但是,有的同学会提这样的问题,当前我国社会主义市场经济在人们心目中是利益至上的经济,道德滑坡这么严重,怎么可能实现文明梦呢?

讲清楚这个问题需要 5 个环节:第一是马斯洛的需要层次和马克思的需要层次论,借以说明人的需要不仅有不同的层次,而且生存需要这个低层次需要得到满足后,只有自觉地追求高层次的精神需要,人的精神才会丰满,境界才会更高,才能使人脱离低级趣味走向全面发展。第二,当前我国社会,人民整体的生活水平已经达到小康甚至以上的情况下,如果人们的眼界还停留在物质或生存需要层次上,向物欲的大道上狂奔,不仅不能使人更幸福,还会导致道德滑坡。当前社会道德滑坡的主要原因就在于,物质上富足了,精神上无所归依、得不到满足,因此,人们不能超越现实达到宏阔超脱的精神境界。第三,社会主义市场经济的历史性、社会发展阶段性、社会主义发展的物质基础性。即社会主义市场经济只是社会主义发展过程中的工具,并不是永远存在的经济体制,更为重要的是要讲清楚,当前社会的道德滑坡并不是市场经济的错,而是人们价值取向的错误。市场经济讲究的是诚信、等价交换,是平等、合法的谋取利益,而不是一味地利益至上,而人们在市场经济中只认可了后者,忽视了前者。第四,社会主义与资本主义相比,其优越性不仅在于富强,更在于先进的文明,在于不可抗拒的软实力、辐射力、凝聚力。正如《黄帝内经》:"形者神之体,神者形之用;无神则形不可活,无形则神无以生。"文化软实力和价值观,就好比形者与神者,浑然一体、不可分割。没有价值观作为灵魂,文化则"形不可活",没有文化作为"体用",价值观也就无法附着和依存。说到底,文化软实力的比量和竞争,就是价值观的比量和竞争。任何一个民族和国家要想在比量和竞争中,立稳脚跟、掌握主动、赢得优势、站位靠前,就必须建设核心价值观,增强其生命力、凝聚力和感召力。也可以用《道德经》《孙子兵法》对当前一些企业家经营之道的启示、在国外的深远影响为例进行说明;文化软实力的核心在于一个国家国民的理想信念、核心价值观念、文化科学素质和民族文化传统、民族性格以及民族心理等所形成的现实力量。传统文化中我们崇尚的价值观忠、孝、仁、义、礼、智、信、勇，虽然现在有了变化，但是在那个时代确实起着凝聚人心、支撑社会情操的作用，使中国历史上几度出现繁荣昌盛、深受海内外敬仰和朝拜的时代。第五，中国特色的社会主义文化就是先进文化。（重点讲解什么是先进文化）当今世界，文化的重要性愈益凸显，任何国家离开了文化的繁荣发展，都不是高水平和可持续的繁荣发展。整个人类史也表明，正是人类在物质生产实践中创造出来的精神文明，有力地改变着人类的精神世界、思维方式和理性认知，推动着人类社会不断前进，文化的传承与创新已经成为社会发展的强大动力系统。随着国际交流与合作的日益广泛与深入，不但需要我们积极汲取和利用外来的先进文化，更需要我们自觉地发掘和发展深厚的优秀传统文化、先进的社会主义文化，在清醒地抵御外来腐朽文化的干扰、侵蚀甚至颠覆、破坏的同时，发挥我们先进文化的辐射力、影响力。在当今的国际关系中，国家的综合国力决定着其在世界秩序中的地位和话语权，各国在充分重视自身经济、政治、军事等硬实力的同时，越来越重视对软实力的建设，把各国间软实力的竞争作为在国际关系博弈中取胜的关键。配合这个问题，让学生课下看看《汉武大帝》这部电视连续剧，透过电视里的儒家文化与黄老文化之争，让学生明白落后文化即主张休养生息、和亲政策的黄老文化的消极作用与先进文化即主张积极发展、向外扩张的儒家文化的积极作用。让学生深感，在当代中国，社会主义先进文化的建设是我国文化建设和文化软实力建设的主题，社会主义核心价值观是社会主义先进文化的集中体现，是我国文化软实力的核心和灵魂，社会主义核心价值观文明的建设是提高我国文化软实力的重要途径。而文化软实力的增强是社会主义文化建设和社会主义核心价值观建设的目的和必然结果，有利于促进社会主义先进文化的传播，有利于提升社会成员对于社会主义核心价值体系的认同感，增强我国文化的吸引力和社会成员的凝聚力及向心力。当前意识形态领域的斗争也要求我们弘扬社会主义先进文化，自觉抵御腐朽的、落后的文化。在这样的坚守中，最终总会实现文明梦。

四 着力于中国梦是能实现的和谐梦，坚定大学生对社会主义和谐价值观的信仰

中国梦从社会层面来说，也是和谐梦，是人人平等、个个幸福的和谐梦。而个人幸福与否取决于每个人的感受和追求。如果每个人的愿望都能达成，都能感受到幸福、都对自身的现状很满意，那么，社会就不会有矛盾、摩擦和冲突，社会各方面的关系就融洽了，社会就真正和谐了。

对这个问题的解答是通过以下环节完成的，第一，深入分析和谐是社会主义社会孜孜以求的目标，是社会主义的本质属性。第二，案例说明资本主义社会虽然生产力很发达，却没有和谐。第三，引导学生把个人梦融入国家梦。第四，让学生观赏电教片《走向和谐》。

为了引入和谐的概念，在课件中用鲜明的图片展示了古今中外关于和谐的观点，如和谐即美、和谐即对称、和谐即融洽等。然后图片说明从古至今"和谐"就是中国人民的理想，我国古代有反映不偏不倚的中庸思想，有代表崇尚和谐的建筑如：太和殿、中和殿、保和殿等。"和谐"从字面上理解，"和"就是庄稼放在嘴边，即人人都有饭吃；"谐"就是大家在一起畅所欲言，合起来和谐就是吃饱饭后谈天说地、畅所欲言，即生活富足、人人平等、其乐融融的景象。和谐一般和美好、融洽、对称、协调等有着天然的关联。然后开始对社会和谐的介绍。

社会和谐是社会主义的题中应有之义，也是社会主义优越于其他社会形态的固有属性。胡锦涛曾对什么是社会主义和谐社会进行了科学概括："我们要建设的社会主义和谐社会，应该是民主法治、公平正义、诚信友爱、充满活力、安定有序、人与自然和谐相处的社会。"社会主义和谐社会应该是社会主义民主充分发扬、公平正义得到维护、各方面利益矛盾得到妥善处理，社会秩序良好，全体人民各尽其能、各得其所、充满活力、平等友爱、融洽相处，人与自然和谐相处的社会。即胡锦涛关于社会主义和谐社会的概括揭示了社会主义和谐社会的内涵，向人们展示了社会主义和谐社会的应然状态。它包含四个方面的和谐关系即人与人的和谐、人与社会的和谐、人与自然的和谐、人自身的和谐。社会和谐作为人类孜孜以求的目标，在历史上从来没能实现过。现在，

我们把和谐作为社会主义的核心价值观体现了我们党对和谐社会的深刻理解与不懈追求，体现了社会主义社会优越于其他社会制度的显著特征。

社会主义制度消灭了人剥削人、人压迫人、人奴役人的不平等的社会关系，建立了人人平等的社会关系并确立了人的全面发展的社会目标，为和谐社会的构建奠定了基础。为实现更高程度的和谐，我党不断深化改革、苦苦求索。一直把全心全意为人民服务，情为民所系、权为民所用、利为民所谋，发展为了人民、发展依靠人民、发展成果由人民共享，作为执政宗旨；把人们期盼的"更好的教育""更满意的收入""更可靠的社会保障""更高水平的医疗卫生服务""更舒适的居住条件""更优美的环境"作为改革与发展的目的，在这样的社会宗旨引领下，人人平等、个个幸福的和谐梦终究是能实现的。

春的郑大落英缤纷、花满校园、和谐温暖，利用这个大好的和谐氛围我组织学生去感受、去欣赏、去体验；然后再由校园回到课堂，给他们放映资本主义国度频发的校园枪击案，并总结指出，资本主义社会虽然生产力有了很大发展，但由于他们把贫富两极分化作为社会的动力和目标，不会有真正的社会和谐。正如马克思所说，资产阶级"撕下罩在家庭关系上的温情脉脉的面纱，把这种关系变成了纯粹的金钱关系"①。因此，资本主义社会人与人的关系是赤裸裸的金钱关系、是尔虞我诈的关系，不会有真正的和谐。

案例：美国社会却长期充斥暴力犯罪，公民的生命、财产和人身安全得不到应有的保障。

美国司法部 2011 年 9 月 15 日公布的报告显示，2010 年，美国 12 岁及以上居民共经历了 380 万起暴力犯罪，140 万起严重暴力犯罪，1480 万起财产犯罪和 13.8 万起个人盗窃犯罪。犯罪率为每千人 15 起。美国多座城市和地区犯罪率激增。南部地区平均每 10 万人经历暴力犯罪 452 起、财产犯罪 3438.8 起。2011 年的头四个星期中，旧金山的凶杀案就由 2010 年同期的 5 起增加到 8 起，奥克兰由 4 起增加到 11 起。

---

① 《马克思恩格斯选集》（第 1 卷），人民出版社 1995 年版，第 254 页。

2011 年的头 9 个月，纽约市地铁重大偷窃案从 2010 年的 852 起增加到 1075 起，增长了 25%。底特律地区凶杀案件同比上升 13.5%。2011 年 1 月至 10 月，芝加哥共发生 123924 起重罪案。2011 年 1 月播出的反校园暴力公益广告显示，2010 年 7 月至 12 月，美国有 600 多万学生遭遇过校园暴力。另据"家庭急救"组织的统计，美国约 30% 的十多岁的学生卷入校园暴力。

美国将拥枪权置于公民生命和人身安全的保障之上，枪支管理松懈，枪支泛滥。美国民用枪支数量占全世界的 35% 至 50%，平均 100 人拥有 90 支枪。盖洛普民调机构 2011 年 10 月的调查发现，47% 的美国成年人自报拥有枪支，比一年前增加 6 个百分点，为 1993 年此项调查开展以来最高。52% 的 35—54 岁中年人自报拥有枪支。美国南部成人拥枪率高达 54%。《纽约时报》2011 年 11 月 14 日报道，自 1995 年以来，仅在华盛顿州就有 3300 多名重罪犯和家庭暴力罪犯重新获得了拥有枪支的权利，其中 400 多人又重新犯枪杀等罪行。

美国枪支暴力和枪支致死率在发达国家中最高。美国《外交政策》2011 年 1 月 9 日披露，美国每年 3 万多人死于枪支暴力，20 万人因枪支暴力受伤。据美国司法部统计，2010 年，在 480760 起抢劫犯罪、188380 起强奸和性攻击犯罪中，犯罪分子使用枪支的分别占 29% 和 7%。2011 年 6 月 2 日，亚利桑那州发生一起连环枪击案，造成 6 人死亡，1 人受伤。在芝加哥，仅在 6 月 3 日晚至 4 日凌晨，就发生了 10 余起枪击事件；在 8 月 12 日晚至 13 日凌晨，又发生 5 起枪击事件，均有多人伤亡。在密歇根州、得克萨斯州、俄亥俄州、内华达州和南加州均发生过一人一次开枪射杀 5 人以上的枪杀事件。枪击案频发，早已引起美国人民的不满，每年都有很多抗议，要求政府严格管理民间枪支，但是美国政府对此并未给予应有的重视。①

从而加深大学生对我国追求和谐价值观的认同，达到教学目的。

接着强调指出，我们要保持和谐，让和谐持续，必须把每个人追求幸福的人生、挖潜自己的各种能力、实现自己的理想与价值的个人梦融

---

① 《2011 年美国的人权报告》，《人民日报》2012 年 5 月 26 日。

入国家梦中，因为中国梦需要同心共筑。正如习近平总书记所说"中国梦归根到底是人民的梦，必须紧紧依靠人民来实现，必须不断为人民造福。"① 是需要凝聚全体人民的智力与合力才能实现的理想。要让大学生了解，唯有将个人理想寄托于国家梦、民族梦，个人的梦想才可能成真。相反，如果每个人都以个人为核心，从一己私利出发，那么无论是中国梦还是个人梦只能是黄粱美梦。因此，"概论"课在社会主义的核心价值部分，还应着力从国家、民族、集体的利益出发，阐释个人与国家、民族、集体的关系，引导大学生自觉把个人理想融入中国梦的实现过程之中，离开了国家富强、民族复兴，个人理想终将化为泡影，从而使大学生自觉凝聚强大力量助推实现中国梦。

最后通过让学生观看由中共湖南省委与中央电视台联合制作的全景式解读和谐社会理论，深入诠释党的十七大主题的十集理论专题片《走向和谐》：第一集《时代新篇》、第二集《沧桑正道》、第三集《执政方略》、第四集《发展新局》、第五集《人民福祉》、第六集《天地人和》、第七集《和谐基石》、第八集《民族之魂》、第九集《和谐世界》、第十集《风正潮平》（注：课堂时间有限，只能观看部分片段，主要让学生课下看），坚信社会主义和谐价值观。

第三节　坚持以人为本的理念：将自由、平等、公正、法治的社会价值观贯穿于大学生思想政治理论课教学的全过程

自由、平等、公正、法治作为社会层面的社会主义核心价值观，它凸显的是社会主义社会在社会关系方面、在个体主体性方面的价值追求和导向。因此，在"概论"课中，要贯穿这些核心价值，必须坚持以人为本的教育理念，让学生在切身感受中接受和坚定这些价值观，并积极弘扬这些核心价值观。

以人为本，是科学发展观的本质与核心，是对马克思主义关于人的

---

① 程美东、张学成：《当前"中国梦"研究评述》，《中国特色社会主义研究》2013年第4期。

社会主义核心价值观贯穿于大学生思想政治教育理论课教学过程的实践探索

全面发展学说的坚持、发展与创新，是时代发展和中国社会发展的迫切需求。同时，"以人为本"也是现代思想政治教育应提倡和坚持的教育理念。胡锦涛同志在 2003 年 12 月 5 日至 8 日的全国宣传思想工作会议上深刻地指出："思想政治工作说到底是做人的工作，必须坚持以人为本。既要坚持教育人、引导人、鼓舞人、鞭策人，又要做到尊重人、理解人、关心人、帮助人。"① 因此，把社会主义核心价值观融入大学生思想政治教育全过程，必须坚持以人为本的逻辑起点。社会主义核心价值观是以价值为主导的，价值说到底就是对人的需要的契合和满足，所以在贯穿过程中坚持以人为本，必须体现对人的需要的尊重。只有坚持以人为本的教育理念，才能使学生深深体验自由、平等、公正、法治等这些社会价值观的真实意蕴，才能激发学生追求自由、平等、公正、法治，也才能使学生自觉深入把握自由、平等、公正、法治的内涵和要求，最后真正做到自由、平等、公正、法治。

一　坚持以人为本的理念，激发大学生自觉追求正确的"自由"价值观

《共产党宣言》把未来的共产主义社会称作自由人的联合体。恩格斯明确指出：无产阶级之所以要进行"取得公共权力"的"行动"，目的就是要"通过这个行动"，"使生产资料摆脱了它们迄今具有的资本属性，使它们的社会性有充分的自由得以实现"，从而使"人终于成为自己的社会结合的主人，从而也就成为自然界的主人，成为自身的主人——自由的人"。关于社会主义的本质，恩格斯明确指出：社会主义就是在"社会占有了生产资料"的基础上，"成为自身的社会结合的主人"，从而使人"第一次成为自然界的自觉的和真正的主人"。"这是人类由必然王国进入自由王国的飞跃。"关于社会主义的目标，恩格斯明确强调："我们的目的是需要建立社会主义制度，这种制度将给所有的人提供健康而有益的工作，给所有的人提供充裕的物质生活和闲暇时间，给所有的人提供真正的充分的自由。"② 而科学社会主义经典之作

---

① 胡锦涛：《在全国宣传思想工作会议上的讲话》，《人民日报》2003 年 12 月 8 日。
② 《马克思恩格斯全集》（第 21 卷），人民出版社 1965 年版，第 570 页。

《共产党宣言》，则从人的解放与发展的角度，对社会主义的本质与目标作了科学界定：社会主义就是建成"每个人的自由发展是一切人的自由发展的条件"这样"一个联合体"。

也就是说，自由是共产主义社会"人"的本质规定，因此，社会主义社会也应该把对自由的追求作为社会的核心价值，才能保障将来的社会主体具备这样的品质，蕴涵这样的本质。

那么，怎样在"概论"课中贯穿"自由"价值观，引导大学生追求自由、践履自由呢？对于"自由"这个范畴任何人都可以说个一、二、三，大学生更是深谙其道，那么大学生认识的自由和我们核心价值观中的自由是否吻合呢？首先要通过提问的方式或写文章的方式了解大学生对于"自由"的认识，然后对于错误的观点进行纠正、对于需要深化的含义进行补充、对于需要强调的方面进行着重讲解，最后通过观看《普京传》加深理解。

在"概论"课的社会主义市场经济和核心价值观部分都涉及自由的问题。作为社会主体的自由，主要指个体人的自由，这个问题我在讲到社会主义核心价值观时设计了这样几个问题了解学生的看法："自由是什么，举例说明？""我们所倡导的自由和美国的核心价值观自由、人权、平等、博爱的'自由'意思一样吗？""自由和不自由是绝对还是相对的，为什么？"并鼓励大学生畅所欲言、自由回答。

学生对这些问题的回答有对有错，如"自由是什么？"有的学生回答说想干什么就干什么，课堂有笑声。对于我们的自由和美国的比较，有的学生回答说一样，有的学生回答说不一样，至于为啥不一样，没有能准确回答的。对于自由的相对性问题同学们都知道是相对的，但是相对什么、怎么相对回答的不完全准确。

坚持以人为本的教育宗旨，就必须为他们解释清楚这些问题。首先给他们讲清楚"自由"是社会主义社会的价值理想。自由是在合理合法的范围内无拘无束地做应该做的事。比如大学生的自由就是在校园内自由自觉地、无拘无束地探究知识的奥秘。自由首先对应权利，有自由就有权利，自由越充分，权利越广泛；同样，丧失了自由，也意味着剥夺了权利；反过来同理。如果你是劳动被剥削、活动受限制、思想被禁锢、权利被剥夺的被压迫、被奴役的一族，你肯定就是不自由的，肯定是不能到这个窗明几净、温馨敞亮、暖风和煦、阳光明媚的大学里自由地学习和畅想的。恩格斯曾深刻指出，社会主义作为共产主义的初始阶段，是对资本主义社会普遍存在的奴役、剥削和压迫等不自由现象的反抗，是追求"人的自由全面发展"的伟大事业，"我们的目的是要建立社会主义制度，这种制度将给所有的人提供健康而有益的工作，给所有的人提供充裕的物质生活和闲暇时间，给所有的人提供真正的充分的自由"。即自由是相对于限制和束缚而言的，没有限制、没有束缚的状态就是自由状态、是权利得以充分保障的状态。这里所说的限制和束缚一方面是来自生产力方面的，现阶段由于我国生产力不成熟、不发达、不完善和长期处于初级阶段的实际，决定了人的本质活动劳动仅是谋生的手段，决定了"人的自由全面发展"，以及人的生存、享受、发展权利受到制约和限制。而到了生产力高度发达的共产主义社会，人的劳动真正成为自由自觉的劳动，不再是谋生的手段时，人就是自由的，人不再由于眼前的利益或谋生的需要而放弃自己所热衷的事业，不再为物质生活条件所累、所困、所苦、所疲于奔命，即人不再受生产力水平的限制和束缚。正如马克思所描述的原始的共产主义社会的自由状态，人可以上午打猎、下午捕鱼、晚上作诗，只为兴趣爱好和自由全面发展。另一方面的限制和束缚是来自生产关系方面的，包括制度、体制、机制造成的人与人之间的不平等、不公平的关系，一部分人受另一部分人的奴役、剥削、压迫等。

实现"人的自由全面发展"，理应也必须倡导"自由"。一个国家、一个社会的老百姓是否有真正的自由不仅要看是否倡导自由，关键在于这个社会有没有保障自由的体制、机制、制度，等等。我们党领导社会主义革命、建设和改革，其根本动因和最终目标，就是为了促进和实现人的解放和人的自由全面发展。社会主义社会工人阶级和所有劳动者通过自觉的奋斗，在消灭阶级、消灭剥削的过程中，逐步实现共同富裕、平等民主、文明先进、人与社会的和谐、人与自然的和谐，构筑全面发展的"自由人的联合体"，是社会主义核心价值体系的现实目标——"富强民主文明和谐"的应有价值指向和价值旨归。

党的十八大报告强调指出，在任何情况下，我们都要牢牢把握社会主义初级阶段这个最大国情，推进任何方面的改革发展，都要牢牢立足社会主义初级阶段这个最大实际。因此，在积极培育和践行社会主义核心价值观方面，既要理直气壮、旗帜鲜明地大力倡导"自由"，追求"自由"，又必须从我国社会主义初级阶段这个基本国情和最大实际出发，做到倡导"自由"和追求"自由"同我国经济社会发展阶段相适应，同生产力发展水平相适应，同生产关系变革相适应，既高度重视，又严肃对待，尽力而为，量力而行，促进发展，不断提升，有步骤有秩序地加以推进。

我们所崇尚的自由和资本主义社会崇尚的自由有所不同，我们的自由是建立在生产力高度发达、生产关系高度完善的基础上的自由，而资产阶级的自由却是抽象的、不能实现的自由。在资本主义发展过程中，资产阶级思想家和政治家以抽象的人性论为依据，以绝对的普遍性为方法，借助强势话语霸权，把"自由、平等、博爱"说成是代表整个人类社会普遍利益的"普世价值"，承载这些价值理念的资本主义制度，则是人类社会永恒的发展趋势。对此，马克思曾一针见血地指出：以"自由、平等、博爱"为核心价值观的资产阶级意识形态，具有虚伪性、唯心性和欺骗性，因为它把这些价值理念中的现实的个人利益说成是普遍利益，因此"愈发下降为唯心的词句、有意识的幻想和有目的的虚伪"①。一般劳动者由于处于被剥削、被压迫、被奴役的地位，由于生产关系的束缚，并没有真正的自由可言；资本家除了看见利润、剩余价值眼睛放光，其他时候都是无动于衷的，即资本家也存在被金钱所奴役、被商品所束缚、被利润所牵制的现实，也不能说是自由的。因此，我们要彻底批判资本主义核心价值观的虚伪性、唯心性、欺骗性。马克思恩格斯认为，社会主义作为一种社会理想和一种现实的社会运动，是对资本主义社会普遍存在的奴役、剥削和压迫等不自由现象的反抗，是追求自由的伟大事业。只有到了共产主义社会，"自由、平等、博爱"才可能真正实现。

案例：美国公民的政治权利和自由受到严重侵犯，美国标榜自己是自由之地不过是自欺欺人。

声称代表99%的美国人的"占领"运动拷问着美国的政治、经济

---

① 《马克思恩格斯全集》（第3卷），人民出版社1995年版，第331页

和社会制度。自 2011 年 9 月，由于美国社会严重不公、经济严重不平等、贫富严重不均和高失业率等问题引发的"占领华尔街"运动席卷美国。且不论这场运动的深层原因，单就成千上万的示威者遭受粗暴和武力对待，众多示威者遭到逮捕而论，这种肆意践踏民众集会示威和言论自由的行为，就为美国的自由民主作出了真实的注解。根据英国、澳大利亚等国家媒体报道，"占领华尔街"运动发生的两周内有近 1000 人被捕。仅 10 月 1 日，纽约警方以妨碍交通为名就逮捕了 700 多名示威者，有的示威者被戴上手铐在大桥上一字排开，等待警方大客车运走。10 月 9 日，逮捕 92 人。11 月 15 日，纽约警方出动防暴警察，对"占领华尔街"运动的大本营祖科蒂公园强制清场，逮捕 200 多人。芝加哥警方在两周内逮捕 300 多名参加"占领芝加哥"运动的示威者。加利福尼亚州奥克兰警方 10 月 25 日向"占领奥克兰"运动示威人群发起清场行动，至少 85 人被捕。一名伊拉克战场老兵头部被警方橡皮子弹击中，导致颅骨开裂。（注 22）11 月 17 日，美国各地为纪念"占领华尔街"运动两个月举行抗议活动，又有数百人被捕。其中，仅纽约市就至少有 276 人被捕，多人被警察拖走时受伤流血。许多示威者指控警方手段残忍。有评论说，"美国至少在一定程度上成为独裁国家"。美国极力标榜其新闻自由，但实际上，美国对新闻进行严格的审查和控制，"新闻自由"只不过是美国美化自己和打压别国的政治工具而已。据报道，美国国会未能通过保护记者消息来源权的法律。美国有越来越多的记者因发表所谓的"不恰当的政治言论"而失去工作。2010 年 6 月，美国资深记者托马斯因批评以色列而被迫辞职。2011 年 11 月 15 日，纽约警方在对祖科蒂公园强制清场时，阻止媒体接近祖科蒂公园，封锁了空中领域以防止媒体用直升机航拍，设置警戒线让媒体无法抵达现场。警方不仅对记者使用胡椒喷雾，而且还逮捕了国家公共广播电台、《纽约时报》等多家媒体的约 200 名记者，肆意践踏新闻自由和公众利益，令全世界为之哗然。而美国主流媒体在"占领华尔街"运动中的表现暴露了其在自由和民主问题上的虚伪性。①

---

① 中华人民共和国国务院新闻办公室：《2011 年美国的人权报告》，《人民日报》2012年 5 月 26 日。

这次课结束之前给学生布置查资料作业，以发挥学生的主动性、主体性：《马克思主义关于社会主义社会实现自由的途径》，或者《马克思关于三大社会形态划分的依据及意义》，然后在第二次上课时先对照学生的作业总结自由实现的途径：一是生产力高度发达是实现人的自由全面发展的物质前提；二是消灭私有制和旧式分工是实现人的自由全面发展的根本条件；三是教育是实现人的自由全面发展的根本途径；四是精神产品的生产是实现人的自由全面发展的重要保证。

坚持以人为本，还要帮助大学生理解现实生活中的自由，才能让大学生对自由价值观内化于心、外化于形。因此，第二节课，要着重分析现实生活中的自由和哲学价值观自由的区别和联系。自由是相对的，也是具体的，不存在抽象的自由。因此作为价值观的自由和现实生活中的自由是相呼应的。现实生活中人们所说的人身自由、言论自由、行动自由、思想自由，是核心价值观在现时代的要求和体现。自由是相对的，不是绝对的，从来没有绝对的自由，是相对于这个时代的，也是受制于这个时代的。为了讲清楚这个问题主要借用和阐释"人的本质在其现实性上是社会关系的总和"这一马克思主义的经典语录，说明任何人都不能脱离社会而存在。即，任何人在追求自己的自由时必须以不妨碍他人和社会的自由为前提。因为社会关系作为人与人相互联系的综合，决定了人与人相互理解、相互礼让、相互包容、相互尊重的必须性，以维护别人的权利、利益和自由为前提追求自己的自由就会使自由得到保障，相反，如果一味地为了自己的所谓自由，把自己的权利、利益凌驾于他人和社会之上，就不会有真正的自由，如大家都在上课需要安静的环境，个别学生却置之不顾，照样听音乐、接电话，等等，后果可想而知。在宿舍有的学生不顾他人的感受，不讲卫生、臭袜子乱堆、自己的东西乱放、深夜才从外面回来，等等，都妨碍了他人的利益和自由，也是不受欢迎的。国有国法、家有家规、校有校纪、舍有舍章，都是不能破的，即自由是相对的，不是目中无人、无法无天、信马由缰、无政府、无社会的自由；言论自由、行为自由超越了法律，会受到法律的惩处，超越了道德会受到社会的谴责，超越了社会关系会众叛亲离。

二 坚持以人为本的理念，激发大学生自觉追求平等价值观

改革开放以来，随着我国社会主义市场经济体制的建立和社会主义民主政治的深入发展，广大人民群众的自由平等观念日益深入人心，维护公平正义、注重个人价值与尊严、维护个人权利与利益的要求也越来越高。然而现实生活中还存在多种分配方式并存、人的能力的差异、区域经济发展水平的差异、行业差异、多种所有制经济并存、特权等问题，导致人与人之间经济地位的不平等，就连大学生本身也存在着由于家庭条件的贫富差距造成的尊严和人格的不平等，甚至购物、消费时遭遇的霸王条款，单位招工时的性别歧视、长相颜值歧视，个别工作的年龄歧视，高考时的地区差异等都是不平等的表现。因此平等作为社会主义核心价值观比其他范畴更难以解释。

在对学生的调查中，大部分学生认为不平等是社会的普遍存在。

资本主义早已把平等作为了自己的核心价值观，而社会主义制度由于建立了公有制，为实现平等奠定了制度基础，提供了有利条件，社会主义社会应当比资本主义社会更高地举起平等的旗帜，将平等作为自己的价值目标和价值追求。为什么现实中还有这么多不平等的事实存在呢？

对于这个问题，"概论"课要立足于多角度、多层面进行解答。首先理论解答，即在社会主义核心价值体系章节中要把价值观的超越性张力做一个强调，在中国特色的社会主义经济这个章节中要从所有制和分配制度的层面上解释经济上不平等的原因；在中国特色的社会主义政治这个章节中要从政治制度的层面去解释政治上不平等的原因；这些解释和说明最终目的不是为中国特色的社会主义作辩护，而是要让学生看到一个人人平等的光明前途，因此主要环节是要给学生说明我们国家正在做的和准备做的关乎实现平等的一系列举措。其次，把我们的平等价值观与资本主义、封建社会的平等价值观进行比较。最后，主要把十八大以来进行的一系列铲除腐败、取消特权、群众路线教育实践活动，与拉近党群关系、干群关系的亲民活动，以及缩小贫富分化、缩小城乡差距、缩小区域差距、保障教育公平、保障低收入群体利益的措施做成课件给学生一一展示。

平等不是一蹴而就的，平等理念的张扬、平等规则的完善、平等行为的规范、平等目标的实现，是一个很长的历史过程。把平等作为社会主义核心价值观的重要范畴，其重大现实意义就在于，推动现实社会主义高屋建瓴而又脚踏实地向着平等的价值目标不断迈进。

平等是人的最基本权利，是人类社会的理想价值追求，平等一词，源远流长，常说常新。佛教崇尚平等，在佛教用语中，平等意即没有差别。所谓"是法平等，无有高下""广大慈悲，万物平等"。平等一词被应用于社会领域，则是指人们在政治、经济、法律、社会等各方面具有相等的地位，拥有相等的权利，享有相等的待遇。在现代社会，作为价值理念和价值目标的平等，主要是指权利平等、机会平等和结果平等。平等是人的最基本权利，是处理人与人之间关系的最基本准则，是人类社会的终极理想状态。正如马克思指出："一切人，或至少是一个国家的一切公民，或一个社会的一切成员，都应当有平等的政治地位和社会地位。"① 向往平等，天经地义；追求平等，人性所至。

今天我们倡导平等，既不是重蹈"不患寡而患不均"的绝对平均主义，也不是照搬西方资本主义社会的平等观，而是要创造与中国特色社会主义伟大事业相适应、有利于调动广大社会成员积极性、能给广大人民带来更多机会与利益的平等价值观。

古往今来，古今中外，平等在推动社会变革与社会发展中发挥着至关重要的价值导向作用。早在公元前一世纪小亚细亚的奴隶起义，就提出过没有富人也没有穷人、没有奴隶也没有主人的"太阳国"平等理想。我国秦代陈胜、吴广领导的农民起义，向着不平等社会制度发出"王侯将相，宁有种乎"的平等呐喊。中国封建社会的历次农民革命，几乎无不将平等作为自己的价值理念和行动纲领。无论北宋末年农民起义领袖王小波、李顺主张的"等贵贱、均贫富"，还是太平天国领袖洪秀全提出的"有田同耕，有饭同食，有衣同穿，有钱同使，无处不均匀，无处不饱暖"的社会纲领，都无不凸显了平等的价值意义。当然，在生产力十分落后的农耕社会，农民阶级的平等价值追求，带有严重的平均主义色彩，最终只能陷入空想，不可能成为持久的现实。

---

① 高瑞泉：《论平等观念的儒家思想资源》，《社会科学》2009 年第 4 期。

社会主义核心价值观贯穿于大学生思想政治教育理论课教学过程的实践探索

近代以来，西方资产阶级启蒙思想家赋予平等以更加深刻的逻辑内涵，从而使平等成为资产阶级反对封建专制制度革命的最有号召力和动员力的价值理念。法国启蒙思想家卢梭指出：社会平等实质上是权利平等。法国哲学家托克维尔经过深入考察，认为"平等"产生于"自由"之前，没有追求平等的激情，就不可能实现自由。美国资产阶级革命领袖杰弗逊强调："所有的人都是生而平等和独立的。"法国《人权宣言》宣布："法治社会贯穿最基本的原则就是人人平等。"《世界人权宣言》强调："人人生而自由""在尊严和权利上一律平等"……总之，平等在资产阶级启蒙运动和民主革命中具有特殊的价值意义，不啻是近代社会变革与发展的力量源泉和根本动力。当然，平等绝不是抽象的、绝对的。恩格斯深刻指出："平等的概念，无论是以资产阶级的形式出现，还是以无产阶级的形式出现，本身都是一种历史的产物。"[1] 马克思主义平等观指明，在存在着剥削制度和剥削阶级的社会里，平等不可能真正实现；只有到了社会主义社会，消灭了剥削制度和剥削阶级，全体人民当家做主，共同享有对生产资料的所有权和支配权，并在此基础上共同享有管理国家的权力，才有可能实现实质上的平等。因此说，"无产阶级的平等要求的实际内容都是消灭阶级的要求。任何超出这个范围的平等要求，都必然要流于荒谬"。[2]

平等是社会主义的本质要求，在中国特色社会主义进程中具有特殊的价值意义。

把平等与无产阶级运动有机结合起来、与社会主义本质特征有机联系起来，是马克思主义平等观的根本内容。历史与现实表明，只有社会主义运动和社会主义制度，才能超越自然经济条件下农民阶级的狭隘平等观和资本主义条件下资产阶级的垄断平等观，开辟实现真正平等的光明大道。平等所以与社会主义有着不可分割的联系，从根本意义上说，是因为社会主义制度是实现和保证人民当家做主的制度，社会主义社会是以人民为主体的社会。马克思指出：社会主义"民主制从人出发，把国家变成客体化的人"；"不是国家制度创造人民，而是人民创造国

---

① 《马克思恩格斯选集》（第3卷），人民出版社1995年版，第448页。
② 谭培文：《社会主义的自由张力仪限制》，《中国社会科学》2014年第6期。

家制度"①。恩格斯指出："一旦社会占有了生产资料"，人们就可以"成为自身的社会结合的主人了"。在社会主义社会，人民既是社会的主人，又是国家的主人，消灭剥削与消灭阶级成为可能与现实。因而，社会成员可以平等地相互对待、平等地共同管理国家和社会，于是，平等既成为社会主义社会的本质特征，又成为社会主义发展的内在要求。无论是在国家价值目标和价值导向层面，还是在公众价值理念和价值判断层面，平等都内在地成为社会主义的一个重要标志，成为社会主义核心价值观的一个重要范畴。

要推进平等、实现平等，必须配合以下环节，这也是我党正在做和准备做的工作：

首先，巩固人民民主。人民民主是社会主义的生命。坚持人民主体地位是建设中国特色社会主义的首要的基本要求。民主的基本内核是人权，即作为人应该享有的基本权利。巩固人民民主，承认人的人民性、国家的主人属性，确保和实现人民当家做主。

其次，维护公平正义。公平正义是社会主义的鲜明特征，是中国特色社会主义的内在要求。在我国现阶段，在经济社会发展还不平衡、一些领域和地区还存在着较大利益差距的现实情况下，正视人们对公平正义的期待，切实维护社会公平正义，尤其具有重大现实意义。公平正义的核心价值诉求是平等。当每一个社会成员都能平等地享受到他所应该享受的权利，平等地获得他所应当获得的利益，那么这个社会就一定是公平正义的。社会主义社会是以人为本的社会，国家既应保障人人享有的平等权利，同时也应保障每个人基于其社会贡献所要求得到的权利、利益与尊重。因此，维护社会公平正义，就必须从构建平等的社会关系做起，逐步建立以权利公平、机会公平、规则公平为主要内容的社会公平保障体系，努力营造公平的社会环境，保证人民平等参与、平等发展、平等享有的权利。

第三，真正落实依法治国。依法治国是我们的基本治国方略，法治是治国理政的基本方式。法律的权威性和神圣性就在于"法律面前人人平等"。因此，全面推进依法治国，始终坚持法律面前人人平等。要

---

① 《马克思恩格斯全集》（第1卷），人民出版社1995年版，第281页。

求一切国家公职人员都必须严格尊重和执行宪法与法律，做遵法守法的模范。任何组织或者个人都不得有超越宪法和法律的特权，决不允许以言代法、以权压法、徇私枉法。

第四，彻底消除特权。特权现象是专制政治的产物，与社会主义性质和宗旨根本相悖。在现阶段，影响我国民主政治发展和社会和谐进步的一个突出弊端，无疑是尚还严重存在的官僚主义、以权谋私以及形形色色的特权现象。正如党的十八大警示："这个问题解决不好，就会对党造成致命伤害，甚至亡党亡国。"特权是对平等的背叛，腐败是对人权的践踏。只有反对特权、消除腐败，才能让人人平等地参与对国家和社会的治理，让人人平等地监督党和政府，让权力在阳光下运行。党的十八大以来，以习近平同志为总书记的党中央高度重视反对特权和腐败，一方面加强制度建设，出台了一系列严格而有效的制度和规定，把权力关进制度的笼子里，一方面充分尊重民主和民意，依托人民群众的平等参与制约特权、治理腐败，短短几个月，收到了令全国人民满意、令世界各国瞩目的成效。这一社会实践生动表明，平等作为一种核心价值观，具有极其深远的政治社会意义。

第五，张扬平等理念。即要大力张扬平等理念，营造平等氛围，让平等内化于心、外化于行，让平等真正成为社会变革与进步的价值目标、调节人与人之间关系的价值导向、规制一切社会行为的价值准则，使我们的社会真正成为平等、公平、正义的社会。

第六，积极推进政治、经济、分配、社会等领域的改革，优化制度保障。消除现实社会中某些不平等、不公正现象，需要以优化的制度作保障，让平等固化于制度。制度好能促进社会平等，制度不好会引发社会分化。当前深化制度改革，营造有利于促进平等的制度环境，需要在以下几个方面予以突破、取得成效：一是积极推进以坚持人民主体地位为核心内容的政治体制改革，完善人民民主权利的保障制度，切实保障人民平等参与、平等协商的政治权利，反对特权行为，消除腐败现象。二是积极推进以司法公正为核心内容的法律制度改革，完善人权保障制度，确保法律面前人人平等。三是积极推进以公平与效率相统一为核心内容的分配制度改革，合理调节收入分配，着力提高低收入者收入水平，扩大中等收入者比重，规范收入分配秩序，有效调节过高收入，取缔非法收入，防止两极分化。四是积极推进以确保人民有序参与社会管理为核心内容的社会管理体制改革，妥善处理人民内部矛盾，实现和维护"人人共建、人人共享"的和谐社会环境。五是积极推进以保障人民基本生活为核心内容的社会保障制度改革，加快建立覆盖城乡的社会保障体系，确保所有社会成员平等享有基本公共服务。

我们所倡导的平等价值观，既不是重蹈"不患寡而患不均"的绝对平均主义，也不是照搬西方资本主义社会的平等观，而是要创造与中国特色社会主义伟大事业相适应、有利于调动广大社会成员积极性、能给广大人民带来更多机会与利益的平等价值观。这样一种平等价值观的内涵是：在坚持以发展为主题、不断解放和发展社会生产力的基础上，着力促进与实现政治领域的权利平等、经济领域的机会平等、分配领域的规则平等以及广泛社会领域的形式平等和实质平等，从而营造更加平等公正的社会环境，确保广大社会成员有更多平等参与、平等协商、平等竞争、平等发展的权利和机会。

案例："极端高层和最底层之间差距越来越大"，凸显分配不公。美国号称拥有占人口总数达80%的庞大中产阶级阶层，极为贫穷和极为富有的人群只占少数。然而事实并非如此。美国国会预算办公室2011年10月25日公布的报告称，1979－2007年，占美国人口1%的最富有家庭收入增长最快，税后所得增长275%，而占人口20%的最穷家庭仅增长18%。另据美国有线电视新闻网2011年2月16日报道，过去20年，90%的美国人实际收入没有增长，占美国人口1%的富人收入却增长了33%。经济政策研究所2011年10月26日发表文章称，2009年，占美国1%的大富豪家庭财富与中等收入家庭财富的比例为225∶1。收入最高的前10%的人的平均收入是收入最低的10%的人的15倍。福布斯美国富豪排行榜显示，400位富豪掌控的财富达1.5万亿美元，相当于1.5亿底层美国人占有财富的总和。薪酬最高的前10位首席执行官的年薪足够支付18330名普通雇员的薪水。近11%的国会议员的净财富超过900万美元；249名国会议员是百万富翁；中等收入议员的净财富达891506美元，几乎是一般家庭收入的9倍。德国《明镜周刊》评论说，美国已经发展成为一个"赢家通吃"的经济体。美国政治学家巴特尔斯认为，财富分配的根本变化不是市场力量或金融危机这样的事件带来的后果，原因在于政治决策。①

视频和图片资料：十八大以来，以习近平总书记为核心的新一届中央领导集体以作风建设为切入口和突破口，制定"八项规定"条条有的放矢，出台"六项禁令"、倡导厉行节约、反对浪费，项项深得人心；深入开展党的群众路线教育实践活动，活动剑指党内形式主义、官僚主义、享乐主义和奢靡之风，对"四风"方面存在问题的党员、干部进行教育提醒，对问题严重的进行查处，对不正之风和突出问题进行专项治理，狠刹"四风"；反腐不手软，"老虎""苍蝇"一起打……最高人民检察院的统计数据显示，2013年1月至8月，检察机关共立案侦查贪污贿赂犯罪案件22617件30938人，其中来自群众的举报有7080件；打虎行动肇始于2012年12月初，党的十八大闭幕不久，四川省委副书记李春城因涉嫌严重违纪，接受中央纪委调查。此后，周镇宏、刘铁男、倪发科、郭永祥、王素毅、李达球、蒋洁敏、季建业、廖少华等多名省部级高官相继落马，在人们的期待声中更大的老虎、老老虎可能会浮出水面。因此，党的十八大以来，随着反腐力度的不断加大，检察机关也查处了一批有较大影响力的案件，无论职务多高、权力多大，无论是谁，只要触碰到法律都一查到底，真正做到了法律面前人人平等，取得了良好的社会反响。

习近平总书记不搞特殊化的点滴生活片段，也让老百姓对平等价值观的实现有了信心。

片段一：2013年12月28日上午，有网友称在北京庆丰包子铺见到习近平总书记排队买包子。习近平造访的庆丰包子铺月坛店，位于北京西城区月坛北街和南礼士路交叉口，位于一片居民区内，面积并不大。这里距离钓鱼台国宾馆大约2公里。习总书记是中午12时许来这里用餐，座驾是一辆考斯特，没有车队，没有戒严，习近平和几个人下车径直走进了包子店。当时的收银员是郭雪琴，她回忆说，"总书记问

---

① 《2011年美国的人权报告》，《人民日报》2012年5月26。

我什么馅儿的包子好吃，我就推荐了猪肉大葱馅的。他自己又点了一碗炒肝。他问有什么蔬菜，我说了几样，他点了芥菜"。郭雪琴说，总书记从兜里掏出 25 元钱，她找回 4 元。"我的心情当然非常激动，习总书记很亲切，就像家人一样。"据当时在店内值班的经理贺媛丽（音）回忆，习总书记点了二两猪肉大葱馅的包子，共六个，一碗炒肝，一份芥菜。其他顾客发现习总书记后，都很兴奋。他在排队时，前面有六七个人。他一边排队，一边与顾客们交谈。一名小男孩想与他合影，他摸摸小男孩的头，一起照了相。他用餐时，有的顾客上来拍照，有的顾客过来和他说话。他都一一回应，边吃边说。随后，贺媛丽走近他，问"我们的包子口味如何"，总书记说："很好啊，但是一定要注意食品安全。老百姓吃到嘴里的东西要保证安全。"

总书记一行用餐约 20 分钟，6 个包子都吃完了。临走时，特意和贺媛丽道别。"真的特别平易近人。"贺媛丽说。据一常来吃饭的刘先生说，昨天中午 12 时左右，他点完餐坐到里面，见很多人拿着手机在拍照，以为记者在采访，但听说是习近平来了，觉得诧异。他说，自己进来时并没有发现这里与往常有任何不同。刘先生往前走，正好迎面遇到点完餐端着盘子的习近平。他喊了一声，"主席！"习近平冲他笑了一下，然后很平静坐下来，说"大家都坐吧，我也是来吃饭的"。但是大家都很激动，都看着习近平。刘先生说，店员要求给习近平泡茶，习近平说"不用"。整个过程中，顾客进出自由，并无任何异常，很多人进店前并不知道有大人物在里面。其间，店里一名小男孩为习近平唱了一首《新年好》，习近平问他"你几岁了"，小男孩害羞地跑开了。还有不少顾客和习近平合影留念，他都没有拒绝。

片段二：2012 年 12 月 8 日上午 9 时多，习近平考察深圳，到莲花山公园向伫立在山顶的邓小平铜像敬献花篮，并一路和晨练游玩的市民"零距离"接触。整个仪式现场除了少数陪同官员，只有 4 名武警，没有红毯，没有封路，没有清场，莲花山的游人们围在一旁。总书记庄重地敬献了花篮后，细心整理了花篮两边的绸带，并率一行人向小平铜像三鞠躬。总书记又走到人群中和群众进行互动，一路与市民交流，尽量满足大家和他握手的愿望，脸上的神情始终微笑祥和，此次习近平在深圳视察，没有安排任何宴请，没有入住深圳迎宾馆的 1 号楼，而是选择了另一家酒店，入住了一间普通套房，吃饭也选择自助餐。

片段三：习近平赴兰考调研　在村民家门口吃花生

2014年3月17日上午，习近平一到兰考，就直接前往焦裕禄同志纪念馆。一幅幅图片、一件件实物、一个个故事，生动展现了焦裕禄的音容笑貌和感人事迹，习近平边看边问，不时驻足。他同焦裕禄亲属和基层模范干部代表亲切交流并合影留念，动情地说，我们这一代人是深受焦裕禄同志事迹教育成长起来的，焦裕禄同志的形象一直在我心中。5年前我到兰考参观了焦裕禄同志事迹展，今天来再次深受感动，引起心灵的共鸣。焦裕禄同志是县委书记的榜样，也是全党的榜样，他虽然离开我们50年了，但他的事迹永远为人们传颂，他的精神同井冈山精神、延安精神、雷锋精神等革命传统和伟大精神一样，过去是、现在是、将来仍然是我们党的宝贵精神财富，我们要永远向他学习。前来参观学习的干部群众纷纷向总书记问好。习近平走上前去同他们握手，祝他们学有所获。17日下午，习近平来到兰考县为民服务中心考察。他向地税、国土、民政、房管中心等窗口的工作人员详细询问有关情况，勉励他们相互学习、相互帮助，共同把服务工作做好。他对工作人员和前来办事的群众说，随着市场经济发展和社会治理改善，政府对老百姓的服务还要不断加强。窗口单位是第二批教育实践活动查摆和解决作风问题的重点部位，要在活动中总结经验、解决问题，从服务内容、办事流程、跟踪反馈、结果评价等方面不断改进，使服务更加精细、规范、高效。服务中心大厅一侧，醒目的"焦裕禄民心热线"吸引了总书记的目光。习近平走过去同热线工作人员交谈，肯定他们将电话、微博、短信、来信来访等群众举报方式综合运用、集中处理的做法，希望他们把群众举报批转和督办到位，充分发挥民心热线的服务功能。

兰考县东坝头乡张庄村，是焦裕禄当年找到防治风沙良策并首先取得成功的地方。下午4点10分许，习近平来到这里考察。他牵着85岁的张景枝老人的手来到她家，看厨房，察卧室，同一家人促膝交谈，问家里一年产多少粮食？种的蔬菜够不够吃？农业补贴和低保、医保等政策是否享受到？对新农村建设有哪些要求？习近平叮嘱当地干部要切实关心农村每个家庭特别是贫困家庭，通过因地制宜发展产业促进农民增收致富。考察结束路过一在家门口收拾花生的村民时，习近平情不自禁地攀谈起来，并且像路过自家门口一样边剥边吃，丝毫没有国家领导人的顾及和架子，特亲民。

三　坚持以人为本的理念，激发大学生自觉追求公正价值观

公正作为人们追求的重要价值目标，主要指社会大多数人希望或需要的社会行为和社会制度应该奉行的合理准则或价值标准。它包含公平和正义两层含义。公平通常指一种基于一定标准或原则而对待人和事的不偏不倚的态度。例如我们通常说的"要一视同仁""买卖要公平""一碗水要端平""孩子们同在蓝天下要享受同样的教育机会""权力要在阳光下运行"，等等，这些都涉及在机会、权利和规则上的公平。正义则通常与一定的社会制度特别是法律的尊严的体现相联系，主要指制度和行为结果中应然体现的原则。

马克思主义公正观是在批判地继承历史上公正思想的基础上产生的，并在充分吸收和借鉴当代公正理论研究成果，不断推进社会变革和社会公正发展的实践基础上与时俱进的。马克思主义创始人创立了唯物史观和剩余价值理论，并依据这些理论的基本观点和方法阐明了社会公正的思想。其主要观点是：私有制和阶级对立、阶级剥削的产生是导致社会不公正的根源；消灭阶级和剥削，实现人类解放和人的自由而全面的发展，是共产主义社会的最终目标；公正是一个历史范畴，它反映不同时代、不同社会的经济、政治和文化，并体现不同利益主体的价值诉求；公正既是社会发展的价值目标，也是社会健康和平稳发展的重要动力和保障；真正的公正是最大限度地满足和保障最广大人民群众的根本利益的实现。中国共产党人创造性地发展了马克思主义的公平观，强调分配公平，反对两极分化，把共同富裕作为社会主义革命和建设的目的。毛泽东思想强调中国革命的出发点和目的就是要破除封建社会的等级制度和等级观念，建立起新中国的公平社会。在中国特色社会主义建设实践中，邓小平理论提出平均主义不是社会主义的公平原则，主张实行按劳分配是社会主义公平的基本原则，社会主义的本质是共同富裕，要坚持先富与后富、公平与效率的辩证统一。"三个代表"重要思想和科学发展观结合中国特色社会主义建设中的新经验、新问题，进一步丰富和发展了马克思主义的公正观。

公正是中国特色社会主义的内在要求。公正之所以是中国特色社会主义的核心价值理念，从根本上说是由中国特色社会主义的内在要求决定的。这种内在要求主要表现在指导思想、社会制度的本质和社会的发展等方面。

在知行统一中培育和践行公正观。公正观是中国特色社会主义核心价值观中的一个重要理念，它具有很强的现实性和实践性。在培育和践行公正观的过程中，一要坚持辩证理解，二要做到知行统一。培育和践行公正观，首先要对公正作辩证的理解，即把公正作为具体的、历史的、社会的范畴来理解，切忌简单化和片面性。培育和践行公正观，还必须做到知行统一。这里包括两个方面。一是要善于对国内外社会实践中有关公正的问题和经验进行总结和概括，开阔视野，增强问题意识和实践意识，帮助群众和青年学生进一步认识中国特色社会主义在社会公正方面建设的成就和存在的问题，强化公正理论研究和宣传的时效性、针对性。另一方面，要在公民中，特别是领导干部、行政人员、执法人员中大力倡导公平做事、公正做人、维护正义的风尚。不能把公正的口号束之高阁，而要落实到行动上、政策上、制度上。公正理念应成为政策和制度制定的价值底线。政府要努力加大解决群众普遍关心的教育、医疗、分配和社会保障体系等问题的力度，使人民群众切身感受到现实生活中的公平公正。实现社会公正需要全体公民的积极参与。要让公正理念真正成为人民群众自觉接受的社会主义理念，让人民群众自觉参与到确立和维护社会公正的行动中去。

没有公平正义就没有社会主义、没有社会主义现代化，公平正义内在地成为社会主义的核心价值品质。在反对封建特权的斗争中，资产阶级高扬"平等""人权"旗帜，强调社会分配领域的"公平正义"，对推动历史进步发挥了重要作用。资本主义社会里，"平等""人权"是不可能真正实现的。正如马克思主义创始人指出："'人权'不是天赋的，而是历史地产生的"；平等的"权利决不能超出社会的经济结构以及由经济结构制约的社会的文化发展"。资本主义的人权就是私有财产制度，就是特权；在资本主义剥削制度下，不可能有真正的公正。公正，侧重于从分配关系和社会关系的层面体现和实现"以人为本"。只有张扬公正，才能真正做到以人为本；只有真正建立在全体社会成员权利与利益基础之上的公正，才能真正成为推进社会发展、实现人的完全解放与全面发展的价值目标和强大力量。

综上所述，"以人为本""公正"作为社会主义的核心价值观，尤其作为中国特色社会主义的核心价值观，既符合马克思主义经典作家的基本思想，又符合社会主义发展的基本规律，又是"以人为本"的要求，有利于确保社会变革的正确方向，有利于凝聚社会进步的主体力量，有利于实现社会成员的根本利益，有利于维系广大人民的发展共识，有利于形成判断是非的价值尺度。在"以人为本的公正"核心价值观的引导和推动下，现实社会主义一定能向着"每个人的自由发展是一切人的自由发展的条件"的伟大目标不断迈进，从而不断谱写人民美好生活的新篇章！

四 坚持以人为本的理念，激发大学生自觉追求法治价值观

法治问题主要集中在"概论"的依法治国、建设社会主义法治国家这一部分。第一比较中西方法制观念，承认法治意识有待提升、法律有待健全的现实（激发学生的担当意识）。第二，通过十八大报告中关于法治的亮点以及中国法治建设历程，说明我们的法治建设仍需加强，这是我们的苦苦追求和理想，即法治确实是我们的核心价值观。第三，鼓励学生不断追求法治精神，只有在不断的坚持、追求中，才能使法治从根本上取代人治、取代人情、取代特权。

（一）法治精神一直是我们党和国家治国理政的理念

党的十八大报告关于法治建设有许多新思想、新论述。我认为，其中有十大亮点值得注意。第一，确立了人本法律观。在人类历史上，奴隶制时代实行的是神本法律观，封建制时代是君本法律观，资本主义时代是"物本法律观"，社会主义社会实行怎样的法律观？在科学发展观成为党和国家的指导思想后，这一答案清晰起来了，即应实现"人本法律观"。科学发展观既是国家的整体指导思想，也是法治建设的基本指导思想。科学发展观的本质是以人为本，因此应当将以人为本作为法治建设的指导思想。这就是"人本法律观"。

第二，描绘了全面建成小康社会的法治蓝图。十八大报告和十七大报告较大的不同在于：从"全面建设"小康社会到"全面建成"小康

社会。这种转变勾勒出十年之后法治的新愿景：依法治国基本方略全面落实，法治政府基本建成，司法公信力不断提高，人权得到切实尊重和保障。

第三，社会主义法治共同价值观的形成。十八大报告提出的社会主义核心价值观包括三个层次。第一层次是中华民族共同的理想：民主、富强、文明、和谐。第二层次是制度的价值沉淀：自由、平等、公正、法治。第三层次是中华民族共同的道德：爱国、敬业、诚信、友善。将三个层次相结合，就成了社会主义核心价值体系，其中，作为制度支撑的是自由、平等、公正和法治。当今，在法治建设上有一种现象，即违背法治价值一元化，立法、执法、司法、守法等对法治价值的理解和追求各不相同，即使在司法中，也有割裂现象。事实上，法治应该具有共同的价值。十八大报告的重要贡献在于凝练出我国制度的共同价值，自由、平等、公正、法治应是我国法治的共同价值。

第四，明确了中国的法治进程，即从法律体系到法治体系。十七大报告提出，要全面落实依法治国基本方略，而十八大报告则要求"全面推进依法治国"，这是从宏观到微观的变化。在中国特色社会主义法律体系形成后，需要构筑中国特色社会主义法治体系。从法律体系再到法治体系是目前中国法治进程的一大特点。当法治体系构筑起来之时，就是全面推进依法治国局面形成之时，全面建成小康社会目标中的法治目标就会实现。

第五，用宪法的平等原则反人治、反特权、反腐败。报告重申了法律面前人人平等原则，强调指出任何组织、任何政党都要在宪法和法律的范围内活动，任何人都没有超越宪法和法律的特权。与此相呼应的是，报告提出要坚决反对三种现象：以言代法、以权压法和徇私枉法，态度非常坚决。这是用平等原则来反人治、反特权、反腐败。腐败产生于特权，反腐败如果不反特权就等于不反。此次重申，既有现实的针对性，更具有长远的历史意义。

第六，确保审判机关、检察机关依法独立公正地行使审判权、检察权。司法职权独立始终是宪法对于司法的第一原则和根本原则。没有独立行使职权，就没有现代司法制度，也就没有法治保障。独立行使职权包含多层含义：司法权独立于行政权、法院和法院之间要独立、法官的人格独立、法官的判断独立和法官的责任独立。只有满足上述五个要求，才可以称得上审判机关依法独立行使审判权。十八大报告中第一次使用"确保"的字眼来表述深化司法体制改革的目标，这是司法改革的新任务，也是我们对法治如何最终实现路径的新探索。在这个意义上，十八大报告抓住了法治建设的根本。

第七，领导干部要提高运用法治思维和法治方式深化改革、推动发展、化解矛盾、维护稳定的能力。法治思维是以合法性为起点，以公平正义为中心的一个逻辑推理过程。十八大报告要求领导干部要提高运用法治思维和法治方式的能力，其实是要用法治思维来替代过去的领导思维、管理思维和行政思维，这说明党对提升领导干部能力又提出了新要求。

第八，用法治保障社会管理体制创新。关于社会管理创新，此前的提法是四句话、16个字："党委领导、政府负责、社会协同、公众参与"。十八大报告发展了这一体制，在此基础上增加了"法治保障"。这是法学界一直呼吁的，也是人民法院的一大贡献。重大的社会管理创新是法治基础上的社会管理创新，因此，管理社会最先进、最可靠的方法应该是法治，而不是其他。

第九，突出对公共权力的制约。法治开始于约束公共权力，"约束公权、保障私权"始终是法治的精髓。十八大报告以专门段落阐述了"建立健全权力运行制约和监督体系"，这是我党对法治功能认识的新水平。分权并形成制约，让人民监督权力，让权力在阳光下运行，是法治得以实现的表现之一。

第十，大力弘扬社会主义法治精神。胡锦涛同志的"7·1"讲话、"7·23"讲话，再到十八大报告，都采用了弘扬社会主义法治精神的说法。法治精神的地位排在了社会主义法治理念之前，这是一个重要变化。关于法治精神，法学界赋予其六项含义：一是宪法法律至上，二是追求公平正义，三是尊重保障人权，四是约束公共权力，五是司法职权独立，六是自由平等和谐。大力弘扬社会主义法治精神，是十八大报告的重大亮点。

案例：中国特色社会主义法治建设六十年：

社会主义核心价值观贯穿于大学生思想政治教育理论课教学过程的实践探索

第一，中国特色社会主义法律体系基本形成。新中国成立前夕，我国制定了起临时宪法作用的《共同纲领》；1950年5月1日实施了新中国第一部法律《婚姻法》；1954年，我国第一部社会主义宪法正式颁布。随后，在两三年的时间里，我国颁布了近1000件法律、法令和法规，同时起草了刑法、民法、民事诉讼法、刑事诉讼法等基本法律。十一届三中全会后，在总结历史经验的基础上，我国的法治建设迎来了新的春天。随后，我国现行《宪法》《刑法》《刑事诉讼法》《民法通则》《民事诉讼法（试行）》《行政诉讼法》等基本法律相继出台。这一时期，我国共制定、修改法律94件、行政法规598件，从根本上改变了许多重要领域无法可依的局面。党的十五大以来，我国围绕社会主义市场经济体系，开始构建符合社会主义市场经济的法律体系框架，如《公司法》《合同法》《中国人民银行法》《劳动法》《对外贸易法》等法律法规相继出台。这期间，我国共制定、修改法律190件，行政法规353件，促进中国特色社会主义法律体系的各个法律部门尽快齐全。党的十六大以来，以胡锦涛同志为总书记的党中央继续大力推进法治建设，确立了科学执政、民主执政、依法执政的基本原则，积极推进科学立法、民主立法，不断提高立法质量。2004年，我国又对宪法进行了修改，颁布了宪法修正案14条，将"公民合法的私有财产不受侵犯""国家尊重和保障人权"等写入宪法。这个时期，制定和修改了《监督法》《反分裂国家法》《行政许可法》《物权法》《劳动合同法》等法律89件，以及《信访条例》《政府信息公开条例》等行政法规180件。截至目前，我国现行有效的法律共229件，现行有效的行政法规近600件，地方性法规7000多件。2008年3月8日，全国人大常委会委员长吴邦国宣布：以宪法为核心，以法律为主干，包括行政法规、地方性法规等规范性文件在内的，由宪法及宪法相关法、民商法、行政法、经济法、社会法、刑法、诉讼及非诉讼程序法等七个法律部门、三个层次法律规范构成的中国特色社会主义法律体系已经基本形成。国家的经济、政治、文化、社会生活的各个方面基本呈现有法可依。

第二，尊重和保障人权、关注民生的法律制度日益彰显。新中国成立以来，党和政府始终不遗余力地推动我国人权事业发展，始终坚持把亿万人民的生存权、发展权放在首位。1991年，《中国人权状况》白皮书首次以政府文件的形式肯定了人权在中国社会主义政治发展中的地位。1997年，人权概念被写进党的十五大报告，尊重和保障人权成为社会经济建设的主题。2004年，十届全国人大二次会议通过宪法修正案，将"国家尊重和保障人权"载入宪法。以宪法为根本依据，我国制定和完善了一系列保障人权的法律制度，一大批保护人民生命财产和身体健康、人身自由和人格尊严，关注民生问题的法律法规相继出台。2007年通过的《物权法》明确了公民享有的物权，规定了公民享有物权的范围和内容；《劳动合同法》和《劳动合同法实施条例》则是关注和为困难群众提供法律服务，以切实维护社会的公平正义。

　　第三，依法行政的规范化、程序化和法制化水平稳步提高。依法行政，建设法治政府，是全面落实依法治国基本方略的重要内容，也是新中国政府施政的基本准则。新中国成立之初，我们党和政府就强调政府要依法办事，要求各级党委和党员干部要带头守法。多年来，我国政府采取一系列措施切实推进依法行政，建设法治政府。特别是改革开放以后，我国贯彻依法行政、建设法治政府的步伐大大提速。1993年3月，国务院再次明确提出："各级政府都要依法行政，严格依法办事。" 1999年11月，国务院颁布了《关于全面推进依法行政的决定》，对全面推进依法行政作出了重要部署。2004年，我国政府又发布了《全面推进依法行政实施纲要》，明确了建设法治政府的目标，提出了此后10年全面推进依法行政的指导思想和具体目标、基本原则和要求、主要任务及措施。据统计，截至2009年6月30日，国务院共制定1132部行政法规，由国务院各有关部门和有立法权的地方政府报送国务院备案的规章共计26202部。目前，我国各级政府的行政基本纳入法治化轨道。

　　第四，司法制度日趋完善。新中国成立时，为适应民主改革和恢复国民经济形势的需要，我国组建了新的司法机构，形成了三级两审、公开审判和陪审制度。改革开放后，我国制定了新的《人民法院组织法》和《人民检察院组织法》，并根据时代的发展不断进行修订，逐步恢复和完善了司法制度。人民法院和人民检察院作为专门的审判机关和法律监督机关，分别独立行使审判权和检察权的制度已完全确立。同时，确立了两审终审制度，公开审判制度，回避制度，辩护制度，合议制度，上诉制度，调解制度，死刑复核制度等一系列司法审判制度。近年来，人民法院系统和人民检察院系统认真落实有关法律规定，大力深化司法改革，取得了令人瞩目的成绩。如，近年来人民法院建立了死刑核准制度、审判委员会工作机制、未成年人审判制度、审判监督程序，实施了执行工作机制改革；检察机关则围绕"强化法律监督，维护公平正义"的主题，推进人民监督员制度、完善讯问职务犯罪嫌疑人全程同步录音录像制度、渎职侵权检察机构统一更名为反渎职侵权局等改革；而司法行政机关开展了监狱体制改革和社区纠正试点，进一步完善了刑罚执行制度；等等。这一切，为维护社会秩序和建立现代法治国家提供了司法保障。同时，通过制定《仲裁法》《律师法》《公证法》《劳动争议调解仲裁法》等，建立了仲裁制度、律师制度、公证制度、法律援助制度和司法考试制度等。截至 2008 年底，我国仲裁机构数量为 187 家，仲裁员达 3 万多名；有律师事务所 14467 个，执业律师达到 156710 人；有公证处 3035 个，公证员 11368 人；建立法律援助机构 3268 个，各类法律援助工作站 55000 多个，形成了法律援助工作网络；全国各类调解组织近 83 万个，人民调解员达到 479 万人。

第五，法治宣传和法学教育迅速发展。新中国成立后，我国积极推动对公民的法治宣传和教育，党和政府始终强调全体公民特别是各级领导干部要学习法律、依法办事。新中国成立初期，由中央人民政府统一规划，在全国建立了一批政法院系，使法学教育初具规模，培养了一批法律专门人才，为新中国法治建设奠定了人才基础。从 1985 年起，我国先后通过了五个在全民中普及法律知识的决定，普及法律知识已经成为全社会共同参与的行动。普法宣传使公民的知法、守法、用法意识和水平不断提高，大大提高了全社会的法治水平。同时，国家还组织开展多种形式的法治宣传教育活动。如确定法制宣传日、国际消费者权益保护日、国际禁毒日等；运用广播、电视、报刊、网络等现代新闻媒体加强法治宣传。目前，我国的法学教育进入了一个快速发展时期。截至 2008 年底，共有法学类专业院、校、系 630 多个，在校法科学生达 40 万人。有法学硕士学位授予权的高等院校和科研机构达 333 个，有法学博士学位授予权的高等院校和科研机构 35 个。经过近 30 年的恢复、重建、改革和发展，一个以法学学士、硕士、博士教育为主体，法学专业教育与法律职业教育相结合的法学教育体系已经形成，不断得到巩固。

党的十一届三中全会后，以邓小平同志为核心的第二代中央领导集体高度重视法治建设。邓小平指出："为了保障人民民主，必须加强法制。必须使民主制度化、法律化。"这就大大促进了全社会形成有法可依、有法必依、执法必严、违法必究，法律面前人人平等，以及党在宪法和法律范围内活动的社会氛围。党的十三届四中全会后，以江泽民同志为核心的第三代中央领导集体明确提出建立社会主义市场经济体制目标，并围绕这一目标提出实行依法治国的基本方略。党的十五大正式将"依法治国，建设社会主义法治国家"确定为治国的基本方略并于1999年写入宪法。随后，我国制定了一大批适应中国特色社会主义市场经济体制的法律法规。党的十六大以来，以胡锦涛同志为总书记的党中央立足新世纪新阶段，确立了全面建设小康社会的奋斗目标，并围绕深入贯彻落实科学发展观，提出坚持党的领导、人民当家做主和依法治国有机统一，为构建社会主义和谐社会提供了法律支持。2007年，党的十七大提出，要全面贯彻落实依法治国基本方略，加快建设社会主义法治国家。要坚持科学立法、民主立法，完善中国特色社会主义法律体系，推进依法行政，深入开展法制宣传教育和弘扬法治精神。在今年年初召开的中国法学会第六次代表大会上，党中央明确指出："只有坚持依法治国基本方略不动摇，加快建设社会主义法治国家，我们国家才有光明前途，人民才有美好未来。"这就进一步深刻阐释了依法治国基本方略的伟大意义。

第六，法治建设的国际交流与合作不断深入。改革开放后，随着经济全球化的发展，我国坚持从国情出发，同时也充分借鉴和吸收国外法治建设的有益经验，不断完善中国特色社会主义市场经济法律体系。2001年11月，我国加入WTO，以"入世"为契机，我国更主动和有效地运用法律手段处理涉外经济关系和纠纷，以及大规模清理、修订、废除与WTO规则相冲突的法律法规。如修订《中外合资企业法》《中外合作企业法》和《外资企业法》及其实施细则；制定《反倾销条例》《反补贴条例》《保障措施条例》及相关司法解释等。这在促进我国积极参与经济全球化进程、维护国家政治经济利益方面发挥着越来越重要的作用。截至2007年10月，我国分别与53个国家签署了涉及国际司法合作的双边条约和协定98个；加入了20余项包含司法合作内容的多边国际公约。近年来，我国先后启动了与欧盟、东盟、阿盟、上海合作组织以及美、英、德、法、澳等国家的双边及多边法治交流机制，在反恐、反腐败、打击跨国有组织犯罪以及国际司法协助等方面取得了新的成果，提高了我国在国际法治社会中的地位。

（二）以科学发展观为指导推动依法治国

新中国六十年法治建设取得了举世瞩目的成就。站在新的历史起点上，我们更要始终坚持党的领导、人民当家做主、依法治国有机统一，以保证国家各项工作依法进行，坚定不移地推进中国特色社会主义伟大事业。

首先，要坚持党的领导，充分发挥党在法治建设中总揽全局的作用。新中国成立六十年来，我国法治历程尽管有一些曲折，但我们党始终坚持把人民的利益摆在首位，把马克思主义与中国国情相结合，不断探索适合中国的法治建设，谱写了社会主义法治建设的新篇章。六十年的法治历程告诉我们，只有坚持中国共产党的领导，才能不断开创中国特色社会主义法治建设的新局面。在新的历史条件下，我们要继续推进依法治国方略，就要不断加强和改善党的领导。2004 年 9 月，党的十六届四中全会提出：“依法执政是新的历史条件下我们党执政的一个基本方式”。这一论断，进一步明确了依法治国与党的领导之间的关系，使各级党委更好地充分发挥组织领导、统筹协调的作用，不断推进我国经济社会生活的法治化和规范化。

第二，坚持中国特色社会主义法治建设不动摇。纵观世界各国的法治建设路径，我们既不能照搬西方模式，也不能故步自封。我们必须紧密结合我国的国情和时代要求，坚持四项基本原则不动摇，坚决摒弃西方资本主义国家的三权分立、资产阶级的民主宪政模式，深入贯彻落实党的十七大提出的“弘扬法治精神”“树立社会主义法治理念，实现国家各项工作法治化，保障公民权益”“加强公民意识教育，树立社会主义民主法制、自由平等、公平正义理念”等精神并落到实处。

第三，科学立法，不断完善中国特色社会主义法律体系。我国将长期处于社会主义初期阶段。在全面贯彻落实依法治国基本方略、建设社会主义法治国家的过程中，我们还面临许多困难，法律体系还需要不断完善。在新的历史阶段，我们要坚持以人为本，把维护最广大人民群众的根本利益作为法治建设的出发点和归宿；坚持人民代表大会制度，充分发扬民主，从国情出发科学立法；面对国际金融危机，要进一步完善金融法律法规，为实现国家的科学发展提供法律保障。

第四，全面推进依法行政，加快建设法治政府。严格行政执法是维护国家利益和公共秩序，维护公民、法人和其他组织合法权益的根本保障。我们要按照国务院关于《全面推进依法行政实施纲要》提出的"建设法治政府"目标，不断建立健全行政执法机制，以保证行政机关按照法定权限和程序行使权力和履行职责。同时，要进一步完善社会管理和公共服务方面的立法，积极探索建立法规规章草案公开征求社会意见、立法听证会等扩大公众有序参与的机制，不断推进我国法治政府建设。

第五，深入推进司法改革，切实维护社会公平正义。建立公正高效权威的社会主义司法制度，是社会公平正义的保障。我们必须从国情出发，在宪法和法律框架内加大司法改革力度，进一步从优化司法职权配置、落实宽严相济刑事政策、加强政法队伍建设、加强政法经费保障等四个方面大力深化司法改革，构建清正廉洁、公正高效的司法体制和工作机制。要不断完善法律援助，制定关心劳动者的权利和利益的专门法律法规。2008 年修订的《残疾人保障法》《消防法》体现了立法对残疾人生活的关心和救助，体现了国家对消防工作的重视和对人民生命财产安全的突出保护。2009 年通过的《食品安全法》更是明确规定其立法目的乃是保证食品安全，保障公众身体健康和生命安全。

第四节　坚持德育为先的宗旨：将爱国、敬业、诚信、友善的个人道德价值观贯穿于大学生思想政治理论课教学的全过程

任何时代、任何国家的国民教育都必须包含德育的功能，而国民教育的这个德育功能，不仅在于澄清社会的多元价值观，而且要突出强调这个国家和社会起引领、凝聚、导向作用的核心价值观，并使之成为社会成员的价值认同和思想品格，以维持和保障社会的和谐稳定和有序发

展。2007年10月，在党的十七大报告中，胡锦涛明确指出："要全面贯彻党的教育方针，坚持育人为本、德育为先，实施素质教育，提高教育现代化水平，培养德智体美全面发展的社会主义建设者和接班人，办好人民满意的教育。"德育为先理念的提出成为新形势下高校全面贯彻党的教育方针，加强和改进德育工作的重要指导思想。德育为先，就是指学校教育要坚持育人为本，把德育工作放在各类教育的优先地位，优先规划、优先实施、优先保障，并贯穿教育教学活动的全过程。

只有坚持德育为先，才能真正把社会主义核心价值观这个凝聚力量、引领风尚、教育人民的价值体系贯穿大学生的思想政治理论课教学中。

一 坚持德育为先，加强爱国为核心的政治道德教育

爱国是德育的第一原则和要求。以爱国主义教育为重点，深入弘扬和培育民族精神，是社会主义核心价值观的价值所在。几千年来，中华民族形成了以爱国主义为核心的团结统一、爱好和平、勤劳勇敢、自强不息的伟大民族精神。爱国主义是民族精神的核心，它反映了个人对祖国的依存关系，是人们对自己故土家园、种族和文化的归属感、认同感、尊严感和荣誉感的统一。

爱国的表现形式因时代而异，战争年代表现为抛头颅、洒热血，勇于牺牲；建设年代表现为积极进取、努力拼搏；改革时代表现为促进生产力发展献计献策；学生时代表现为发奋学习、掌握更多的本领，为报效祖国做准备。即爱国主义是历史的、具体的，不同的历史时代和文化背景下所产生的爱国主义，总是具有不同的内涵。

在大学生思想政治教育中培育和弘扬以爱国主义为核心的民族精神，要不断增强大学生对中华民族的认同感、归属感，增强中华民族的自信心、自豪感，增强团结意识、爱国意识；要把弘扬以爱国主义为核心的民族精神同继承中华民族的优秀文化传统和道德传统结合起来，并赋予新的内容；要坚持爱国主义教育与社会主义教育有机统一，引导大学生高举爱国主义和社会主义旗帜；要不断增强大学生的社会责任感和历史使命感，把个人目标同国家和民族的前途和命运紧密联系起来，追求人生的真正价值和意义。

"概论"课包括毛泽东思想和以邓小平理论为核心的中国特色社会主义建设理论，因此，要讲好这两部分首先要对理论的创立者，两位伟大的爱国人物毛泽东和邓小平做一介绍，没有爱国情怀成就不了他们的丰功伟绩，没有爱国情怀他们不会投入爱国救亡的革命生涯中，没有爱国情怀战胜不了人生旅途中的风风雨雨，没有爱国情怀完不成这样的理论探索。他们的爱国情怀带来的张力足以提升学生的爱国境界。因此，在贯穿社会主义核心价值观的教学实践中，对于爱国这个核心价值观，我是以"风物长宜放眼量""思想境界决定人生高度"为主题，以介绍毛泽东、邓小平的爱国情感和事迹为例进行展开的。

每个人的各个方面的发展都是由自己的思想境界来支配的（思想境界处在最高位置）。一个人的思想境界越高，则他的知识、成就发展的空间就越大。"风物长宜放眼量""思想境界决定人生高度"，把自己的学术或者艺术同自己的思想境界融为一体，将我们的思想境界和社会责任感、人生价值观结合起来，对我们学业的发展和将来的成果、成名、成家具有非常重要的作用。如果我们想要在自己的领域有很突出的贡献，那么我们的思想境界就应该到达一定的高度。历史上大凡把爱国、报国作为首要政治道德的，并为之矢志不渝、不断努力的，都可以成就一番伟业，名垂青史。

案例：毛泽东的政治生涯及爱国情怀。

毛泽东，湖南湘潭人。1893 年 12 月 26 日生于一个农民家庭。辛亥革命爆发后在起义的新军中当了半年兵。1914～1918 年，在湖南第一师范学校求学。毕业前夕和蔡和森等组织革命团体新民学会。五四运动前后接触和接受马克思主义，1920 年 11 月，在湖南创建共产主义组织。1921 年 7 月，出席中国共产党第一次全国代表大会，后任中共湘区委员会书记，领导长沙、安源等地工人运动。1923 年 6 月，出席中共"三大"，被选为中央执行委员，参加中央领导工作。1924 年 1 月国共合作后，在国民党第一、第二次全国代表大会上都当选为候补中央执行委员，曾在广州任国民党中央宣传部代理部长，主编《政治周报》，主办第六届农民运动讲习所。1926 年 11 月，任中共中央农民运动委员会书记。

1925 年冬至 1927 年春，先后发表《中国社会各阶级的分析》《湖南农民运动考察报告》等著作，指出农民问题在中国革命中的重要地位和无产阶级领导农民斗争的极端重要性，批评了陈独秀的右倾思想。

国共合作全面破裂后，在 1927 年 8 月中共中央紧急会议上，他提出"政权是由枪杆子中取得的"，即以革命武装夺取政权的思想，并被选为中央政治局候补委员。会后，到湖南、江西边界领导秋收起义，接着率起义部队上井冈山，发动土地革命，创立第一个农村革命根据地。1928 年 4 月，同朱德领导的起义部队会师，成立工农革命军（不久改称红军）第四军，他任党代表、前敌委员会书记。以他为主要代表的中国共产党人，从中国的实际出发，在国民党政权统治比较薄弱的农村发展武装斗争，开创了以农村包围城市、最后夺取城市和全国政权的道路。他在《中国的红色政权为什么能够存在?》《星星之火，可以燎原》等著作中对这个问题从理论上作了阐述。

1930 年 5 月，写《反对本本主义》，提出"没有调查，没有发言权"的著名论断。8 月，红军第一方面军成立，任总政治委员。1931 年 11 月 7 日，中华苏维埃共和国临时政府在江西瑞金成立，被选为主席。1933 年 1 月，被补选为中共中央政治局委员。从 1930 年底起，同朱德领导红一方面军战胜了国民党军队的多次"围剿"。以王明为代表的"左"倾路线领导集团进入中央革命根据地以后，毛泽东被排斥于党和红军的领导之外，导致红一方面军第五次反"围剿"失败。

1934 年 10 月，参加红一方面军长征。长征途中，1935 年 1 月中共中央政治局在贵州召开扩大会议（即遵义会议），确立了以毛泽东为代表的新的中央领导集体。10 月，中共中央和红一方面军到达陕北，结束长征。12 月，作《论反对日本帝国主义的策略》的报告，阐明了抗日民族统一战线政策。1936 年 10 月，红军三大主力会师。1936 年 12 月，同周恩来等促使西安事变和平解决，这成为由内战到第二次国共合作、共同抗日的时局转换的枢纽。同月，写《中国革命战争的战略问题》。1937 年夏，写《实践论》和《矛盾论》。抗日战争开始后，以他为首的中共中央坚持统一战线中的独立自主原则，努力发动群众，开展敌后游击战争，建立了许多大块的抗日根据地。1938 年 10 月，在中共扩大的六届六中全会上提出"马克思主义中国化"的指导原则。在抗日战争时期，他发表《论持久战》《〈共产党人〉发刊词》《新民主主义论》等重要著作。1942年2月，领导全党开展整风运动，纠正主观主义和宗派主义，使全党进一步掌握了马克思列宁主义的普遍真理和中国革命的具体实践相结合的基本方向，为夺取抗日战争和全国革命的胜利奠定了思想基础。1943年3月，被选为中共中央政治局主席。5月，领导根据地军民开展生产运动，度过了严重的经济困难时期。

1946年夏蒋介石发动全面内战后，毛泽东同朱德、周恩来领导中国人民解放军进行积极防御，集中优势兵力，各个歼灭敌人。1947年3月至1948年3月，同周恩来、任弼时转战陕北，指挥西北战场和全国的解放战争。1947年夏，中国人民解放军从战略防御转入战略进攻，在以他为首的党中央领导下，经过辽沈、淮海、平津三大战役和1949年4月的渡江战役，推翻了国民党政府。1949年3月，主持召开中共七届二中全会，并作重要报告，决定把党的工作重心从农村转到城市，规定了党在全国胜利以后的各项基本政策，号召全党务必保持谦虚、谨慎、不骄、不躁的作风，务必继续保持艰苦奋斗的作风。7月1日，发表《论人民民主专政》，规定了人民共和国的政权的性质及其对内对外的基本政策。

综观毛泽东的一生，支撑他的最强大的精神力量，当属蕴涵在他胸中的深厚的爱国主义情怀。这乃是毛泽东留给我们的弥足珍贵的精神财富，也是毛泽东魅力历久弥新的根源所在。中华民族面临独立和解放的主题，使毛泽东成为爱国主义集大成者。

毛泽东登上政治舞台的时候，中华民族正处在帝国主义、封建主义的黑暗统治之下，国家四分五裂，民族备受凌辱，军阀混战不已，人民在苦难中挣扎。自鸦片战争以来，救中国，救人民，实现国家的独立、统一、民主、富强，成为中国各族人民不懈追求的共同理想。先进的中国人奋斗牺牲，前仆后继，写下了可歌可泣的篇章。但是人们所做的种种探索和努力都失败了。帝国主义的侵略打破了中国人照搬西方的迷梦。中华民族仍然苦难深重，找不到解放的出路。

与此同时，"中国人民不甘屈服于帝国主义及其走狗的顽强的反抗精神"，"不屈不挠，再接再厉的英勇斗争，使得帝国主义至今不能灭亡中国，也永远不能灭亡中国"。这种热爱祖国独立、维护民族尊严的

社会主义核心价值观贯穿于大学生思想政治教育理论课教学过程的实践探索

爱国主义精神,这种中华民族的自尊心、自信心和自豪感,在为维护民族独立和主权完整的斗争中凝聚得更加炽烈。风云变幻、如火如荼的历史际遇,使得毛泽东成为爱国主义的集大成者。

曾经唤起无数中华民族优秀儿女前仆后继的爱国主义旗帜,由于毛泽东把马克思列宁主义基本原理同中国具体实际结合起来,领导党和人民进行推翻"三座大山"的艰苦卓绝的斗争,从而将爱国主义置于科学、革命、正义、进步的基础之上,升华到了一个崭新的历史高度,使之焕发出时代的生机与活力,对中国社会进步发挥了空前巨大的作用,并由此使爱国主义这面旗帜洗礼得光彩夺目。毛泽东豪迈地宣示:"我们中华民族有同自己的敌人血战到底的英雄气概,有在自力更生基础上光复旧物的决心,有自立于世界民族之林的能力。"这是毛泽东爱国主义情怀的集中写照。

毛泽东一生所做的一切,全部是为了他深深热爱的中华民族。

作为一个伟大的马克思主义者,毛泽东一生致力于把马克思主义科学理论与中国具体实际相结合,就是为了解决中国的革命和建设问题,使国家富强、人民富裕起来。他坚持独立自主,不倦地探索适合中国国情的道路,由此培养起自强自立的精神,维护国家的主权和民族的尊严。他不能容忍帝国主义列强对中国的侵略,不能容忍任何外国对中国主权的干涉和领土的挑衅,也不能容忍任何敌人把人民已经取得的政权重新夺了回去。他时刻警觉地维护着国家的安全直至生命的最后一刻。他不能容忍国家的贫弱,不能容忍人民的困苦,所以革命胜利后,立即带领全国各族人民发奋进行社会主义建设,为改变"一穷二白"的面貌,克服一切困难,努力探索在中国建设社会主义的道路,在经济、政治、文化等各个领域都取得了巨大成就。一切为了国家的安全和富强,一切为了人民的利益和幸福,这就是他毕生殚精竭虑的全部目标。

沁园春·雪

作者:毛泽东

北国风光,千里冰封,万里雪飘。

望长城内外,惟余莽莽;大河上下,顿失滔滔。

山舞银蛇,原驰蜡象,欲与天公试比高。

须晴日，看红装素裹，分外妖娆。

江山如此多娇，引无数英雄竞折腰。

惜秦皇汉武，略输文采；唐宗宋祖，稍逊风骚。

一代天骄，成吉思汗，只识弯弓射大雕。

俱往矣，数风流人物，还看今朝。

"我们中华民族有同自己的敌人血战到底的气概，有在自力更生的基础上光复旧物的决心，有自立于世界民族之林的能力。"——毛泽东

"中国人民从此站起来了！"——毛泽东

案例：邓小平是中国人民优秀的儿子。他挽狂澜于既倒，带领中国从十年"文化大革命"的废墟中走出来，为中华民族带来凤凰涅槃的新生，为华夏大地带来万物复苏的春天。

邓小平同志不顾高龄，呕心沥血，从理论、目标、方针、政策、措施、步骤各个方面，设计改革开放蓝图，一步一步把改革开放和现代化大业推向前进，使中国人民的生活从贫穷迈向小康。邓小平八十八岁的时候，还怀着满腔改革的热血，不辞劳苦，巡视南方，发表著名的南方谈话，把中国的发展推上了一个新台阶。

孙中山领导辛亥革命结束封建帝制，毛泽东领导中国人民站起来，邓小平领导中国人民富起来，使历史悠久的华夏古国重新勃发生机，使中国融入世界，真正屹立于世界民族之林。

爱国主义是马克思主义的重要组成部分。众所周知，一个爱国主义者，不一定是一个坚定的马克思主义者和共产主义者。但作为一个真正的马克思主义者和共产主义者，他必定是一个坚定不移的爱国主义者。邓小平同志作为一个伟大的马克思主义者和共产主义者，他具有最鲜明和最强烈的爱国主义理念，其爱国主义思想是邓小平理论的重要组成部分。

邓小平同志的一生是波澜壮阔的一生，是光辉灿烂、伟大光荣的一生。他的三落三起的政治生涯更加坚定了他的爱国情怀和对共产主义的信仰。他在70余年长期的革命生涯中逐步地孕育和形成了自己独特的爱国主义伟大思想，从而极大地丰富和发展了中国人民的爱国主义思想

传统和马克思主义的爱国主义理论，为马克思主义的爱国主义理论体系注入了新的生机与活力。邓小平同志在深刻分析时代发展和变化的基础上，精辟而科学地概括了当代中华民族应有的爱国主义思想的基本内容。

邓小平本人在英国培格曼出版的《邓小平文集》"序言"中满怀深情地说："毛泽东主席说过：'国际主义者的共产党员，是否可以同时又是一个爱国主义者呢？我们认为不但是可以的，而且是应该的。'我荣幸地以中华民族一员的资格，而成为世界公民。我是中国人民的儿子。我深情地爱着我的祖国和人民。……我深深地相信，中国的未来是属于中国人民的，世界的未来是属于世界人民的。"① 邓小平这段质朴而又富有感情的话语背后隐藏的是他的双重身份：既是一位胸怀世界的"世界公民"，又是执着的爱国主义者。作为世界公民，在他思考世界发展的时候，他也总在思考着中国的前途和命运；反之，当他作为爱国主义者的时候，他同时也以世界公民的身份关心着世界的变化。

我们认为，邓小平既是一位世界公民，又是伟大的爱国主义者，邓小平的爱国主义本质上是放眼世界的爱国主义，是马克思主义与近代中国民族独立解放，与中国社会主义现代化建设实践，以及世界和平发展密切相联系的爱国主义。

邓小平的爱国主义是国际主义与爱国主义相统一的理论。它既反映了邓小平对共产主义的执着信仰，也饱含着邓小平热爱祖国的情怀。邓小平一生经历了无数的坎坷和挫折，但他始终充满对共产主义的理想，充满着共产主义必胜的信心，并为共产主义不懈地奋斗着。直到晚年，当他几经磨难而最后一次复出时仍然执着地认为，只有社会主义才能救中国，只有社会主义才能发展中国。另一方面，邓小平又特别热爱自己的祖国，始终维护自己国家的独立和尊严。

爱国主义和社会主义、国际主义在邓小平的心目中始终紧紧地拧在

---

① 郑晓国、南东风：《我是中国人民的儿子》，中国国际广播出版社 1993 年版，第302 页。

一起，成了一种难分轩轾的共在。

"我是中国人民的儿子，我深情地爱着我的祖国和人民！"——邓小平

二 坚持德育为先，加强敬业为核心的职业道德教育

敬业是针对公民个人行为的重要价值要求。它不仅仅是一种工作伦理或职业道德，更是一种人生价值观和人生哲学观。敬业所涉及的是公民个人与生产劳动、职业活动之间的价值关系。敬业是对待生产劳动和人类生存的一种根本价值态度。敬业之"业"，涵盖了人们所从事的一切促进人类生存与发展的劳动领域和工作领域，而劳动和工作正是人类社会存在和发展的基础。对劳动和工作的珍视，本质上就是对人类社会生存和发展根基的珍视。

对于敬业这个核心价值观的贯穿问题主要是通过我在教学过程中身体力行完成的。

敬业价值观首先要求人们尊重和认同自己的职业，热爱自己的工作，珍惜自己的工作，以认真负责的态度对待自己的工作。有所敬畏和认真负责，是对待工作的起码态度，也是敬业价值观的基本要求。中国古代思想家在论及职业精神和工作态度时，首倡一个"敬"字，专注一个"敬"字。孔子及其弟子历来珍视"敬"的价值。孔子把"居处恭，执事敬，与人忠"视为仁德的基本要求；把"事思敬"作为对待一切工作的总要求。做事的精义就在于"敬事"。从今天来看，"敬事"的基本要求就是要确立尊重劳动、珍视工作的态度，就是要确立劳动神圣、工作神圣、事业神圣、创造神圣的信念，并以此作为工作的基本信条。

敬业的深层含义还在于要有全身心投入的专注精神和勤奋、刻苦、执着、精益求精的品质。尊重、珍惜、敬畏是做好工作的基本前提，但要真正把工作做好做精，还必须刻苦勤奋，苦干实干，精益求精。这是对待一切事业和工作的根本态度，也是做好一切工作的根本前提。"实干兴邦，空谈误国"不仅是党和国家所倡导的整体工作作风，也是每一个个体对待自身工作的正确态度。中外古今，凡成就一番事业者，凡各行各业的那些成功者，无不具有这种对工作对事业的勤奋、刻苦、执

着、专注的精神品质。这种精神品质集中体现在对工作对事业全心全意、尽心竭力、一丝不苟、甚至"鞠躬尽瘁，死而后已"的执着精神；体现在刻苦耐劳、废寝忘食、乐以忘忧的吃苦精神；体现在终始如一、持之以恒的坚持精神。为了一项事业而放弃生活享受，为了一个愿望而终身投入，为了一个承诺而善始善终，一天不做工作就感到若有所失，都是这种精神品质的表现。韩愈在《进学解》中所说的"业精于勤，荒于嬉；行成于思，毁于随"，可以作为敬业价值观的一个经典注解。

敬业的第三层含义是视职业、工作、劳动、创造、贡献为公民的社会责任和义务，视劳动和工作为实现个人理想和个人价值的基本途径。这是敬业价值的最高境界。审视人们的工作动机和动力可以看到，人们从事一种工作的动机和动力是各不相同的。有的人的工作动机仅仅是为了谋生，为了个人和家庭生活幸福；有的人的工作动机可能是基于某种兴趣爱好，基于一种理想的人生规划和个人职业生涯规划；有些人则把工作视为公民的责任和义务，视为一种人生价值追求或生命追求，视为个人自我实现的基本途径，甚至把工作和奉献当作个人的一种生活方式。从价值等级上考察，第三种工作动机当然具有最高层次的价值和意义。敬业价值观的最高境界就应当是视工作为公民责任和自我实现的途径。无论在历史上还是在现实生活中，都存在这样的敬业典范，他们的境界是值得人们仰慕和崇敬的。

"概论"课中只有社会主义核心价值里涉及敬业，因此，要把敬业这个核心价值贯穿到教学实践中以实际敬业的行动给学生以身教更为重要。

确立强烈的职业感和职业精神是践行敬业价值观的基础。直言之，职业感和职业精神就是对待职业和工作的执着精神。政治家的公共服务精神、科学家的探索精神、学者的坚守精神、教师的教书育人精神以及普通劳动者干一行爱一行专一行的专注精神，都是职业感和职业精神的体现。没有职业感和职业精神，什么工作也不会做好，什么事情都可能半途而废。因此，培育和践行敬业价值观，首先要从培育和践行职业感、职业精神做起。培育和践行职业感、职业精神不需要太优越的客观条件；却需要持之以恒、终始如一的坚守精神，有些时候甚至还需要一些耐得住寂寞、忍得住孤独的意志品质。关键是还要有"人不知而不愠”的寂寞胸怀。

作为教师，我的敬业实践表现为：一是不断学习、丰富自己的知识体系、完善自己的知识结构、扩充新的知识领域，永远保持给学生一瓢水，必须要有一缸水的心态。不断提高自己的思想政治和业务素质，争当文化知识广博、学科专业知识精深、教育方式科学、能引起学生共鸣的优秀教师，做到知识育人、文化育人、以文化人。二是准确把握上层政治动态和倾向，传递高层声音。“概论”课最大的特点是变数大，不像有些课备一次能讲一辈子。“概论”的建设有中国特色社会主义理论部分随着我国政治、经济、社会形势与国家政策的变化而常常推陈出新，比如关于如何促进“国民经济发展的问题”，十六大提出，“又快又好发展”、十七大提出“又好又快发展”、十八大又改为“持续健康发展”，再比如对于非公有制经济的地位，十五大以前提出“非公有制经济是社会主义市场经济的有益补充”、十五大提出“非公有制经济是社会主义市场经济的重要组成部分”，对于市场经济的作用，十八大以前一直坚持“发挥市场在资源配置中的基础作用”，十八届三中全会提出“发挥市场配置资源的决定性作用”，对于这样的变化我们思想政治理论课教师必须具有足够的政治敏感度，及时准确地在教学中更新。为了做到准确，我一方面要学习大会精神，另一方面要查找专家的解释，为什么要这么变、具体怎么理解它的含义，要不厌其烦地对比专家的解释，力图准确理解。因为只有自己理解精准，才能给学生解释到位。三是不断提升自身的人格魅力和师德风范，努力践行以德树人，为人师表，身教重于言教。师德的魅力主要从人格特征中显示出来，历代教育家提出的“为人师表”“以身作则”“循循善诱”“诲人不倦”“躬行实践”等，既是师德的规范，又是教师良好的人格体现。在学生心目中，教师是社会的规范、道德的化身、人类的楷模、父母的替身，亲其师才能信其道。我认为教师的人格魅力来源于对文化教育事业的忠诚，以教书育人为崇高的职责，并从中享受到人生的乐趣。以自己的真诚去换取学生的真诚，以自己的正直去构筑学生的正直，以自己的纯洁去塑造学生的纯洁，以自己人性的美好去描绘学生人性的美好，以自己高尚的品德去培养学生高尚的品德。四是投身课改，提高学生的积极性。不断创新教学手段与方法，改变灌输式、填鸭式的教育方式，改变以教师为主体的教育理念。在课堂中充分发挥学生的主体性、主动性、能动性、积极性，力所能及地化枯燥的教学内容为形象、生动、直观、美妙的内容，并以图、文、声并茂的形式展现给学生，抓住学生的眼球，吸引住学生的注意力，把知识、信息与教师的情感传达给学生，最终被学生喜爱、接受、吸收。五是以科研促教学。教师作为知识分子必须肩负起科研的重任。因为教学与科研是相辅相成、相互促进的。科研水平的高低直接影响着教学能力和教学效果。因此，课余我经常关注学科前沿动态和方向，并积极参与学术研究和创新，不使自己的观念老套与陈旧，才能应用先进的思想、观念引导学生思想进步、学业成长，提升教学效果。通过科研，我开阔了视野，对问题的理解更科学、更全面、更深入了，进而也提升了教学水平和教学质量。

学生们也能从我的教学中读出我的敬业精神，每学期的网上评教都有学生评价我：认真、敬业，等等。

三　坚持德育为先，加强诚信为核心的社会公德教育

"诚"就是待人以诚，以心换心，靠诚实的魅力打动人。"信"就是说话算数，以信用求信任；诚信是个人立身处世的软实力，更是企业发展的核心竞争力。

对于诚信这个范畴，"概论"课在讲到社会主义市场经济的竞争机制时，我首先给学生进行了诚信对于提升企业的竞争力、增强企业的生存发展能力的重要性的案例教学，然后分析了诚信对于个人立身处世的重要性，进而完成教学实践中贯穿诚信这一核心价值的目的。

首先，诚信是企业成功的经营之道。任何企业要想获得长足发展，就必须做到诚信经营，童叟无欺，货真价实。

案例：海尔的诚信。

看到海尔今天的成就，很难想象它是由一个濒临倒闭的小厂成就的。"不是别的，是诚信创写的历史佳绩"，厂长张瑞敏自豪的讲到，"记得那时的工厂濒临倒闭，而且在用户反映我们的产品有质量问题时，我毫无顾虑地当着全厂职工的面，用大锤将76台不合格冰箱全部砸毁！其实我也知道，这是海尔最后的挣扎，前进是成功，后退是倒

闭，但我有勇气的是与诚信并肩闯困难"！

案例：企业不讲诚信，砸的是自己的牌子，断的是自己的财源。

2008 年，三鹿集团生产的三鹿奶粉因含大量三聚氰胺致使食用该奶粉的婴幼儿患肾结石，严重侵害了消费者的合法权益，最终企业不得不宣告破产。

2001 年中秋节前，南京冠生源食品厂用陈馅经翻炒后制成月饼出售的事件，被中央电视台曝光。南京冠生源的其他产品很快受到"株连"，没人敢要。企业从此一蹶不振。

2002 年 2 月，享誉七十年的老企业破产了。"温州皮鞋"也经过了一次大的起落。在 20 世纪的 80 年代温州皮鞋又叫"晨昏鞋"，假冒伪劣的品质引起全国消费者的公愤，以至于很多商场贴出"本店无温州鞋"的安民告示。1987 年 8 月 8 日在杭州武林广场，5000 多双温州劣质皮鞋被市民扔进熊熊大火。这把火烧醒了温州人的诚信意识。15 年后，温州人用诚信重新拾起了温州皮鞋失落的尊严，在"中国十大鞋王"中，温州皮鞋有三大品牌名列其中。2002 年温州人又将 8 月 8 日这个倍感屈辱的日子确定为"诚信日"。

案例：诚实比学识更有魅力。产品反映人品，无德之人的产品质量就会大打折扣。许多年前有一名座椅制造商雇用了一批年轻人，以手工来造椅子。商人依据每人制作出来的椅子数量，每周付款一次，但有一个条件：每一张椅子要在检验合格后，工人才能取得应获的工资。这名制造商非常留意其中两名青年人——罗富士及何汉励。这两个人每周都分别造出很多好的椅子，而且很少有不合格的情形。随着时光的流转，制造商需要找一位监工了。他想到了罗富士及何汉励。于是，他将所有工人召集起来，并宣布为了赶工，只要椅子造好了，不必管是否通过检验，他都计件付酬。于是，椅子的产量大大地增加了，但椅子的不合格率也增加了。这时，制造商特别去检查罗富士及何汉励所做的椅子。结果，罗富士所做的椅子之品质跟往常一样的好，但何汉励在新政策下做的椅子却有一半不合格。毫无疑问，制造商选中了罗富士。何汉励要滑头，偷工减料，不讲诚信，结果丢掉了大好的发展机会。而诚实敦厚的罗富士却得以重用。为人处事首要讲求诚实，诚实的人才会赢得别人的信任，离开这一点，一切都成了无根之花，无本之木。品德是一个人的真正本质。优秀的品格，像诚信，就能带给人们幸福、平安以及快乐，也能给企业带来旺盛的生命力。拥有诚实的品质能得到人们的尊敬，获得人们的信任。虽然初看起来，诚实有时会使人吃亏，但归根到底，诚实将使人受益终生。人们总是喜欢那些老实人，因为他们忠实可靠，可以让他们挑大梁，担重担，所以，诚实的人最终是不会吃亏的。

诚信的笙笛才能吹出和谐的节奏，无论做人还是办企业，面对诱惑，应不为其所惑，面对不义之财，应不为所动，极力坚持一个准则——诚信。诚信，它质朴如流水，甚至有时它会让人觉得你"笨"，但它却让人领略到一种山高海深的做人境界和成功的智慧，非君子不能及也，这是一种闪光的品质。诚信，它既是个人立身之本，也是社会运行之规，有诚才有成。

四 坚持德育为先，加强友善为核心的个人品德教育

"概论"课每次讲到思想道德教育时，我总是以社会的道德问题为主题让学生展开讨论，然后再对一些错误认识加以引导。近两年"老人倒地扶还是不扶"成为人们心中的纠结，所以我就选择了这一主题让学生讨论。我们按照大专辩论会的形式分成两组，每组推荐或选出四个辩手；正方观点是扶，反方观点是不扶。经过激烈的辩论，尽管有时反方的观点会占上风，但是，辩论结束后，在我因势利导地加以引导之后，学生们都不再坚持不扶了。

比如，反方的一个辩手这样说，我们也希望做好人行好事，但是扶老人的结果都是好人没好报。

我从两个方面进行引导，一个是友善的超越性，一个是友善的力量。最后总结说，如果我们希望这个世界是友善的，我们就要用友善的行动传递正能量、用友善的行动春风化雨、用友善的力量驱走邪恶。

友善不管是行为还是语言都具有超越性，是超越亲情、友情，老吾老以及人之老、幼吾幼以及人之幼的行为；是超越物质利益、不以回报为目的的行为，否则就不是真正的友善。因此，如果你在扶老人时还想着有没有好处，起码你心里是有杂念的，没达到超越境界。

其实，友善有着感人至深的力量。友善就像温暖的阳光，融化心中

的坚冰。

案例：大家都知道的一则寓言。一天，太阳和风争论究竟谁比谁更有力量。风说："你看下面那个穿着外套的老人，我打赌可以比你更快地让他把外套脱下来！"说完后，便使劲儿向老人吹去，想把老人的外套吹下来，但它越吹，老人将外套裹得越紧。后来，风累了，没力气再吹了。这时，太阳从云的背后走出来，将温暖的阳光撒在老人身上，没多久，老人就开始擦汗了，并把外套脱了下来。于是，太阳笑着对风说："其实，友善所释放的温暖比强硬更有力量。"

案例：很多时候，用强硬解决问题，往往会一无所获，但若用友善取而代之，最后则会令你喜出望外。

在一次国会选举期间，美国第 25 任总统威廉·麦金利经常被一个记者如影随形地跟踪。因为此人效力的报纸与麦金利政见相左，他经常发表一些于其不利的报道。麦金利对这个人感到很是恼火，可内心倒是禁不住暗暗"钦佩"其攻击自己的那种执着劲儿。

一天，麦金利坐着马车去附近一个小镇演讲。天气异常阴冷，没走多远，麦金利就听见后面传来熟悉的咳嗽声，回头一看，原来是那个正患感冒且衣着单薄的记者，坐着简陋的马车尾随而至。麦金利吩咐车夫停下，下车走到记者跟前，说："年轻人，从你的座位上下来。"记者走下车，心想这个政敌报仇的时机到了。"拿着，"麦金利脱下自己的大衣递给记者，"这件大衣你穿上，坐进我的马车里去。""可是，麦金利先生，"记者颇感意外地说，"我想你大概不知道我是谁。这次竞选我一直对你紧追不放，每次只要你一发表演说，我就会在报上骂你，我今天过来就是要尽我所能将你置于死地的。""我知道，"麦金利微笑着说，"不管怎么说，你穿上这件衣服，先坐进那辆车里暖和暖和，等会儿你好打个漂亮仗"。结果，从那以后，这个记者再也没有发表过一篇诋毁麦金利的文章。

这堂课结束后，我对学生做了个匿名调查，还是关于老人倒地扶不扶的问题，结果显示学生们的答案全部是"毫不犹疑地扶起"。

第二章

社会主义核心价值观贯穿于大学
校园文化建设的实践探索

　　社会主义核心价值观是马克思主义中国化最新最重要的理论创新成果，体现着社会主义的本质和基本内涵。大学校园文化是我国社会主义文化的特殊组成部分，是人才培养的重要资源和资产。社会主义核心价值观与大学校园文化在高校育人目标上具有根本统一性，将社会主义核心价值观贯穿于大学校园文化建设全过程，是积极培育和践行社会主义核心价值观，保证高校坚持社会主义办学方向，培育高素质的社会主义合格建设者和可靠接班人的根本保证。

　　马克思认为："任何真正的哲学都是自己时代的精神上的精华。"①党的十八大报告明确提出："倡导富强、民主、文明、和谐，倡导自由、平等、公正、法治，倡导爱国、敬业、诚信、友善，积极培育社会主义核心价值观。"② 毫无疑问，社会主义核心价值观就是我国在推进中国特色社会主义伟大事业、实现中华民族伟大复兴中国梦的新时期所凝练的时代精神的集中体现，它充分反映了我们党对社会主义核心价值体系建设实践的最新认识，是党凝聚和统一各个阶层、群体思想的重要思想武器。中共中央办公厅印发的《关于培育和践行社会主义核心价值观的意见》指出："把培育和践行社会主义核心价值观融入国民教育全过程，注重发挥校园文化的熏陶作用，加强学校报刊、广播电视、网

---

① 《马克思恩格斯全集》（第1卷），人民出版社1956年版，第121页。
② 胡锦涛：《中国共产党第十八次全国代表大会报告》，2012年11月18日。

络建设，完善校园文化活动设施，重视校园人文环境培育和周边环境整治，建设体现社会主义特点、时代特征、学校特色的校园文化。"① 这鲜明地为校园文化建设指出了新的发展要求和方向，也为高校培育和践行社会主义核心价值观提供了有力的平台和依托，将社会主义核心价值观贯穿于校园文化建设全过程是当前高校加强和改进大学生思想政治教育的积极探索，对于推进我国社会主义核心价值观建设，保证高校坚持社会主义办学方向，培育高素质的社会主义合格建设者和可靠接班人，具有重要的理论意义和现实意义。

第一节　社会主义核心价值观与大学校园文化概述

一　社会主义核心价值观与大学校园文化的内涵透析

价值观是个人内心基于需要、兴趣、态度、信仰等作出判断、取舍的基本尺度，推引人们追求什么、舍弃什么、干什么、不干什么的判断标准。核心价值观是一个国家、一个政党、一个组织判断社会事务所遵循的基本价值准则，是社会中居统治地位、起支配作用的核心理念。社会主义核心价值观是对社会主义价值的总的看法和最根本观点，是社会主义核心价值体系最深层的精神内核，党的十八大报告对其内容进行了全面凝练，概括为国家、社会、个人三个层级，从国家层级上来讲，"富强、民主、文明、和谐"是社会主义核心价值观的最高阶段，是统领其他层级的价值目标，以国家富强、人民民主、社会文明、生活和谐为目标；从社会层级上来讲，"自由、平等、公正、法治"是社会主义核心价值观的本质属性，是社会各阶层的价值取向，以发展自由、人权平等、社会公正、规范法治为目标；从个人层级上来讲，"爱国、敬业、诚信、友善"是社会主义核心价值观基本准则，是公民个人的道德标准，以热爱祖国、勤奋敬业、诚实守信、团结友善为目标，以这三个层级对社会主义核心价值观进行凝练，是正确处理国家、集体、个人

---

① 《中共中央办公厅关于培育和践行社会主义核心价值观的意见》，《人民日报》2013年12月24日。

三者利益关系的充分体现，内容切合实际，简单易记，通俗易懂，为引领社会思潮、凝聚社会共识找到了有力抓手。社会主义核心价值观具有普遍性、持久性、民族性、崇高性的特征，体现着社会主义的本质和基本内涵，是中国共产党最重要的理论创新成果，符合最广大人民的意愿和诉求，能够集聚起全面建成小康社会、实现中华民族伟大复兴中国梦的强大正能量，推动社会主义事业的长远发展。

文化是人类社会历史发展的过程中所创造的精神财富和物质财富的总和，归为社会实践的产物，属于人们特有的高级精神生活。校园文化是依附和从属于社会大文化系统的一种亚文化形态，是学校在长期育人实践过程中以社会文化为基础、以校园精神为核心、以师生员工为主体、以校园环境为空间、以校园活动为载体所积累的价值观念、社会心理、审美情趣、思维模式、行为方式以及与此相关所形成的校风、教风、学风。浓郁厚重的校园文化核心和实质是超功利主义的，它渗透在校园的角角落落，在学校的建设发展过程中发挥着不可替代的作用，是人才培养的重要资源和资产。其内容包括校园精神文化、校园物质文化、校园行为文化、校园媒介文化、校园制度文化等五个方面。校园精神文化是内隐性文化，以深层价值表现出来，是大学校园文化的核心，包括学校办学理念、"三风"建设、师生观念等内容，凝结了校园内大多数师生的思想和行为习惯；校园物质文化是表层性文化，以实物形式表现出来，是大学校园文化的基础，包括学校建筑风格、景观建设、识别系统等内容，成为校园形象和精神风貌的物质依托；校园行为文化是外显性文化，以动态形式表现出来，是大学校园文化的重点，包括学校课堂教学、第二课堂、校外实践等内容，承担着校园文化中各个层次的沟通作用；校园媒介文化是传播性文化，以宣传载体表现出来，是大学校园文化的补充，包括校园网络媒介、语音媒介、实物媒介等内容，肩负着弘扬主旋律、释放正能量的重任；校园制度文化是规范性文化，以文字形态表现出来，是大学校园文化的保障，包括校园制度建设、制度落实、制度监督等内容，发挥着必要的导向和约束作用。以这五个方面的内容进行分类，形成了相互关联、相辅相成、辩证统一的有机整体。大学校园文化具有教育性、时代性、创造性、开放性的特征，能够熔铸历史传统、时代精神、民族气质，彰显青春活力、智慧光芒、人文关怀,建设高格调、高水平、高质量、有特色的校园文化,有助于继承和发扬中华民族的文化传统,塑造师生员工的精神、心灵、性格,凝聚起师生共同参与校园文化建设的热情和力量,推动高等教育的健康发展。

二 社会主义核心价值观与大学校园文化的关系审视

社会主义核心价值观彰显了唯物史观与认识论、价值观与实践论的有机统一,既有理论的延续性,又有现实针对性;既有目标追求,又有价值导向,还有行为准则,是大学校园文化建设的灵魂,在大学校园文化建设中发挥着思想基础、目标引领和精神动力的作用,保障大学校园文化建设的健康发展。而要在高校培育和践行社会主义核心价值观,就必须依托大学校园文化的平台和载体,发挥校园文化建设是培育和践行社会主义核心价值观的有效途径、有力手段和有用载体的作用,以社会主义核心价值观引领大学校园文化建设,构建具有中国特色社会主义的、先进的、科学的、文明的、民主的校园文化。

(一)社会主义核心价值观是推进大学校园文化建设的内在核心

1. 社会主义核心价值观是大学校园文化建设的思想基础

高等教育在我国社会主义建设事业的进程中肩负着传承文明、培养人才、创新知识、发展科技、服务社会的重要职责,但随着经济体制深刻变革、社会结构深刻变动、利益格局深刻调整、思想观念深刻变化,大学校园里各种思想文化交流融合,各种社会思潮交锋较量,各种信息资讯交汇扩散,意识形态领域的斗争愈演愈烈,用什么样的价值标准引领与整合多样化的校园思潮,是当前高等学校高度重视并亟待解决的核心问题。社会主义核心价值观是在社会主义核心价值体系建设实践基础上作出的重大理论创新,丰富和发展了社会主义核心价值体系的内容,把社会主义核心价值观贯穿于大学校园文化建设的全过程,用马克思主义的最新理论成果指导大学校园文化建设,可以把不同层次、不同认识水平的青年学生团结和凝聚起来,破解大学校园文化建设的过程中应该坚持什么、摒弃什么、弘扬什么、反对什么的难题,为建设健康向上、团结活泼的大学校园文化筑牢思想基础。

2. 社会主义核心价值观是大学校园文化建设的目标引领

社会主义核心价值观蕴含着物质文明和精神文明的双重维度,既有国家富强、人民民主的目标，亦有社会文明、生活和谐的理想；既有经济繁荣、政治清明的追求，亦有遵纪守法、崇德尚礼的坚守，社会主义核心价值观具备强大的精神感召力，是引领社会发展、凝聚社会共识的重要思想武器，已经成为我国不同社会阶层、不同利益群体普遍认同的价值追求。培育和践行社会主义价值观是高校校园文化建设的时代主题，是当代大学建设和发展的重要使命，用社会主义核心价值观引领大学校园文化建设，能够统一思想认识，明确发展目标，有效破解"培养什么人、遵照和依循什么样的价值观培养人"的问题，推引全体师生员工在思想上同心同德、目标上同心同向、行动上同心同行，主动把个人的价值追求融入学校的建设发展中，为创建优美的育人环境和营造良好的文化氛围做出自己积极的贡献。

3. 社会主义核心价值观是大学校园文化建设的精神动力

社会主义核心价值观是多元文化背景下吸收世界优秀文化遗产、继承中华民族优秀传统文化、顺应时代发展潮流、凝聚社会价值共识的具有权威性、综合性的马克思主义中国化的最新理论成果，植根现实生活之中，客观、准确地反映着社会成员的价值诉求，扮演着引领者、规定者、推动者的角色，潜移默化地增强着社会成员之间的相互认同与内在联系，成为激励人们奋发图强实现中华民族伟大复兴的中国梦的强大精神动力。建设具有中国特色社会主义的、先进的、科学的、文明的、民主的校园文化，必须以社会主义核心价值观为导向，把广大师生员工紧密团结在社会主义核心价值观的旗帜之下，使之成为广大师生员工牢固的精神纽带、思想坐标和心灵归宿，促进广大师生员工坚定马克思主义的理想信念，不断增强对国家、社会、学校的认同感、归属感和责任感，增强自尊心、自信心和自豪感，始终保持昂扬向上的精神状态。

（二）校园文化建设是高校培育社会主义核心价值观的外在支点

1. 校园文化建设是高校培育社会主义核心价值观的有效途径

高校是国民教育体系的最高层次，是培养高素质人才的地方，大学校园文化建设是人才培养的重要途径，"校园文化深刻地影响着每个学生的发展方向，特别是影响着学生的价值取向、思想品德和生活方式的选择，具有潜移默化、滴水穿石的力量"。① 一个健康向上的校园文化总是凝结着历代师生员工的价值观念，以其特有的"价值符号"潜移默化的传导、影响、规范着师生员工的价值选择，有益于积极培育和践行社会主义价值观；一个消极俗化的校园文化，就会在不知不觉中塑造学生不良的意识和行为，助长歪风邪气，扭曲大学生的世界观、人生观、价值观，也就不利于社会主义核心价值观的培育和践行。葛金国教授说过："对于校园文化的舞台，积极健康的东西不去占领，消极反动的东西就会去占领。"② 因此，把社会主义核心价值观贯穿到校园文化建设的全过程，不仅可以教育引导当代大学生正确认识国家、社会和个人三者之间的关系，树立远大理想，练就过硬本领，努力成长成才；还可以巩固校园文化建设的发展方向，有效培育和践行社会主义核心价值观，增强社会主义核心价值观的凝聚力和感召力。

2. 校园文化建设是高校培育社会主义核心价值观的有力手段

校园文化是高校建设发展过程中直接影响发展方向和速度的关键因素，对学校事业全面协调可持续发展起着决定性作用。校园文化的核心是追求和建立一种群体的共同价值观，把师生员工的共同利益、共同理想、共同追求紧密联系在一起，形成一种群体意志，这和社会主义核心价值观具有一致性。积极培育和践行社会主义核心价值观是当前高校育人工作的重要政治任务，同样是校园文化建设的重要内容和核心工作。将社会主义核心价值观贯穿于校园文化建设的全过程，不仅能正确解答学校建设发展中和师生员工在现实生活中遇到的困难和问题，增强师生员工的思想共识，还可以创造出更多先进的文化成果来引导社会文化的发展，形成高校校园文化向社会文化的有效输出和辐射，产生良好的社会文化效果，从而对社会不同群体培育和践行社会主义核心价值观起到典型示范作用。因此，建设体现社会主义特点、时代特征和学校特色的大学校园文化是高校培育和践行社会主义核心价值观的有力手段，抓住

---

① 于成学：《校园文化的教育导向功能》，《理论前沿》2005 年第 1 期。
② 葛金国：《校园文化：理论意蕴与实务运作》，安徽师范大学出版社 2006 年版，第 36 页。

了它，也就抓住了根本。

3. 校园文化建设是高校培育社会主义核心价值观的有用载体

社会主义核心价值观是追求真善美的价值观，每个人心底都蕴藏着善良的道德意愿、道德情感，积极培育和践行社会主义核心价值观是每个社会公民的自觉追求，而社会主义核心价值观是一种隐性的东西，它必须依赖于各种载体来体现，并作用于人们的思想，起到教育作用。高校作为人才的聚集地、知识的生产区和思想观念的辐射源，社会主义核心价值体观要成为影响社会的主流意识形态，极为重要的途径就是依托校园文化建设这个载体来实现。运用丰富多彩的形式积极开展以构建社会主义核心价值观为导向、以建设优良校风、教风、学风为核心的校园文化活动，有利于大学生从传统的灌输式德育教育格局中解放出来，在喜闻乐见的校园文化氛围中学习、理解、弘扬社会主义核心价值观，使社会主义核心价值观融入自身生活态度和人生理想中去，培养高尚的社会主义道德情操，成长为全面发展的社会主义有用人才。

第二节　社会主义核心价值观贯穿于大学校园文化建设的必要性

在经济全球化、社会信息化、利益多元化的背景下，高校意识形态领域存在着多种问题与挑战，亟须具有先进性、代表性的价值标准引领和整合。社会主义核心价值观具有普遍性、持久性、民族性、崇高性的特征，将社会主义核心价值观贯穿于大学校园文化建设，使之成为其纲领和灵魂，有利于建设以社会主义核心价值观为核心的和谐校园文化，促进社会主义和谐文化的全面发展；有利于高校坚持社会主义办学方向，以国家的主流价值目标、价值取向和价值准则统领办学方向，充分彰显中国特色社会主义高校的鲜明特色；有利于筑牢青年学子的理想信念，培养学生坚定正确的政治方向、独立自强的人格品质和积极向上的精神风貌，顺利实现培养社会主义事业的合格建设者和可靠接班人的人才培养目标。

社会主义核心价值观贯穿于大学生思想政治教育全过程的实践探索

一　社会主义核心价值观贯穿于大学校园文化建设全过程有利于社会主义和谐文化全面发展

和谐可以凝聚人心、提振精神、促进发展，和谐文化是具有凝聚力、向心力和感召力的主流意识形态，和谐文化的发展是构建和谐社会的前提和基础，但社会主义和谐文化的全面发展离不开各战线、各行业的文化和谐发展。从整体与部分的辩证关系来看，没有局部的促进就没有整体的发展，反之，局部的发展也依赖于整体的推进。高校是孕育新思想、新知识和新科技的重要集聚区，在构建社会主义和谐社会的伟大征程中提供着重要的人力支持和智力支撑，是构建社会主义和谐社会的最大依靠力量。大学校园文化建设是社会主义和谐文化建设的特殊组成部分，也是传播、发展、创新社会主义和谐文化的重要载体，是学校长远发展的动力源泉和精神力量，俗话说"一年发展靠机遇，十年发展靠制度，百年发展靠文化"，培养社会主义事业的合格建设者和可靠接班人、发展社会主义和谐文化离不开大学校园文化的繁荣与发展。只有大力加强大学校园文化建设，将社会主义核心价值观贯穿于校园文化建设的全过程，用马克思主义中国化的最新理论成果影响人、培育人、塑造人，丰富人的精神内涵，提升人的文化精神，才能使师生员工拥有良好的精神风貌、振奋的精神状态、高尚的道德情操，从而形成和谐的发展思路、和谐的办学理念、和谐的管理体制、和谐的运行机制、和谐的人际关系、和谐的校园文化。社会主义核心价值观是社会主义文化建设的根本，在我国社会主义意识形态的核心部位是不能动摇的，将社会主义核心价值观贯穿于大学校园文化建设的全过程，其目的就是坚持社会主义先进文化的发展方向。我们建设的社会主义和谐文化，是以社会主义核心价值观为根本、为内在规定的和谐文化，加强大学校园文化建设，就是充分发挥高校校园文化对社会文化具有的强烈辐射、示范和引领作用，促进社会主义和谐文化的全面发展。

二　社会主义核心价值观贯穿于大学校园文化建设全过程有利于高校坚持社会主义办学方向

高校具有强烈的意识形态属性，坚持社会主义办学方向是高校极其重要的政治任务，是保障马克思主义在意识形态领域的主导地位，全面协调地推动思想政治教育工作的根本。邓小平说过："学校应该永远把坚定正确的政治方向放在第一位。"① 只有将政治方向落实到具体的办学实践中，才能完成党和国家赋予高等教育的历史重任。在积极培育和践行社会主义核心价值观的大环境、大背景下，高等教育的建设发展迎来了新的机遇和挑战，以社会主义核心价值观统领高等教育的建设发展在今后一个时期将是一个永恒的主题，社会主义核心价值观也将成为学校一切工作的灵魂和"生命线"，大学校园文化建设亦不例外。校园文化彰显的是一个学校的发展理念和发展方向，是学校发展的内涵式品牌，对于学校坚持社会主义办学方向影响至远。将社会主义核心价值观贯穿于大学校园文化建设全过程，就是达到社会主义思想对学校思想文化阵地的占领，其目的是通过校园精神文化、校园物质文化、校园行为文化、校园媒介文化、校园制度文化等方面，对师生员工在思想观念、心理素质、行为方式、价值取向诸方面产生潜移默化的影响，实现对当前的社会主义核心价值观产生理性认同，从而自觉地遵循社会主义核心价值观规范学习、工作和生活。此外，校园文化建设是一项长期性、系统性工程，要建设优秀的大学校园文化，形成弥久不衰的大学精神，不是一朝一夕可以铸就的。在当前深化改革加快发展的新时期，多元社会思潮蜂拥而至，"象牙塔"式的专于学术学业的思想不再是校园文化的主流，大学校园文化中已经不同程度地存在着攀炎附势、权学交易、俯首听命等拜官主义的"官僚文化"，唯利是图、学商不分、钱学交易等拜金主义的"市侩文化"，以及虚拟情感的流行歌曲、纵横捭阖的网络游戏、绚丽诱人的电子读物、爱不释手的通讯手机等低俗不堪、庸俗无味的"快餐文化"。此外，还有"课桌文化""宿舍文化""厕所文化"等充斥于校园角角落落，凸显出当代青年学子的学业态度、精神状态，这种现象也具有一定的影响力和感染力，稍不慎重就会影响学生的成长成才和学校的健康发展。因此，要坚持社会主义办学方向，就必须立足于建设适应社会发展潮流、顺应学生成长需求的高格调、高水平、高质

---

① 《邓小平文选》（第 2 卷），人民出版社 1994 年版，第 104 页。

量、有特色的校园文化，将社会主义核心价值观贯穿于大学校园文化
建设全过程，以国家的主流价值目标、价值取向和价值准则统领高校
的办学方向，牢牢把握党对学校意识形态工作的主导权，充分彰显中
国特色社会主义高校的鲜明特点。

三 社会主义核心价值观贯穿于大学校园文化建设全过程有利于高校顺利实现人才培养目标

人才培养质量是高校的办学之体，社会主义核心价值观培育是高校
的办学之魂。"社会主义核心价值观引领高校校园文化建设与我国高校
人才培养目标具有内在一致性，高等教育的人才培养目标要求我国高校
校园文化建设必须有社会主义核心价值观来引领。"① 中共中央办公厅
印发的《关于培育和践行社会主义核心价值观的意见》明确指出："坚
持育人为本、德育为先，围绕立德树人的根本任务，把社会主义核心价
值观纳入国民教育总体规划，贯穿于基础教育、高等教育、职业技术教
育、成人教育各领域，落实到教育教学和管理服务各环节，覆盖到所有
学校和受教育者，形成课堂教学、社会实践、校园文化多位一体的育人
平台，不断完善中华优秀传统文化教育，形成爱学习、爱劳动、爱祖国
活动的有效形式和长效机制，努力培养德智体美全面发展的社会主义建
设者和接班人。"② 当代大学生是党和国家宝贵的人才资源，是实现中
华民族伟大复兴的"中国梦"的建设者，也是"中国梦"建设成果的
收获者、享用者，90 后的当代青年学生，30 岁左右将目睹小康社会的
全面建成，50 岁左右将见证中国特色社会主义现代化强国的实现，他
们将成为实现"中国梦"的主力军，而他们的思想状况、价值取向也
将直接关系到国家的命运和前途，关系到社会主义事业是否后继有人、
兴旺发达。在这种背景下，以校园文化建设为载体，积极培育当代青年
学生社会主义核心价值观，对于引导当代青年学生树立起共产主义的世
界观、人生观、价值观，将个人发展融入伟大历史使命的实现中去，在

---

① 石秀杰、吴楠、宋慧勇：《以社会主义核心价值观引领高校校园文化建设》，《中国成
人教育》2011 第 24 期。

② 《中共中央办公厅关于培育和践行社会主义核心价值观的意见》，《人民日报》2013
年 12 月 24 日。

筑起"中国梦"的道路上实现人生价值具有重要的作用。《国家中长期教育改革和发展规划纲要（2010—2020 年)》明确指出："坚持教育为社会主义现代化建设服务，为人民服务，与生产劳动和社会实践相结合，培养德智体美全面发展的社会主义建设者和接班人。"① 高等教育承担着培养高级专门人才、发展科学技术文化、促进社会主义现代化建设的重大任务，校园文化以"以文化人"的形式是培育和践行社会主义核心价值观的重要载体，将社会主义核心价值观贯穿于高校校园文化建设全过程，就是运用各种校园文化形式来表现社会主义核心价值观的深刻内涵和精神实质，浸润心灵，武装头脑，使青年学生在校园文化的熏陶中学会从理想信念上、思想道德上、行为方式上辨清是非、经住检验，成长为对国家、对人民、对社会有益的人。可以说，没有社会主义核心价值观的教育引领，就没有全面发展的学生，没有全面发展的学生，就没有高素质的社会主义接班人，没有高素质的社会主义接班人，就没有社会的进步和发展，没有社会的进步和发展，就没有中华民族伟大复兴中国梦的实现。

第三节 社会主义核心价值观贯穿于大学 校园文化建设的实践路径

培育和践行社会主义核心价值观是当前高等教育全面深化改革、实现科学发展的基础性、战略性任务，校园文化是高等教育改革创新的一个重要支点，将社会主义核心价值观贯穿于校园精神文化建设、物质文化建设、行为文化建设、媒介文化建设、制度文化建设全过程，能够清晰地从理论基础、文化传承、道德约束、实践操作等角度为大学校园文化建设提供思路，科学地回答用什么样的价值准则为大学校园文化建设奠立基础、形成氛围的问题，有效地纠正修复当今大学校园文化中出现的部分失德失范现象，凸显校园文化的思想引导力和精神凝聚力。

---

① 冀学锋：《试论隐性德育课程与高校德育课程体系构架》，《道德与文明》2002 年第 1 期。

一　在校园精神文化中有效融入社会主义核心价值观

（一）将社会主义核心价值观贯穿到办学理念之中

办学理念是以社会评价做诠释的独特的、个性的、鲜明的隐性品牌标识，是校园精神文化建设的核心内容，包括办学宗旨、办学目标、办学策略等内容，它代表了一所学校的思想成熟度和文化厚重度，具有稳定性和指导性的特点。俗话说："理念决定道路"，有什么样的理念，就有什么样的表现，这是一个知与行相统一的过程。对于高等教育来讲，自《国家中长期教育改革和发展规划纲要》发布以来，我国高等教育坚持以科学发展观为指导，着力把握发展规律，创新发展理念，找准办学定位，竞相迸发出非同质化的办学活力。当前，我国高等教育又迎来了一个新的重要的发展战略机遇期，党的十八大报告关于"深化教育领域综合改革"提出了总体要求，党的十八届三中全会通过的《中共中央关于全面深化改革若干重大问题的决定》对全面深化改革的重要领域和关键环节又作出了重大部署，这就预示着我国高等教育将会继续强力深化改革，实现全面、协调、可持续发展。在此背景下，将社会主义核心价值观贯穿到办学宗旨、办学目标、办学策略之中，就是要明确解答"怎样办大学""办什么样的大学"和"培养什么样的人""怎样培养人"的问题。如：西南石油大学在"学石油、爱石油、献身石油"的价值追求中，铸就了"为祖国加油，为民族争气"的西南石大精神，体现了以爱国主义为核心的民族精神和以改革创新为核心的追求卓越的时代精神，它以无形的感召力、凝聚力，激励着一代一代西南石大学子始终保持扎根基层、勤奋务实、艰苦创业、敢于争先的精神风采，不断为国家油气工业和地方经济建设作出新的更大的贡献。将把社会主义核心价值观融入办学理念，就是要深一层振奋、激励和凝聚人心，引导和塑造师生员工的态度和行为朝同一个目标奋进，进一步增加学校的凝聚力、执行力和战斗力，产生核心竞争力和影响力，进而丰富校园精神文化。

（二）将社会主义核心价值观贯穿到"三风"建设之中

校风、教风、学风建设是校园精神文化建设的重要内容之一，关系到学校的良好形象、学子的前途命运、社会的稳定发展。全校师生员工在处理一切事务中显示出来的一种共同的、比较稳定的精神风貌谓之于校风；教师在教育过程中自身道德、才学、作风、素养、治教的集中表现谓之于教风；学生在学习、生活中体现出来的心理意识、精神面貌、思想品格与行为表现谓之于学风。校风是教风、学风的综合反映，教风是学风的前导、校风的支撑点，学风是校风、学风的主要内容和归宿，三者相互影响、相互促进，构成教书育人的重要环节。将社会主义核心价值观贯穿于校风、教风、学风建设之中是深化教育教学改革、实施素质教育、全面提高教育质量和办学效益的重要举措，使其在师生员工中发挥感染熏陶作用，凝聚起巨大的精神力量，调动广大师生员工以主人翁的态度投身到学校建设，发展积极性、主动性、创造性和自觉性，培育良好的校园精神文化；促进教师自觉树立良好的职业道德形象，做到敬业爱岗，为人师表，并促进教师努力钻研业务，不断学习新理论，吸收新知识，提高教学研究能力和实际教学能力，以高深的学识影响学生的学业追求；教育引导当代大学生明确学习目标，端正学习态度，激发学习动力，培养正确的价值认知，科学的价值判断，合理的价值追求，培育大学勤奋学习、积极向上、严谨求实、尊师重教、遵纪守法、举止文明的优良学风。

（三）将社会主义核心价值观贯穿到师生观念之中

现代教育理论认为，教师和学生是学校工作的主体，学生是学校的主体，教师是办学的主体。教师作为人类灵魂的工程师，肩负着传播文化知识、塑造思想品德的重任，是保障学校教育教学质量的首要责任人；学生作为教育服务的主体顾客，其教育培养质量如何是学校产生社会影响、形成社会声誉的重要指标。师生的价值观念、价值取向是学校精神文化的生长点，是学校教育价值取向的直接体现。审视当今大学校园，校园精神文化建设正处在前所未有的冲击和挑战之中，市场经济的金钱文化一度让教育发展迷失方向，官本位的根深蒂固和待遇偏低的清贫生活促使教师不断逐利失义，科研至上的畸形考核和教学乏味的筋疲力尽导致教师出现"职业倦怠症"，就业竞争的加剧和就业途径的不畅引发学生悲谈"读书无用论"，网络媒体的冲击和价值取向的多元催使学生理想信念缺失，出现拜金主义、利己主义、享乐主义的生活追求，使得校园已经不再成为一方"净土"。在这种形势下，加强校园文化精神文化建设，凝聚师生共识，树立正确价值取向是当务之急。社会主义核心价值观是教师教书育人和学生成长成才的"导航仪"，将社会主义核心价值观贯穿到师生价值观念之中，促进师生对当前的社会主义核心价值观产生理性认同，使教师端正教育思想，树立热爱学生、尊重学生，严谨治学、精心施教，以身作则、为人师表，献身教育、教书育人的良好师德；使学生坚定理想信念，树立热爱祖国、热爱人民，刻苦学习、躬身实践，敢于吃苦、勇挑重担，与时俱进、开拓创新的优良品德。

二　在校园物质文化中全面体现社会主义核心价值观

（一）将社会主义核心价值观贯穿到校园建筑之中

清华大学原校长梅贻琦曾强调："有大楼亦有大师，建筑物也有学术灵魂，是一个有生命的东西。"校园建筑隶属于大学校园硬件建设的主要内容，是校园物质文化的重要组成部分，为教师学术研究和教育教学活动提供必要的物质条件，为学生品质塑造和文化气质养成提供特殊的精神依托。建筑学界把校园建筑誉为"无声的诗、立体的画、文化的形"。冀学锋教授认为："学校建筑文化是隐性德育课程的一种，它造就了隐性德育的教育功能。"① 不同时期、不同功能的校园建筑反映了不同时期的社会、经济、政治和文化，孕育着不同时期师生的情感，具有一定的历史感和厚重感，是物质性和精神性、持久性和渗透性的有机结合，以"润物细无声"的意蕴深刻地体现着学校的办学理念、价值取向、文化涵养。如：郑州升达经贸管理学院建在校园每处亭台楼阁题写创办人人生哲理的名言，"成功感谢他人，失败反省自己；勤俭朴实，自力更生；自己的痛苦自己知道，自己的问题自己解决"等，在潜移默化中发挥塑造心灵、激发精神、调节情趣、有益身心的情操陶冶功能。将社会主义核心价值观贯穿到校园建筑之中，就是要发挥校园建筑的教育、激励、引导、审美等育人功能，推使当代大学生清醒感知大学校园建筑所彰显的独特气势、和谐氛围、美妙韵律、育人使命和厚重

---

① 《国家中长期教育改革和发展规划纲要（2010—2020 年）》，《人民日报》2010 年 7 月 30 日。

价值，激发对科学技术的强烈追求和传统文化的深切追忆，增强对校园物质文化的归属感和自豪感；促进师生积极贯彻科学发展观和循环经济建设理念，大力推进节约型大学校园文化建设，从生态环保的角度合理改造节约能源，校区、生活区垃圾实现分类堆放、处理；实验室的废水、废气净化处理后排放；降低办公、教学、生活等环节的能耗；倡导师生"低碳出行"等，最大限度做到资源循环、可持续发展，促进节能型、生态型、开放型、创新型校园物质文化建设，达到校园物质文化育人的目的。

（二）将社会主义核心价值观贯穿到景观建设之中

美国斯坦福大学第一任校长约旦曾在开学献词中说："长长的连廊和庄重的列柱也将是对学生教育的一部分，四方院中每块石头都能教导人们要知道体面和诚实。"① 说明校园景观不只是一种单纯的物质功能，而是凸显着浓厚文化气息，于无形中对学生们起着润泽心灵、升华情操的作用。校园景观是学校特殊的物质文化内容，它不同于城市街道景观，展示美观和内涵；也不同于居住社区景观，注重温馨和舒适；更不同于游乐公园景观，强调生态和标识。校园的一草一木、一景一物、一楼一阁、一桥一湖都赋予着文化内涵，彰显着大学精神，其隐含的客体精神可以转化为主体的情趣和感受，给学生以现代生态文明的熏陶。如：福州大学利用山水花园的天然优势，与学校精神、办学历史、学科特色、地域特征相结合，在体现"以山为骨、以水为脉、以文为魂"的整体风格的同时，加强一院一景、一楼一景的局部景观构建。化工学院的院士墙、诺贝尔墙等、建筑学院的走廊文化、人文学院的文化长廊、管理学院的网络数字馆、物信学院的电子屏文化等，都是直观的教育载体。将社会主义核心价值观贯穿到景观建设之中，就是倡导校园物质文化建设应充分考虑自然、人、社会的和谐相处，体现出强烈的环境道德韵味，校园内合理种树、植草、栽花、立景，妥善设置楼、亭、廊、榭和喷泉、水池、山石、雕像等景观，让校园内曲径通幽的小道，巍然挺立的塑像，美观雅致的长廊，都成为对大学生进行品德教育的直

---

① 转引自张敏《高校校园景观的育人功能探析》，《美与时代：创意》（上）2009 年第7 期。

观教材，使学生在愉悦和美感中探寻、追索和领悟富有哲理的文化内涵，达到"物我合一"的和谐境界，唤醒大学生追求美的渴望，激发出创造美的行动。

（三）将社会主义核心价值观贯穿到识别系统之中

大学校园视觉识别系统是校园物质文化建设中的一个新的增长点，以文字、图形、记号、符号、形态等为表达方式，以直观、形象的特点为人们的感官直接触及，包括学校标志、字体、色彩、校徽、校旗等标志性的事物，平面和多媒体的宣传品，以及校园建筑、景观、布局，等等，具有指明方位、美化环境、装饰校容，陶冶情操、净化心灵的功效。将社会主义核心价值观贯穿到识别系统之中，就是要激发广大师生投身校园文化建设的热情，集结群体智慧参与到校园楼宇、亭榭、广场、道路、景点的规划、建设、命名以及管理工作中去，探索突出学校特色、文化氛围和学术品位的思路和办法；引导学校师生、社会公众通过校园视觉识别系统更好地了解大学办学宗旨、办学方针、学校精神、发展愿景等，达到识别学校、了解学校、认同学校的目的，树立学校的良好形象。同时，也驱使学校建设的规划者、执行者通过校园视觉识别系统准确把握大学校园的历史沿革、文化积淀和特色风貌，在以后的建设中有意识地传承学校的标志符号，延续原有的历史风格，因地制宜创设整洁、优美、品位高雅、错落有致、宜人舒适的自然景观以及具有人性化尺度的学习、生活、工作空间，体现"技术"与"舒适"的统一，"历史"与"美观"的结合，铸就一种积极向上、宽松和谐、静谧优美的校园物质文化。

三　在校园行为文化中积极践行社会主义核心价值观

（一）将社会主义核心价值观贯穿到课堂教学之中

课堂教学是学校教育活动的主阵地和主渠道，谓之于学校教育的"第一课堂"，时间权重最大、价值效用最高、课程搭配最合理、学段衔接最默契、知识容量最丰富，以"教"和"学"的需求为基础，以师生对话交流为条件，体现了教师主导性和学生主体性的有效统一。叶澜教授认为："课堂教学是教师和学生共有的人生中的重要生命经历，

是他们个体生命的有意义的组成部分。"① 将社会主义核心价值观贯穿
到课堂教学之中，就是要落实社会主义核心价值观"进教材、进课堂、
进头脑"的要求，引导广大教师牢固树立立德树人的观念，有计划、
有步骤地将社会主义核心价值观分解进章节里、体现到教案上、落实在
课堂中，融入学生学习成长的全过程，使学生牢固树立社会主义核心价
值观，自觉成为社会主义核心价值观的践行者和传播者。如：上海交通
大学把社会主义核心价值观培育贯穿思想政治理论课全过程，做到
"三个结合"，把思维能力的培养与价值导向的评价结合起来，把核心
价值观的培育与"三个自信"的确立结合起来，把核心价值观的践行
与实现"中国梦"的目标结合起来。将社会主义核心价值观贯穿到课
堂教学之中，也可以督促教师积极探求多样化的教育方法和途径，将社
会主义核心价值观融入各门学科的教学内容，找准结合点，不断改革教
学内容，创新教学方法，改进教学手段，提高教学质量，增强课堂教学
的吸引力，使学生在课堂学习中受教育。此外，利用社会主义核心价值
观还可以对大学生普遍关心的改革开放和现代化建设中的重大理论问题
做出释疑解惑和教育引导，用科学理论武装大学生，不断提高大学生的
理论水平、道德修养和精神境界，从而坚定正确的世界观、人生观、价
值观。

（二）将社会主义核心价值观贯穿到第二课堂之中

所谓第二课堂，就是在学校教学计划之外，立足校内，学生教育管
理服务部门引导和组织学生团体或个人自发开展的具有政治性、学术
性、知识性、健身性、公益性等内容的校园文化活动。"第二课堂是建
立在有形教育与无形教育之间的、在时间与空间上更加开阔的、可以承
载更为丰富多彩的教育形式和内容的教育阵地和渠道。"② 第二课堂与
第一课堂承载任务不同，第一课堂要解决的是人才培养的共性问题，第
二课堂要解决的是人才发展的个性问题，第二课堂更符合大学生的接受
心理，激发大学生更好地展示个性与才华。将社会主义核心价值观贯穿

---

① 叶澜：《新基础教育"论——关于当代中国学校变革的探究与认识》，教育科学出版
社 2006 年版，第 248 页。
② 徐园媛、王熠珏：《发挥第二课堂优势 推进大学生社会主义核心价值观教育》，《今
日科苑》2010 年第 2 期。

到第二课堂之中，一方面是向大学生传授理论知识，告诉大学生校园文化生活"是什么"和"为什么"，通过校园文化活动教会大学生"如何做"，达到自我教育、自我管理、自我提升的境界。另一方面推进校园文化的蓬勃发展，通过举办运动会、健美操街舞大赛、篮球赛、羽毛球赛、乒乓球赛等形式多样的体育健身活动，陶冶学生情操，激发学生创新意识和创造能力；通过组织文艺晚会、文化快车、风采大赛、辩论赛、演讲比赛、主持人大赛、K 歌大赛等融思想性、知识性、艺术性、趣味性于一体的文艺学术活动，努力营造健康、活泼、积极、诚信的校园文化氛围，使校园文化活动映射出创造性、体现出时代性。

（三）将社会主义核心价值观贯穿到校外实践之中

一个人价值观的最终形成不是单纯的靠知识传授、自我理解消化形成的，它是一个较长时间激烈的思想冲突和反复的实践、比较、检验的过程，靠一个人自己的成长和实践体验来验证、巩固和确立。大学生的社会主义核心价值观培育亦是如此，校外社会实践活动就是大学生在学业过程中了解社会、了解国情和民情、增长才干、奉献社会、锻炼毅力、培育品格，增强社会责任感的一个新型课堂，是学习性实践、成长性实践和社会化实践的有机结合。教育部高等教育司《关于加强大学生文化素质教育的若干意见》曾明确指出："要重视大学生的社会实践活动，要有计划地组织学生参观校内外的人文景点、历史博物馆、自然科学博物馆，参加社会调查、访谈等活动，参与社会服务工作，使学生在实践中提高自身的行为修养。"① 如：信阳师范学院每年以党委名义印发关于开展暑期大学生社会实践活动意见，积极组织开展文化、科技、卫生"三下乡"和科技、文体、法律、卫生"四进社区"志愿服务以及专业见习、社会调查、生产劳动、公益活动、勤工助学等社会实践活动，连续 11 年获全国、连续 16 年获河南省大中专学生暑期社会实践活动先进单位称号。将社会主义核心价值观贯穿到大学生校外社会实践之中，就是紧密结合大学生思想实际，积极开展以社会主义核心价值观为统领的社会实践活动，促进青年学生深刻了解基本国情和感受改革

---

① 教育部高等教育司关于加强大学生文化素质教育的若干意见（教高司［1998］2号），http：//www.110.com/fagui/law_ 118646.html.

开放为城乡社会带来的巨大变化，激发学生们的民族自信心和自豪感，坚定对党的领导和社会主义事业的信念；使广大青年学生深切感知科学技术在经济建设中的巨大作用，增强对社会的责任感和使命感，激发起勤奋学习、立志成才的热情；增进青年学生与坚守岗位的一线劳动者们，如工人、农民、交警等之间的感情，感受他们举手投足间向社会传递的正能量，培育他们勤俭节约、热爱劳动、脚踏实地的作风，鼓舞他们更加满怀信心地投入到建设中国特色社会主义事业中去。

四 在校园媒介文化中深刻诠释社会主义核心价值观

（一）将社会主义核心价值观贯穿到网络媒介之中

近年来，网络技术发展极其迅速，以其功能多样性、内容广泛性、速度快捷性、环境开放性和使用普及性的特点，全面介入当代大学生的学习和生活，开阔了视野思路，激发了求知欲望，调动了获取信息的积极性和自主性。同时，网络的信息的多元化、多样化所带来的负面信息也深刻影响着大学生的思想观念、行为规范和价值取向，为高校思想政治教育工作带来了挑战。据统计，我国网民规模已达 6.18 亿，其中，35 岁以下的青年占 2/3 以上，80% 的青年平均每天有一个小时以上在利用网络，如果高校思想政治教育工作不能进军网络，在网络斗争中占领主动权、主导权，我们和青年学生的距离就会越来越大，将最终走向失去青年学生的危险。因此，将社会主义核心价值观贯穿到网络媒介之中就显得极端重要。将社会主义核心价值观融入网络媒介，一是教育大学生认真学习网络法律法规，增强法律意识，做到知法、守法，自觉维护网络的安全有序，不在网上传播宣扬淫秽、赌博、暴力、邪教、迷信，煽动民族仇恨、民族歧视、破坏民族团结，危害国家统一、主权和领土完整等方面的信息，不损害国家利益、公共利益和他人利益；二是为了培养大学生网络媒介素养，增强敏感性和敏锐性，针对网络热点、难点问题经常性的思考和总结，学会选择、辨别良莠信息；三是为了建立体现时代特点、符合学生需求、吸引青年关注的网站阵地，发挥网络的传播迅速、信息量丰富的优势，拓宽与青年学生的沟通渠道，与青年学生开展平等的在线交流、互动、谈心和讨论他们关心的现实问题，传播主流信息，传递青年心声，弘扬健康向上的网络文化，使之成为理性、开放、互动、管用的思想政治教育工作新空间。如：平顶山学院结合学生关心的热点，通过网络为学生提供各种服务，在网上发布学生活动、就业、勤工助学等与学生学习、生活息息相关的信息；在网上为学生提供心理咨询、就业指导；为学生免费提供一些网络资源，充分体现满足学生需求、贴近学生生活、坚持为学生服务的宗旨。

（二）将社会主义核心价值观贯穿到语音媒介之中

语音媒介包括校园广播、电视荧屏、辩论比赛、主题演讲、学术报告、文艺晚会等内容，是校园媒介文化的重要组成部分。校园语音媒介和社会语音媒介的最终传播目的不同，社会语音媒介主要以产业化的经营方式提高吸引关注度和社会影响度、提高盈利最大化为终极目标，校园语音媒介主要以传播教育信息、传递文化精神实现凝聚师生思想、培育道德品质、促进成长成才为终极目标，校园语音媒介信息传播迅速、直观、高效，具有良好的视觉冲击力，时效性强，受众多且固定，在宣传、育人、服务等方面发挥着积极作用。如：河北大学广播台利用音频优势，以声音传播为主，在体育娱乐、文化构建等浅层次动态新闻上做文章，争取用较短时间、生动形象的画面传播信息。将社会主义核心价值观贯穿到语音媒介之中，就是促进学校积极开展以社会主义核心价值观为主题的系列宣传活动，如开设一栏校园广播专题、播放一场专题教育片、组织一场主题演讲比赛、开展一次知识竞赛、举办一场主题辩论赛、邀请有关教授上辅导课，等等，直观广泛的传播社会主义核心价值观，坚持把"我的中国梦"主题教育实践活动、培育和践行社会主义核心价值观融入思想教育宣传的全过程，使当代大学生读懂、了解、熟知社会主义核心价值观，使社会主义核心价值观快捷有效地走进学生内心，增强大学生对社会主义的道路自信、理论自信、制度自信，鼓舞大学生以强烈的责任感和使命感忠实拥护改革，坚定支持改革，积极参与改革，真正在经济建设的主战场、社会建设的新领域、改革开放的最前沿建功立业、贡献力量。

（三）将社会主义核心价值观贯穿到实物媒介之中

实物媒介包括报纸、杂志、条幅、板报、橱窗、简报等内容，是校园文化传播中最传统的、也是重要的舆论和宣传工具，更加符合"贴近学生、贴近实际、贴近生活"的要求。虽然随着时代的发展，校园实物媒介因缺乏互动、形式单一等原因一度受到新媒体的冲击。但是，无论从历史的角度还是从现实的需要来看，校园生活里的师生每天至少要接触到实物媒介中的一种，要么是杂志、简报、报刊，要么是条幅、橱窗、展板。可见，这些实物媒介在广大师生的生活、学习、工作中已经必不可少。当前，随着校园文化活动的商业化运作模式，大学校园里充斥的不再是浓厚的学术氛围，而是以赞助学生活动为主要招牌，以校园展板、横幅为主要载体，以校园展销场地为重要游击点的商业广告。商业广告五花八门、丰富多彩，有商业性的企业文化宣传、产品宣传、赞助宣传、展销宣传和优惠酬宾宣传等；有服务性的家教、考证、培训、求租、招聘、转让和车讯信息等；有违法性的办假证、寻枪手、卖答案等，严重影响到大学校园文化的健康发展。将社会主义核心价值观贯穿到实物媒介之中，一方面是为了以社会主义核心价值观引领传统实物宣传媒介，开展"出一期宣传专栏、印发一批宣传学习材料、进行一次挂图巡展、举行一次征文活动、撰写一篇学习心得"等各种行之有效的宣传活动，抓好社会主义核心价值观的宣传工作，提高宣传的覆盖率和影响力。另一方面是为了弘扬社会主义核心价值观，加强对校园实物媒介的更新和管理，防止现代商业社会各种腐朽观念的侵蚀，提高大学生的政治免疫能力，培育学生正确的价值取向、价值判断和价值追求。

五　在校园制度文化中保障落实社会主义核心价值观

（一）将社会主义核心价值观贯穿到制度建设之中

俗话说："没有规矩，不成方圆"。校园制度就是一种规矩，是具有学校独特风格的管理文化，标志着校园管理水平的高低，体现着育人理念的深刻内涵，折射出深厚的大学精神底蕴。建立健全具有科学性、可操作性和相对稳定性的管理制度是学校制度文化的核心要求，其目标就是要塑造学生健全人格，培养社会主义的建设者和接班人。将社会主义核心价值观贯穿到校园制度建设之中，就是为了在正确的价值导向中建设具有科学性、实用性、长效性和可操作性的校园规章制度，让制度成为一种可见、可感、可遵循的价值观念，体现学校的办学理念和办学价值导向的高度一致，成为一种客观且实际的环境力量，保障学校各项

工作和活动的开展与落实，并促进其向更加健康有序、积极向上的方向
发展。将社会主义核心价值观贯穿到校园制度建设之中，也是为了更好
地发挥主流价值观念的心理强化作用，使社会主义核心价值观成为师生
员工日常的基本规范，成为师生员工生活交往的基本尺度，使大家清晰
地认识到犯错要受到惩罚、后进会给予鞭策、先进将得到奖励，激励大
家自觉以社会主义核心价值观规范行为，真正使社会主义核心价值观在
培育师生员工合理生活方式、健康交往方式的过程中发挥标准性力量，
成为师生员工共同的行为准则和评价标准。

（二）将社会主义核心价值观贯穿到制度落实之中

大学校园制度建设的效用，不仅在于制度的制定，更在于制度的落
实，落实制度才是繁荣校园文化的最终保障。马克思在《哥达纲领批
判》中有一句脍炙人口的名言："一步实际运动比一打纲领更重要。"[1]
说明制度的生命力在于执行，有了制度不执行或者执行不力，制度就会
成为一种摆设。高等教育肩负着极其重要的人才培养任务，如果我们缺
少责任意识，忽视规章制度落实，学校的建设发展规划只能是形同虚
设，人才培养方案只能成为一纸空文，校园规范操守只能是徒有虚名。
将社会主义核心价值观贯穿到校园制度落实之中，就是促进大家形成正
确的价值共识，加深对制度重要性的认识，加强对制度深入、系统、持
久、反复的学习，融会贯通地理解制度内涵，扎实有效地将制度落实到
实际的学习生活和工作中去，提高制度执行力，释放出制度的效力和威
力。将社会主义核心价值观贯穿到校园制度落实之中，还是为了通过形
式多样、行之有效的宣传教育，使广大师生员工领会制度精神，培养对
制度的认同感，树立严格按照制度办事的观念，让自觉遵守制度成为一
种意识、一种习惯，消除教师中存在的"工作浮躁、纪律散漫、精神
不振"等问题，消除学生中存在的"学习迷茫、生活糜烂、违规频繁"
等问题，提高制度的约束力和实效性，形成良好的校园制度文化氛围。

（三）将社会主义核心价值观贯穿到制度监督之中

制度的建立和落实仅仅靠学习和宣传是远远不够的，关键是要建成
一个强有力、全员性、全方位的监督机制。列宁曾经说过："究竟用什

---

[1] 《马克思恩格斯选集》（第3卷），人民出版社2012年版，第355页。

么保证法令的执行呢？第一，对法令执行加以监督。第二，对不执行法令加以惩罚。"① 因此，好的制度要真正用起来，而用没用的关键，就在于监督到不到位。将社会主义核心价值观贯穿到校园制度监督之中，就是要建立公开透明的制度运行机制，让人人都成为校园规章制度的监督员，确保制度在不落实时能及时发现，在落实不到位时能及时督促，在落实有偏差时能及时纠正，避免执行走偏、南辕北辙和有令不行、熟视无睹的想象，要让制度实效体现在校园生活的方方面面，不能将制度仅仅贴在墙上，使制度成为墙上的"装饰品"；不能将制度仅仅印在纸上，使制度成为留案存档的"印刷品"；不能将制度仅仅挂在嘴上，使制度成为规避责任的"挡箭牌"，而是要建立规范有序的管理机制，让制度成为维系学校正常秩序必不可少的保障措施。将社会主义核心价值观贯穿到校园制度监督之中，还是为了保障师生拥有事关学校发展决策制订的参与权和对重大事件的质询权，强化师生的主体监督意识，形成坚持有纪必依、执纪必严、违纪必究的共识，坚决遏制损害学校形象、危害学校稳定、影响学校发展的不良行为，树立在制度面前人人平等、在制度面前没有特权、制度约束没有例外的意识，确保不因任何人而改变制度、不以任何理由排斥制度、不让任何人逃避制度，维护制度权威性和严肃性。

社会主义核心价值观是马克思主义价值观与中国传统价值观的融合统一，凸显出社会主义意识形态的本质，是促进国家繁荣富强、维护社会和谐稳定、凝聚公民崇德向善的正能量。培育和践行社会主义核心价值观不是迎合时事、推推动动的短效行为，而是一项坚持不懈、持久推进的、关系中华民族千秋万代的基业工程、灵魂工程，需要社会各阶层各群体同心同德、持之以恒的努力。高校作为培育和践行社会主义核心价值观的主要阵地，将社会主义核心价值观贯穿于校园文化建设的全过程，其目的是强化校园文化阵地，优化校园育人环境，培养师生对国家、社会的责任感和使命感，激发对崇高生活目标与人生理想的追求，以便更好地为构建社会主义和谐社会、建设社会主义先进文化、实现中华民族伟大复兴的"中国梦"而贡献力量。

---

① 《列宁全集》（第 2 卷），人民出版社 1984 年版，第 358 页。

第 三 章

社会主义核心价值观贯穿于大学生
职业生涯规划教育的实践探索
——以郑州大学为例

中共中央办公厅于 2013 年 12 月印发的《关于培育和践行社会主义核心价值观的意见》指出，把培育和践行社会主义核心价值观融入国民教育全过程。对于在校大学生来说，应把培育和践行社会主义核心价值观贯穿于大学生的学习、生活各方面。探寻将社会主义核心价值观贯穿于大学生职业生涯教育相关问题，是社会主义核心价值观与大学生思想政治教育研究的重要组成部分。

第一节 实现大学生职业价值观与社会
主义核心价值观的统一

实现大学生职业价值观与社会主义核心价值观的统一，是将社会主义核心价值观贯穿于大学生职业生涯规划教育的目标。

一 大学生职业生涯规划

大学生职业生涯规划，即大学生在大学期间结合个人自身情况和环境状况实现一生的职业理想而确定的行动方向、时间和方案，以及采取一系列的行动计划并加以实施的过程①。大学生职业生涯规划的目的是

---

① 程宏伟、周斌：《大学生职业素养开发与职业生涯规划》，西南财经大学出版社 2008
年版，第 53 页。

提高综合素质和就业竞争力，为未来的就业奠定良好的基础。职业生涯规划不是简单地帮助学生获得一份工作，而是帮助学生更好地发现自我，挖掘潜能，开发自我，实现自我；它帮助学生客观分析内在素质和外在环境的优劣，帮助学生科学规划人生，从而激发学习的主动性和目的性，使人生有目标、有方向。

二　职业价值观

职业价值观指人生目标和人生态度在职业选择方面的具体表现，是一个人对职业的认识和态度以及他对职业目标的追求和向往。职业价值观是一个人面临职业选择的时候，任何情况下都不会放弃的至关重要的因素。俗话说，人各有志，在一个人选择自己的职业的时候，这个"志向"就是职业价值观。

社会上的各种职业都有一定的价值，不同的职业体现着不同的价值内容。不同的时期、不同社会环境，对职业的社会评价会有所不同。目前，主要有这样几种典型的职业价值观：（1）"学而优则仕"曾一度成为人们的职业目标，许多人的生涯梦想是入仕途为官；而在经济、财富备受关注的时代，"龙下海，虎上山，孺子牛进机关"也曾风靡一时，许多年轻人的生涯梦想是"发财致富做老板"，当商场竞争激烈，风险重重，知识经济到来时，许多人又回归到相对稳定的铁饭碗—"教师和公务员"等行列。（2）改革开放以来，人们的职业价值观最重要的变化表现在：开始从重理想向重现实的方向发展；从重义务向重利益的方向演变；从重集体向重个体的方向转化。价值观在传统取向与现代取向之间寻求平衡，仍然是一个根本性特征。在许多表层观念比较容易变化或进行更新的同时，一些深层次的核心观念仍然保留着社会主导的文化色彩。（3）当前，人们更强调职业能否为实现自己的价值提供机会。近年来的一些调查表明，当今青年择业首先考虑的因素是职业能否为自己提供良好的发展前景，能否为发掘自身潜能、实现自我价值提供机会。由此可见，人们不再将职业仅仅当做谋生手段，自我实现这种高层次的需要正逐渐凸显出来，成为支配人们从业行动的首要原因。（4）随着"铁饭碗"意识的淡化，职业风险意识正在提高。在影响选择大学生职业的因素方面，过去曾受到极度重视的"职业的稳定性"这一因素，已经不再是很多人的首选，且已经被排在了"发展前景和机会"、"职业所能带来的高收入"这两个因素之后。由此可见，现代社会所需要的职业风险意识正在青年大学生中间形成并得到强化。

三　实现职业价值观与社会主义核心价值观的统一

不同时期，人们的职业价值观也有所不同，且不同时期人们的职业价值观与同时期社会的核心价值观是一致的。当前，将社会主义核心价值观贯穿于大学生的职业生涯规划教育，就是要实现大学生职业价值观与社会主义核心价值观的统一。

党的十八大提出，倡导富强、民主、文明、和谐，倡导自由、平等、公正、法治，倡导爱国、敬业、诚信、友善，积极培育和践行社会主义核心价值观。富强、民主、文明、和谐是国家层面的价值目标，自由、平等、公正、法治是社会层面的价值取向，爱国、敬业、诚信、友善是公民个人层面的价值准则。培育和践行社会主义核心价值观，是推进中国特色社会主义伟大事业、实现中华民族伟大复兴中国梦的战略任务。

将社会主义核心价值观贯穿于大学生职业生涯教育，就是要将社会主义核心价值观融入大学生职业价值观，实现大学生职业价值观与社会主义核心价值观的统一，使"富强、民主、文明、和谐"的价值目标、"自由、平等、公正、法治"的价值取向、"爱国、敬业、诚信、友善"的价值准则成为大学生的职业价值观的组成部分，并在事件中加以应用与结合，使大学生以"三个倡导"为指引来设计自己的职业生涯。使"富强、民主、文明、和谐"不仅是国家层面的价值目标，也成为大学生所在集体（或团队）的价值目标；使"自由、平等、公正、法治"不仅是社会的价值取向，也成为大学生所在集体（或团队）的价值取向；使"爱国、敬业、诚信、友善"真正成为每个大学生职业生涯中的价值准则。

正确的世界观、人生观和价值观是良好的职业素养形成的基础。乐观积极的人生态度会使不好变成美好，使不可能变成可能。反之，悲观而情绪低落的人总会和幸福擦肩而过。正确的世界观、人生观和价值观是培育和形成良好的职业道德、职业思想和职业习惯的土壤，会成为照亮人生的明灯①。树立正确的职业价值观，将社会主义核心价值观贯穿于大学生职业生涯规划教育，实现大学生职业价值观与社会主义核心价值观的统一，是成功进行大学生职业生涯规划的基础。

第二节　关于大学生职业价值观倾向的调查研究

将社会主义核心价值观贯穿于大学生职业生涯规划教育，实现大学生职业价值观与社会主义核心价值观的有机结合和统一，探索有效的教育方法和实践途径，首先要对当前大学生的职业价值观状况有一个全面的了解。

大学生职业价值观是在校大学生在学习和社会实践过程中形成的对于职业选择、职业评价、职业价值取向的总体看法，反映了其对职业的信念和态度，是职业决策考虑因素的重要组成部分，对就业起到了指导性的方向标作用。为了全面了解大学生的职业价值观倾向，我们进行了大学生职业价值观倾向的调查研究。

一　调研基本情况

本次调查在综合性大学郑州大学进行，调查采用走访调研的形式，调研队员深入自习室、宿舍楼进行走访，发放回收纸质调研问卷。调查共发放问卷450份，回收433份，问卷有效率为96.2%。为了保证调查结果的广谱代表性，被调查对象覆盖到了郑州大学文、理、工、医四大门类的十余个专业的不同年级的学生。从被调查学生的年级分布来看，大一的学生122人，占比28.17%，大二的学生114人，占比26.33%，大三的学生106人，占比24.48%，大四的学生91人，占比21.02%（见表1）；从被调查学生的专业构成来看，文科学生55人，占比12.70%，理科学生98人，占比22.62%，工科学生144人，占比33.26%，医科学生136人，占比31.40%（见表2）。

---

① 刁国庆、李辉：《大学生成长与职业生涯规划教育》，北京师范大学出版社2013年版，第196页。

表1　　　　　　　　　　　　　被调查对象的年级分布

年级	大一	大二	大三	大四
人数（人）	122	114	106	91
占比（%）	28.17	26.33	24.48	21.02

表2　　　　　　　　　　　　　被调查对象的学科分布

学科	文	理	工	医
人数（人）	55	98	144	136
占比（%）	12.70	22.62	33.26	31.40

二　关于问卷的统计说明

此次问卷共设有52道选择题，分别代表13项职业价值观。每个题目都有A、B、C、D、E五个备选答案。被调研学生根据自己的实际情况或想法，在题目后面选出相应字母，每题只能选择一个答案。每选择一个A得5分、B得4分、C得3分、D得2分、E得1分。（问卷附后）

13项职业价值观均由4道选题的所得分数组成，调研结束后，可以计算出每一项职业价值观的得分总数，然后依次列出得分最高和最低的三项。从得分较高和较低的前三项中，可以大致看出当前大学生的职业价值倾向。

我们的调研数据分为两个部分，第一部分是总数据，即对433名大学生的每一题选项分数进行汇总，得出整个被调研大学生群体的职业价值观倾向。第二部分是分学科数据，我们将调研数据按照学科划分进行分类整理和研究分析，得出不同学科的大学生在职业价值观倾向方面所表现出的不同特点。

三　调研结果与分析

（一）大学生的职业价值观倾向

大学生职业价值观倾向调查问卷统计			
得分	题号	价值观	说明
6300	2，30，36，46	利他主义	工作的目的和价值在于直接为大众的幸福和利益尽一份力
6051	7，20，41，52	美感	工作的目的和价值在于能不断地追求美的东西，得到美的享受
6207	1，23，38，45	智力刺激	工作的目的和价值在于不断进行智力操作，动脑思考、学习以及探索新事物、解决新问题
6630	13，17，44，47	成就感	工作的目的和价值在于不断创新，不断取得成就，不断得到领导与同事的赞扬，不断实现自己想做的事
6428	5，15，21，40	独立性	工作的目的和价值在于能充分发挥自己的独立性和主动性，按自己的方式、步调或想法去做，不受他人的干扰
6166	6，28，32，49	社会地位	工作的目的和价值在于所从事的工作在人们的心目中有较高的社会地位，从而使自己得到了人们的重视与尊敬
6098	14，24，37，48	管理	工作的目的和价值在于获得对他人或某事物的管理支配权，能指挥和调遣一定范围内的人或事物
6198	3，22，39，50	经济报酬	工作的目的和价值在于获得优厚的报酬，使自己有足够的财力去获得自己想要的东西，使生活过得较为富足
6120	11，18，26，34	社会交际	工作的目的和价值在于能和各种人交往，建立比较广泛的社会联系和关系，甚至能和知名人物结识
6392	9，16，19，42	安全感	不管自己能力怎样，希望在工作中有一个安稳的局面，不会因为薪酬变化、工作变动或领导训斥等经常提心吊胆、心烦意乱
6238	12，25，35，51	舒适	希望能将工作作为一种消遣、休息或享受的形式，追求比较舒适、轻松、自由、优越的工作条件和环境
6876	8，27，33，43，	人际关系	希望一起工作的大多数同事和领导人品较好，相处在一起感到愉快、自然，认为这就是很有价值的事，是一种极大的满足
6195	4，10，29，31	变异性	希望工作的内容经常变换，使工作和生活显得丰富多彩，不单调枯燥

得分较高的前三项：1.　<u>人际关系</u>　；2.　<u>成就感</u>　；3.　<u>独立性</u>　。

得分较低的前三项：1.　<u>美感</u>　；2.　<u>管理</u>　；3.　<u>社会交际</u>　。

由数据统计表可知，"人际关系""成就感""独立性"等是大学生的首选，而"美感""管理""社会交际"等在职业价值观中重要等级最低。这反映了大学生比较重视人际关系、个人成就、以及对他人和社会的贡献，而对美的享受、管理权、社会地位等相对不太看重。另外，大学生职业价值观对"变异性"的不敏感值得关注。通过对调研结果的分析，可以得出当代大学生职业价值观倾向的几个特点：

1. 良好的人际关系是基石

大学生认为良好人际关系在职业生涯中起了至关重要的作用，他们将工作单位的人际关系看得尤其重要，渴望能够再一个和谐、友好甚至被关爱的环境中工作，认为一个良好的人际关系对自己的职业生涯有着很大的助力，良好的人际关系能给他们助力，补充个人无法完成的部分，完备成功的其他条件，也更能发挥自己的才能，是事业发展的基石。同时也反映了中国是一个人情社会，人际关系也是在社会立足的一个很重要的因素。重视人际关系，这与社会主义核心价值观所倡导的"敬业""诚信""友善"等方面也是一致的。

2. 强调自我价值，重视自我成就

由调查结果可以看出，大学生的职业价值观中，对成就感和独立性的关注较高。20世纪90年代以前，在计划经济体制下，大学生的价值观念受到以社会、集体为本的价值观念的规范和影响，呈现出服从集体和国家需要的特征。这种以社会为本位的价值观强调集体、国家利益至上，具有明显的时代特点和一定的局限性，90年代以后，随着市场经济的发展，个人的独立自主地位逐渐得以确立，大学毕业生在择业时敢于积极追求个人价值、尊严和利益，自我意识、成就欲望、自我责任明显增强，这无疑是社会发展与时代进步的表现。然而市场经济犹如一把双刃剑，它在造就大学生独立自主择业意识的同时，也使相当一部分大学生择业的社会责任感相对减弱，表现在过于关注个人利益。"成就感"在职业价值观中的重要性仅次于人际关系，这一现象表明，大学生有着非常强烈的成就感，期望未来的工作符合自己的需求，在工作中能够施展自己的才华，实现自己的人生理想，职业生涯比较完整。强调自我价值，重视自我成就，努力实现自己的"梦想"，用每个人的梦铸就起民族的梦，国家的梦，这与社会主义核心价值观所倡导的"富强""民主""文明""和谐""爱国"等是一致的。

3. 工作变异性表现较差

大学生一方面乐于接触新鲜事物，但另一方面大学生对工作并不乐于工作内容、工作地点、工作场所或工作方式以及工种的变化，从总体上看，大学生的工作变异性表现较差，这与目前的就业形势是不相匹配的。市场经济鼓励竞争和创新，要求人们终身不断地学习新的知识和技能，适应新的变化和发展，"一步到位""以不变应万变"等观念已不适应社会需要，也不利于个人发展。大学生们应该学会"经营自我"，这是新形势下的新要求。从工作变异性表现较差与当前社会发展节奏不相符这一特点看，当前大学生职业价值观与社会的核心价值观存在一定的偏差，青年大学生的职业价值观未能与社会主义核心价值观达到有机统一。因此，将社会主义核心价值观融入大学生职业生涯教育工作是重要且必要的。

（二）各学科大学生职业价值观倾向

1. 文科

表 3-1　　　　　大学生职业价值观倾向调查问卷统计（文科）

得分	题号	价值观	说明
807	2，30，36，46	利他主义	工作的目的和价值在于直接为大众的幸福和利益尽一份力
695	7，20，41，52	美感	工作的目的和价值在于能不断地追求美的东西，得到美的享受
706	1，23，38，45	智力刺激	工作的目的和价值在于不断进行智力操作，动脑思考、学习以及探索新事物、解决新问题
917	13，17，44，47	成就感	工作的目的和价值在于不断创新，不断取得成就，不断得到领导与同事的赞扬，不断实现自己想做的事
799	5，15，21，40	独立性	工作的目的和价值在于能充分发挥自己的独立性和主动性，按自己的方式、步调或想法去做，不受他人的干扰
748	6，28，32，49	社会地位	工作的目的和价值在于所从事的工作在人们的心目中有较高的社会地位，从而使自己得到了人们的重视与尊敬

续表

得分	题号	价值观	说明
722	14，24，37，48	管理	工作的目的和价值在于获得对他人或某事物的管理支配权，能指挥和调遣一定范围内的人或事物
775	3，22，39，50	经济报酬	工作的目的和价值在于获得优厚的报酬，使自己有足够的财力去获得自己想要的东西，使生活过得较为富足
754	11，18，26，34	社会交际	工作的目的和价值在于能和各种人交往，建立比较广泛的社会联系和关系，甚至能和知名人物结识
774	9，16，19，42	安全感	不管自己能力怎样，希望在工作中有一个安稳的局面，不会因为薪酬变化、工作变动或领导训斥等经常提心吊胆、心烦意乱
739	12，25，35，51	舒适	希望能将工作作为一种消遣、休息或享受的形式，追求比较舒适、轻松、自由、优越的工作条件和环境
994	8，27，33，43，	人际关系	希望一起工作的大多数同事和领导人品较好，相处在一起感到愉快、自然，认为这就是很有价值的事，是一种极大的满足
841	4，10，29，31	变异性	希望工作的内容经常变换，使工作和生活显得丰富多彩，不单调枯燥

由表 3-1 数据统计可知，"人际关系""成就感""变异性"是文科大学生的首选，而"美感""智力刺激""管理"等在学生的职业价值观中重要等级最低，这反映了文科的大学生比较重视人际关系、个人成就，以及工作的新颖及变动，而对物质生活、社会地位相对不重视，这表明大学生最重视的是自我发展、人际关系以及是否面临新事物，而不太看重物质生活、社会地位和威望。

通过对此次调研结果的分析，我们发现，当代文科大学生的职业价值观有如下两个比较典型的特点：

第一，在职业价值观中重视人际关系及自我成就。与整体的调研结果一致，"人际关系"及"成就感"均是得分最高的价值观选项。说明学生对自我价值的关注度较高，但学生在职业价值观中过于注重个人的感受，也从另外一个方面反映出学生的理想信念模糊。社会责任感较为淡薄等价值缺失的问题。

第二，在职业选择中追求稳定、舒适。对文科学生来说，他们并不重视工作中对某事物或人的管理支配权，他们没有强烈的权力欲望，并不希望通过指挥和调遣一定范围内生人或事物来满足自己的权力欲望。文科生也并不十分在意在职业中追求美的东西以及能够不断地探索新事物、解决新问题，这表明文科生的职业价值观教育应更侧重于理想信念教育，结合大学生践行社会主义核心价值观"勤学、修德、明辨、笃实"的要求，提升他们的勤奋探索意识。

2. 理科

表3-2　　　　　大学生职业价值观倾向调查问卷统计（理科）

得分	题号	价值观	说明
1401	2，30，36，46	利他主义	工作的目的和价值在于直接为大众的幸福和利益尽一份力
1413	7，20，41，52	美感	工作的目的和价值在于能不断地追求美的东西，得到美的享受
1474	1，23，38，45	智力刺激	工作的目的和价值在于不断进行智力操作，动脑思考、学习以及探索新事物、解决新问题
1458	13，17，44，47	成就感	工作的目的和价值在于不断创新，不断取得成就，不断得到领导与同事的赞扬，不断实现自己想做的事
1469	5，15，21，40	独立性	工作的目的和价值在于能充分发挥自己的独立性和主动性，按自己的方式、步调或想法去做，不受他人的干扰
1392	6，28，32，49	社会地位	工作的目的和价值在于所从事的工作在人们的心目中有较高的社会地位，从而使自己得到了人们的重视与尊敬
1391	14，24，37，48	管理	工作的目的和价值在于获得对他人或某事物的管理支配权，能指挥和调遣一定范围内的人或事物
1378	3，22，39，50	经济报酬	工作的目的和价值在于获得优厚的报酬，使自己有足够的财力去获得自己想要的东西，使生活过得较为富足
1360	11，18，26，34	社会交际	工作的目的和价值在于能和各种人交往，建立比较广泛的社会联系和关系，甚至能和知名人物结识
1426	9，16，19，42	安全感	不管自己能力怎样，希望在工作中有一个安稳的局面，不会因为薪酬变化、工作变动或领导训斥等经常提心吊胆、心烦意乱
1437	12，25，35，51	舒适	希望能将工作作为一种消遣、休息或享受的形式，追求比较舒适、轻松、自由、优越的工作条件和环境

续表

得分	题号	价值观	说明
1516	8，27，33，43，	人际关系	希望一起工作的大多数同事和领导人品较好，相处在一起感到愉快、自然，认为这就是很有价值的事，是一种极大的满足
1340	4，10，29，31	变异性	希望工作的内容经常变换，使工作和生活显得丰富多彩，不单调枯燥

由表3-2数据统计可知，"人际关系""智力刺激""独立性"是理科大学生的首选，而对"变异性""社会交际""经济报酬"的重视度较小。通过对上述调研结果的分析，理科大学生的职业价值观有如下几个比较典型的特点：

第一，趋向人本。理科大学生职业价值观的焦点是指向自我，个人至上倾向越来越明显。以人为本的目标是发挥人的潜能，实现全面发展，这一过程中人与人、人与社会的交互作用非常重要，而理科的学生同时重视人际关系，这有利于实现大学生个体自我价值与社会主流价值的统一。

第二，注重独立性与智力刺激。理科学生多属独立型的认知风格，倾向于自身或内部为参照，渴求更强烈的智力刺激，内心体验更深刻。因此，理科学生们的工作的目的和价值也并不全在于获得优厚的报酬，使生活过得较为富足，而是在独立性、智力刺激方面有较高的期待。

针对理科学生对"独立性"注重的特点，应在将社会主义核心价值观贯穿于大学生职业生涯教育的过程中，通过教育促使学生自觉将个人的职业理想与社会的共同理想结合起来，在引导其规划职业发展的同时，推动对社会主义核心价值观的理论认同和实践认同。

3. 工科

表3-3　　　　大学生职业价值观倾向调查问卷统计（工科）

得分	题号	价值观	说明
2075	2，30，36，46	利他主义	工作的目的和价值在于直接为大众的幸福和利益尽一份力

社会主义核心价值观贯穿于大学生职业生涯规划教育的实践探索

续表

得分	题号	价值观	说明
1914	7, 20, 41, 52	美感	工作的目的和价值在于能不断地追求美的东西, 得到美的享受
1962	1, 23, 38, 45	智力刺激	工作的目的和价值在于不断进行智力操作, 动脑思考、学习以及探索新事物、解决新问题
2181	13, 17, 44, 47	成就感	工作的目的和价值在于不断创新, 不断取得成就, 不断得到领导与同事的赞扬, 不断实现自己想做的事
2075	5, 15, 21, 40	独立性	工作的目的和价值在于能充分发挥自己的独立性和主动性, 按自己的方式、步调或想法去做, 不受他人的干扰
2012	6, 28, 32, 49	社会地位	工作的目的和价值在于所从事的工作在人们的心目中有较高的社会地位, 从而使自己得到了人们的重视与尊敬
1978	14, 24, 37, 48	管理	工作的目的和价值在于获得对他人或某事物的管理支配权, 能指挥和调遣一定范围内的人或事物
2051	3, 22, 39, 50	经济报酬	工作的目的和价值在于获得优厚的报酬, 使自己有足够的财力去获得自己想要的东西, 使生活过得较为富足
2030	11, 18, 26, 34	社会交际	工作的目的和价值在于能和各种人交往, 建立比较广泛的社会联系和关系, 甚至能和知名人物结识
2050	9, 16, 19, 42	安全感	不管自己能力怎样, 希望在工作中有一个安稳的局面, 不会因为薪酬变化、工作变动或领导训斥等经常提心吊胆、心烦意乱
2015	12, 25, 35, 51	舒适	希望能将工作作为一种消遣、休息或享受的形式, 追求比较舒适、轻松、自由、优越的工作条件和环境
2234	8, 27, 33, 43,	人际关系	希望一起工作的大多数同事和领导人品较好, 相处在一起感到愉快、自然, 认为这就是很有价值的事, 是一种极大的满足
2058	4, 10, 29, 31	变异性	希望工作的内容经常变换, 使工作和生活显得丰富多彩, 不单调枯燥

由表3-3数据统计可知, "人际关系" "成就感" "独立性" "利他主义"是工科大学生的首选, 而"美感" "智力刺激" "管理"等在学生的职业价值观中重要等级最低, 这反映了工科的大学生比较重视人际关系, 以及工作的独立性和自我发展。通过对调研结果的分析, 当代工科大学生的职业价值观与理科学生呈现出的特点较为相似, 总结为以下两点:

第一，注重人际交往关系，重视自身成就以及独立。现代大学生更善于打破思维模式定势，改变思维方式，善于接待新事物新思想，这就需要打通人际交往层面。良好的人际交往关系环境能改变大学生群体以后进入社会时所面临的困境，获得工作中的满足感，也有利于实现大学生个体自我价值与社会主流价值的统一。

第二，注重自我成就以及独立。上级领导的表扬或者鼓励能使大学生更有成就感，工作起来也会更加投入，把自己有限的精力全部投入工作中去，独立性已经完全在生活以及其他时间中表现出来。针对工科大学生的独立思维以及独特的想法，应通过教育引导学生将个人的职业理想与社会的共同理想结合起来，在引导其规划职业发展的时减少对个人的关注，增强对社会主义核心价值观的理论认同和实践认同。

4. 医科

表3－4　　　　　　大学生职业价值观倾向调查问卷统计（医科）

得分	题号	价值观	说明
2017	2，30，36，46	利他主义	工作的目的和价值在于直接为大众的幸福和利益尽一份力
2029	7，20，41，52	美感	工作的目的和价值在于能不断地追求美的东西，得到美的享受
2065	1，23，38，45	智力刺激	工作的目的和价值在于不断进行智力操作，动脑思考、学习以及探索新事物、解决新问题
2074	13，17，44，47	成就感	工作的目的和价值在于不断创新，不断取得成就，不断得到领导与同事的赞扬，不断实现自己想做的事
2085	5，15，21，40	独立性	工作的目的和价值在于能充分发挥自己的独立性和主动性，按自己的方式、步调或想法去做，不受他人的干扰
2008	6，28，32，49	社会地位	工作的目的和价值在于所从事的工作在人们的心目中有较高的社会地位，从而使自己得到了人们的重视与尊敬
2007	14，24，37，48	管理	工作的目的和价值在于获得对他人或某事物的管理支配权，能指挥和调遣一定范围内的人或事物
1994	3，22，39，50	经济报酬	工作的目的和价值在于获得优厚的报酬，使自己有足够的财力去获得自己想要的东西，使生活过得较为富足
1976	11，18，26，34	社会交际	工作的目的和价值在于能和各种人交往，建立比较广泛的社会联系和关系，甚至能和知名人物结识

续表

得分	题号	价值观	说明
2042	9，16，19，42	安全感	不管自己能力怎样，希望在工作中有一个安稳的局面，不会因为薪酬变化、工作变动或领导训斥等经常提心吊胆、心烦意乱
2047	12，25，35，51	舒适	希望能将工作作为一种消遣、休息或享受的形式，追求比较舒适、轻松、自由、优越的工作条件和环境
2132	8，27，33，43，	人际关系	希望一起工作的大多数同事和领导人品较好，相处在一起感到愉快、自然，认为这就是很有价值的事，是一种极大的满足
1956	4，10，29，31	变异性	希望工作的内容经常变换，使工作和生活显得丰富多彩，不单调枯燥

由表 3-4 数据统计可知，"人际关系""独立性""智力刺激"是医科大学生的首选，而"变异性""社会交际""经济报酬"等在医科大学生的职业价值观中重要等级最低。据此可以得知，医科学生的职业价值观比较突出的特点是：

注重自身独立性。医科大学生在择业时更加重视工作的目的和价值能否充分发挥自己的独立性和主动性，按自己的方式、步调或想法去做，不受他人的干扰。医科大学生毕业生在择业时注重追求个人价值、尊严和利益，自我意识、成就欲望、自我责任明显较强。

在社会主义核心价值观贯穿于大学生职业生涯教育的过程中，教育帮助医科大学生根据自身条件及所处社会环境的客观情况，探索自我、规划自我、发展自我和成就自我，培育他们将自身的职业价值观与社会主义核心价值观结合起来，增强他们的团队意识和合作意识，增强他们对社会主流价值的认同。

表 3-5 　　　　　　　　　大学生职业价值观倾向汇总

	文科	理科	工科	医科
得分较高的前三项	1. 人际关系	1. 人际关系	1. 人际关系	1. 人际关系
	2. 成就感	2. 智力刺激	2. 成就感	2. 独立性
	3. 变异性	3. 独立性	3. 独立性、利他主义	3. 智力刺激

续表

	文科	理科	工科	医科
得分较低的前三项	1. 美感	1. 变异性	1. 美感	1. 变异性
	2. 智力刺激	2. 社会关系	2. 智力刺激	2. 社会关系
	3. 管理	3. 经济报酬	3. 管理	3. 经济报酬

从调研结果看，学科门类不同，大学生的职业价值观倾向也各有特点。对不同学科的学生进行价值观教育，实现大学生职业价值观与社会主义核心价值观相统一的目标，就要抓住其特点，使用有效的教育手段，实施可行的实践方法，使教育达到预期的效果。

第三节　社会主义核心价值观贯穿于大学生职业生涯规划教育的路径选择

实现大学生职业价值观与社会主义核心价值观相统一的目标，将社会主义核心价值观有效贯穿于大学生的职业生涯规划，需要一套行之有效的实施方法。职业价值观教育不同于一般的课堂授课，应探索能够帮助大学生将自己的职业价值观与社会主义核心价值观相统一的方法，将解决理想信念问题与解决实际能力问题相结合，以能力开发为切入点，探寻将社会主义核心价值观贯穿于大学生职业生涯规划的有效路径。

一　知识性开发——课堂讲授法

知识是指胜任本职工作所需要的基础知识、业务知识和理论。课堂讲授法适用于将社会主义核心价值观贯穿于大学生职业生涯教育知识性内容的教授，具体内容包括：（1）职业生涯规划相关理论，包括职业生涯规划的原则、步骤等；（2）社会主义核心价值观内涵外延；（3）职业价值观内涵外延；（4）将社会主义核心价值观贯穿于大学生职业生涯教育的必要性等。课堂讲授法通过教师的口头语言表述、讲解、讲演等形式系统地向学生传授知识的方法。课堂讲授法是古今中外教学活动中最常用的教学方法，是高校思想政治理论课教育教学最基本的教学方法，也可以作为将社会主义核心价值观贯穿于大学生职业生涯规划教育的主要方法之一。

将社会主义核心价值观贯穿于大学生职业生涯教育，通过课堂讲授法将社会主义核心价值观的内容、大学生职业生涯规划的相关理论、原则、步骤等内容有计划、有目的的在较短的时间内传授给学生，教师通过合乎逻辑的分析、论证和生动形象的描绘，有利于使学生更好地理解和接受社会主义核心价值观与职业价值观统的辩证关系。教师通过系统的讲授，使大学生较快地掌握基本知识要点。

课堂讲授法的主要优点有：能够在较短时间内，有计划、有目的地借助各种教学手段，传授给学生较多的知识，教学效率较高；成本低；通用性强，一堂课的内容常常是通用的，可以增减内容以适应教材和学习者的变化；能够寓思想教育于讲授之中，具有较强的感染力①。

二　能力性开发——引导法

在职业生涯教育中，需要培养大学生掌握一些特定的能力。实现社会主义核心价值观与大学生职业价值观相统一，大学生除了掌握扎实的理论知识，还要根据社会主义核心价值观和职业生涯规划的要求，培养相关的素质能力。引导法适用于将社会主义核心价值观贯穿于大学生职业生涯教育能力性内容的教授，具体内容包括：（1）动手能力，提高动手能力的关键在于多看、多练，掌握一些基本的操作程序和方法，提高动手操作能力和技巧；（2）适应能力，培养大学生适应社会的能力，使他们走向社会后可以在社会主义建设中充分地发挥自己的聪明才智；（3）表达能力，包括语言表达与书面表达能力；（4）应对困难与危机的能力，社会主义建设道路并非一帆风顺，这要求大学生要有一定的承受能力和忍耐力，做到临危不惧、遇难不退。

引导法包括启发式教学、参与式教学和实践教学三种具体的方法：

（一）启发式教学

在将社会主义核心价值观贯穿于大学职业生涯规划教育的教学中，教师应重视对学生的启发引导。启发式教学是教师根据教学要求

————————————

① 杨庆国、易志坚：《从大学生的认知过程看大学教学方法》，《重庆交通学院学报》2004 年第 6 期。

和学生的实际，灵活运用各种教学原则，充分调动学生的学习积极性，启发学生积极思维，提倡学生自己动脑、动口、动手去获取知识，引导学生分析问题和解答问题，使学生既能理解知识又能开发智力的一种教学方法。启发式教学法是调动学生学习主动性，激发其学习潜能，培养其独立思考和研究能力的教学方法。在将社会主义核心价值观贯穿于大学生职业生涯教育的启发式教学中，对一些较为抽象的理论，采取由浅入深、环环相扣、层层深入的讲授方式，以便学生理解和接受。运用这种教学方式，由具体事例引出抽象原理和普遍真理，使学生的思想认识由浅入深、逐步深入，使学生产生较大的启发作用和教育意义。常用的启发式教学方法有：直接启发、反面启发、观察启发、情境启发、判断启发、对比启发、扩散启发等。大学生职业生涯教育要提倡启发式。启发式教学法的对立面是注入式教学法。教师如果经常采用注入式教学，学生必然要采取死记硬背的方法，学生缺乏主动性、独立性、创造性，就很难培养出一批勇于思考，勇于探索，勇于创新的人才。教学中的具体方法是很多的，但不论采用什么方法，都必须坚持以启发式为总的指导思想①。

（二）参与式教学

在将社会主义核心价值观贯穿于大学职业生涯规划教育的过程中，可以使用的方法有分组讨论、主题讲演、案例分析、双向提问、观看录像带、创设情境、角色扮演、主题发言法、座谈、设问法、小组社会实践调查法、课堂诗词朗诵法等参与式创新教学模式。教师的"主导"地位与学生的"主体"地位相互配合，找好教学形式与教学内容的结合点，做好合理的设计，通过合理、活泼、多样化的教学活动的设计，不断激发大学生学习过程中的主动性和积极性，使大学生顺利将社会主义核心价值观与自己职业价值观相统一的内在动机，提升学生的素质和能力。

（三）实践教学

在将社会主义核心价值观贯穿于大学职业生涯规划教育的教学中，要系统开展社会实践活动。社会实践活动是实践育人的有效载

---

① 雷儒金：《高校思想政治理论课教学方法改革研究》，博士学位论文，武汉大学，2012 年。

体。社会实践活动的形式主要有社会调查、生产劳动、志愿服务、公益活动、科技发明和勤工助学等。要倡导和支持学生参加生产劳动、志愿服务和公益活动，鼓励学生在完成学业的同时参加勤工助学，支持学生开展科技发明活动。实践教育的形式既要丰富多彩、引人参与，又要因地制宜、讲求实效，如学校中常用的社会调查、公益活动、勤工检学、咨询服务、教学实习等都是有效的实践教育方式，在实践教育中使理论与实际相结合，引导大学生将社会主义核心价值观与个人的职业价值观有机结合起来。

三 心理品质开发——咨询辅导法

咨询辅导法适用于将社会主义核心价值观贯穿于大学生职业生涯教育心理品质的开发，具体内容包括：（1）树立正确的职业价值观；（2）充分认识自己，正确估价自己，培养就业择业自信心；（3）加强人际沟通，建立良好的人际关系[①]；（4）积极培养多种兴趣爱好，陶冶情操，树立远大的理想，将个人梦想与国家梦想有机结合。

四 综合能力提升——案例法

将社会主义核心价值观贯穿于大学生职业生涯规划教育中，帮助大学生树立正确的世界观、人生观、价值观，将大学生个人的职业价值观与社会主义核心价值观相统一，目的是帮助大学生成长成才，实现大学生的全面发展。个人成才的途径和形式是多种多样的，个人的全面发展包括知识性、能力性、心理素质等诸多方面，在将社会主义核心价值观贯穿于大学职业生涯规划教育的过程中，案例法可以较好地实现帮助大学生实现综合能力的提升。

高校在将社会主义核心价值观贯穿于大学职业生涯规划教育的过程中采用案例法，能促使社会主义核心价值观等理论研究问题更多地关注现实社会和生活实际，避免脱离实际的本本主义；能加强师生间的双向交流，有针对性地解决学生的思想问题，教学形式灵活，便于学生参

---

① 程宏伟、周斌：《大学生职业素养开发与职业生涯规划》，西南财经大学出版社 2008 年版，第 164 页。

与，避免了那种传统的单向式的、有的甚至是照本宣科式的教学模式。

高校将社会主义核心价值观贯穿于大学职业生涯规划教育的案例法操作模式是一个具有内在逻辑的理论体系，包括教学内容的提炼、教学案例的选编、思考讨论题的设计、教学案例的呈现、课堂讨论的组织、点评和总结、案例分析报告的撰写、课后教学反思等逐次跟进、环环相扣的一系列教学环节。由于将社会主义核心价值观贯穿于大学职业生涯规划教育的特性，在具体运用和组织实施案例教学过程中，操作模式可以也应当多样化，既可以从阐述原理开始，在原理阐述过程中，通过分析具体实例对原理加以论证说明，引导学生学以致用；也可以从列举具体实例出发，经过引导学生分析案例，启发学生思考，把接下来所要讲授的内容引出来，推导出要阐明的核心价值观等理论原理①。

第四节　社会主义核心价值观贯穿于大学生职业生涯规划教育的实践探索

将社会主义核心价值观贯穿于大学生职业生涯教育，探寻有效的实践方法，需要遵循大学生的成长规律、心理品质和理想追求；需要遵循价值观教育由浅而深、由感性认识向理性认识的规律，将抽象的、理论化的、宏大的社会主义核心价值观，结合大学生职业生涯教育的特点和规律，有针对性地将其具体化、形象化、生活化。

一　将社会主义核心价值观与职业生涯规划教育内容有效融合

大学生职业生涯规划教育的实践应从新生开始进行，并贯穿于整个大学学习生活的全过程。根据教育循序渐进的基本原则，在遵循大学生心理和行为规律及不同阶段的特点的基础上，结合"分层指导"思想，将社会主义核心价值观内容与职业生涯规划教育内容有效融合，可以将大学生职业生涯规划教育分为以下几个阶段：

（一）第一阶段：大一新生阶段

大一新生处在从高中向大学转变身份的过渡期，为尽快适应大学，

---

① 雷儒金：《高校思想政治理论课教学方法改革研究》，博士学位论文，武汉大学，2012 年。

有必要在职业生涯教育中对大一新生开展认识大学、生命教育、入学指导研讨课和基础学习技能研讨课等研讨课程，引导大一新生从高中向大学过渡，激发大一新生对大学知识的学习兴趣。其次，进行通识体验项目训练，帮助学生认识职业世界，充分挖掘其自身的兴趣、爱好、特长，学会做职业生涯机会评估，引导学生在中国特色社会主义共同理想的基础上树立合理的职业理想。

（二）第二阶段：大二、大三阶段

大学二年级和三年级的学生重在提高职业技能和树立专业信心。一方面，通过职业测评、团体辅导、素质拓展训练等形式，引导学生在职业生涯路线的选择基础上确定自己的职业目标，调整职业生涯规划模式；另一方面，以社会主义核心价值观为评价标准，树立综合素养高、专业技术硬、创新能力强的学生为优秀榜样，开展大学生成长成才典型事例宣讲会等集分享、交流、进步于一体的教育活动，培养奋发向上的职业精神。另外，教育引导学生增加对社会的了解，增强对自我的认识，进一步学习掌握专业技能，锻炼意志品质，进一步内化认同并践行社会主义核心价值观。

（三）第三阶段：大四毕业生阶段

将职业生涯规划教育密切结合，对大四学生开展具有专业针对性的就业指导，包括求职简历制作、招聘模拟实训，邀请企业人力资源专员、优秀毕业校友开展就业知识专题讲座及经验交流座谈会，帮助大学生清楚了解社会需求及企业普遍用人标准，鼓励其将就业形势与个人兴趣、能力和发展相结合，用主流价值观来引导大学生职业生涯的价值取向[①]。

二　用社会主义核心价值观指导大学生职业生涯规划教育实践

（一）职业生涯规划教育中，用社会主义核心价值观指导大学生认识自我

在学生进行职业生涯规划时，指导学生根据辩证唯物主义思想作指

---

① 罗玉洁：《以社会主义核心价值观指导大学生职业生涯规划教育》，《改革与开放》2015 年第 12 期。

导，客观、真实、准确地对自己有一个全面的认识，同时利用科学的方法，在社会主义核心价值观的指导下，进行规划职业生涯。在大学生职业生涯规划中，指导学生要善于接受家长、老师、朋友们的建议和评价别人的善意评价，从中获取有用的信息，丰富个人的职业生涯规划，从而寻找出最适合的职业选择，对自己人生做出最正确的选择。学生必须用正确的价值观作为指导，才能在职业生涯规划中有正确的认识，选择正确的方向。

（二）职业生涯规划教育中，用社会主义核心价值观指导大学生确定职业发展目标

目标是职业生涯规划中的核心问题，在学生进行职业生涯规划时，大学生必须首先确定自己职业发展目标，才能围绕着目标来展开规划的内容。如果目标不当，会使学生的职业生涯规划发生很大的偏差，引导学生走上错误的道路。因此，正确的目标对于即将步入社会的大学生来说是重要且必要的。大学生在社会主义核心价值观指导下确定的职业发展目标，既能结合学生自身的优势和特点，又可兼顾社会发展的要求，更有利于符合当今社会对人才的渴求，为大学生职业生涯规划的实施奠定坚实的基础。

（三）职业生涯规划教育中，用社会主义核心价值观指导大学生制定实施方案和反馈

实施是大学生职业生涯规划完成以后的实践阶段，一个完整的职业生涯规划，如果不去实施，就失去了其本身对大学生的指导意义。大学生在按照职业生涯规划进入到实施阶段时，必须以社会主义核心价值观作为行动的指导，并且定期进行反馈和评估，不断吸取经验和教训，不断完善职业生涯规划，真正用社会主义核心价值观来实现人生的职业目标[①]。

三 在社会主义核心价值观指导下开展职业价值观相关实践活动

将社会主义核心价值观贯穿于大学生职业生涯教育，在分阶段、分

---

① 刘晓婷：《社会主义核心价值观在职业生涯规划教育中的作用研究》，《辽宁行政学院学报》2013 年第 12 期。

步骤的教育引导之外，可以通过价值观、职业价值观相关活动的实践方法，采用循序渐进的活动方式，使大学生更好地了解价值观和职业价值观，从而达到个人职业价值观与社会主义核心价值观的统一。

（一）开展价值观拍卖活动

"价值观拍卖"是用类似魔术店的方法，帮助学生了解有关亲情、爱情、友情、健康、美貌、爱心、金钱、欢乐等多方面的价值观念。在拍卖会上，学生个人的价值观念直接影响学生拍卖时的选择，该活动可以帮助大学生从自己的取舍中了解自己的价值观和人生态度，通过活动中的"选择"能够体现他们的价值观和职业价值观。

（二）开展价值观想象活动

社会价值是多元的，一个人所接受的价值观也是纷繁复杂的，当一个人面临职业、事业、家庭和生活的选择时，需要清楚地知道自己最重视的是什么。在学生心目中，什么是好工作？什么是适合自己的工作？他/她最希望做什么？通过"价值观想象"活动，可以帮助学生更好地了解其职业价值观。在活动中，将社会主义核心价值观有机融入，通过价值观想象，让学生明白自己心中最重视的是什么，由此延伸到职业选择中，将职业选择与社会主义核心价值观结合，引导其树立正确的职业价值观，实现职业价值观与社会主义核心价值观的统一。

（三）开展价值观审视活动

"价值观审视"活动通过由浅及深的方式，使学生一步一步地了解到价值观和职业价值观。活动中，教师指导学生了解价值观的基础，进而引导学生思考"我最重视的职业生涯价值首先是什么？为什么？"、"其次是什么？为什么？"、"最后是什么？为什么？"等问题，并将学生对于问题的回答进行解读和分析，经过了由浅入深的测试，在教师的引导下，学生对自己的价值观和需求与社会主义核心价值观结合，引导其树立正确的择业观和职业价值观。

（四）开展职业价值观类型测试活动。

"职业价值观类型测试"是教师通过引导、讲述的方式使学生了解职业价值观的类型，以及自己所属的职业价值观类型。通过了解职业价值观来解决生活中职业中遇到的一些现象和问题。教师在活动中将社会主义核心价值观与职业价值观相结合开展活动，将各类型职业价值观与社会主义核心价值观进行结合、对比和讲解，最后可以带领学生一起思索现实中的一些问题。指导学生在择业时首先要明确职业价值观，当自身的职业价值观与社会主义核心价值观达到一致时，个人在社会中才能感受到工作的快乐，体会到成功的喜悦。

将社会主义核心价值观贯穿大学生职业生涯教育，不仅有助于大学生树立正确的职业观，也能用主流价值观来引导大学生职业生涯的价值取向，帮助大学生形成正确的就业、择业观和价值观，还有助于大学生逐渐形成正确的职业荣辱观、苦乐观和良好职业道德。

附1：调查问卷

大学生职业价值观倾向调查问卷

亲爱的同学：

为了全面了解大学生的职业价值观倾向，帮助广大同学加强自身职业决策，我们组织了此次调查。

本次调查不需要填写您的个人信息，所有回答只用于统计分析。您只需根据自身实际情况填写，您的回答将会对我们的研究提供极大的帮助。

首先请您填写您的基本情况

您的性别是 （ ）

A. 男　　　　B. 女

您所在的年级为 （ ）

A. 大一　　　B. 大二　　　C. 大三　　　D. 大四

您的专业类别为 （ ）

A. 文科　　　B. 理科　　　C. 工科　　　D. 医科

下面有52道题目，每个题目都有5个备选答案。请根据自己的实际情况或想法，在题目后面选出相应字母，每题只能选择一个答案。

社会主义核心价值观贯穿于大学生职业生涯规划教育的实践探索

1. 你的工作必须经常解决新的问题（　　）

A. 非常重要　　B. 比较重要　　C. 一般　　D. 较不重要　　E. 很不重要

2. 你的工作能为社会福利带来看得见的效果（　　）

A. 非常重要　　B. 比较重要　　C. 一般　　D. 较不重要　　E. 很不重要

3. 你的工作奖金很高（　　）

A. 非常重要　　B. 比较重要　　C. 一般　　D. 较不重要　　E. 很不重要

4. 你的工作内容经常变换（　　）

A. 非常重要　　B. 比较重要　　C. 一般　　D. 较不重要　　E. 很不重要

5. 你能在你的工作范围内自由发挥（　　）

A. 非常重要　　B. 比较重要　　C. 一般　　D. 较不重要　　E. 很不重要

6. 工作能使你的同学、朋友非常羡慕你（　　）

A. 非常重要　　B. 比较重要　　C. 一般　　D. 较不重要　　E. 很不重要

7. 工作带有艺术性（　　）

A. 非常重要　　B. 比较重要　　C. 一般　　D. 较不重要　　E. 很不重要

8. 你的工作能使人感觉到你是团体中的一分子（　　）

A. 非常重要　　B. 比较重要　　C. 一般　　D. 较不重要　　E. 很不重要

9. 不论你怎么干，总能和大多数人一样晋级和涨工资（　　）

A. 非常重要　　B. 比较重要　　C. 一般　　D. 较不重要　　E. 很不重要

10. 你的工作使你有可能经常变换工作地点、场所或方式（　　）

A. 非常重要　　B. 比较重要　　C. 一般　　D. 较不重要　　E. 很不重要

11. 在工作中你能接触到各种不同的人（　　）

A. 非常重要　　B. 比较重要　　C. 一般　　D. 较不重要　　E. 很不重要

12. 你的工作上下班时间比较随便、自由（　　）

A. 非常重要　　B. 比较重要　　C. 一般　　D. 较不重要　　E. 很不重要

13. 你的工作使你不断获得成功的感觉（　　）

A. 非常重要　　B. 比较重要　　C. 一般　　D. 较不重要　　E. 很不重要

14. 你的工作赋予你高于别人的权力（　　）

A. 非常重要　　B. 比较重要　　C. 一般　　D. 较不重要　　E. 很不重要

15. 你在工作中能试行一些自己的新想法（　　）

A. 非常重要　　B. 比较重要　　C. 一般　　D. 较不重要　　E. 很不重要

16. 你在工作中不会因为身体或能力等因素，被人瞧不起（　　）

A. 非常重要　B. 比较重要　C. 一般　D. 较不重要　E. 很不重要

17. 你能从工作的成果中知道自己做得不错（　　）

A. 非常重要　B. 比较重要　C. 一般　D. 较不重要　E. 很不重要

18. 你的工作经常要外出参加各种集会和活动（　　）

A. 非常重要　B. 比较重要　C. 一般　D. 较不重要　E. 很不重要

19. 只要你干上这份工作，就不再会被调到其他意想不到的单位和工作岗位上（　　）

A. 非常重要　B. 比较重要　C. 一般　D. 较不重要　E. 很不重要

20. 你的工作能使世界更美丽（　　）

A. 非常重要　B. 比较重要　C. 一般　D. 较不重要　E. 很不重要

21. 在工作中，不会有人常来打扰你（　　）

A. 非常重要　B. 比较重要　C. 一般　D. 较不重要　E. 很不重要

22. 只要努力，你的工资会高于其他同年龄的人，升级或涨工资的可能性比干其他工作大得多（　　）

A. 非常重要　B. 比较重要　C. 一般　D. 较不重要　E. 很不重要

23. 你的工作是一项对智力的挑战（　　）

A. 非常重要　B. 比较重要　C. 一般　D. 较不重要　E. 很不重要

24. 你的工作要求你把一些事务管理得井井有条（　　）

A. 非常重要　B. 比较重要　C. 一般　D. 较不重要　E. 很不重要

25. 你的工作单位有舒适的休息室、更农室、浴室及其他设备（　　）

A. 非常重要　B. 比较重要　C. 一般　D. 较不重要　E. 很不重要

26. 你的工作有可能结识各行各业的知名人物（　　）

A. 非常重要　B. 比较重要　C. 一般　D. 较不重要　E. 很不重要

27. 你在工作中能和同事建立良好的关系（　　）

A. 非常重要　B. 比较重要　C. 一般　D. 较不重要　E. 很不重要

28. 在别人眼中，你的工作是很重要的（　　）

A. 非常重要　B. 比较重要　C. 一般　D. 较不重要　E. 很不重要

29. 在工作中你经常接触到新鲜的事物（　　）

A. 非常重要　B. 比较重要　C. 一般　D. 较不重要　E. 很不重要

30. 你的工作使你能常常帮助别人（　　）

A. 非常重要　B. 比较重要　C. 一般　D. 较不重要　E. 很不重要

31. 你在单位中有可能经常变换工作（　）

A. 非常重要　B. 比较重要　C. 一般　D. 较不重要　E. 很不重要

32. 你的作风使你被别人尊重（　）

A. 非常重要　B. 比较重要　C. 一般　D. 较不重要　E. 很不重要

33. 同事和领导人品较好，相处比较随便（　）

A. 非常重要　B. 比较重要　C. 一般　D. 较不重要　E. 很不重要

34. 你的工作会使许多人认识你（　）

A. 非常重要　B. 比较重要　C. 一般　D. 较不重要　E. 很不重要

35. 你的工作场所很好，比如有适度的灯光，安静、清洁的工作环境，甚至有恒温、恒湿等优越的条件（　）

A. 非常重要　B. 比较重要　C. 一般　D. 较不重要　E. 很不重要

36. 在工作中，你为他人服务，使他人感到很满意，你自己也很高兴（　）

A. 非常重要　B. 比较重要　C. 一般　D. 较不重要　E. 很不重要

37. 你的工作需要计划和组织别人的工作（　）

A. 非常重要　B. 比较重要　C. 一般　D. 较不重要　E. 很不重要

38. 你的工作需要敏锐的思考（　）

A. 非常重要　B. 比较重要　C. 一般　D. 较不重要　E. 很不重要

39. 你的工作可以使你获得较多的额外收入，比如：常发实物、常能购买打折扣的商品、常发商品的提货券、有机会购买进口货等（　）

A. 非常重要　B. 比较重要　C. 一般　D. 较不重要　E. 很不重要

40. 在工作中你是不受别人差遣的（　）

A. 非常重要　B. 比较重要　C. 一般　D. 较不重要　E. 很不重要

41. 你的工作结果应该是一种艺术而不是一般的产品（　）

A. 非常重要　B. 比较重要　C. 一般　D. 较不重要　E. 很不重要

42. 在工作中你不必担心会因为所做的事情领导不满意，而受到训斥或经济惩罚（　）

A. 非常重要　B. 比较重要　C. 一般　D. 较不重要　E. 很不重要

43. 在你的工作中能和领导有融洽的关系（　）

A. 非常重要　B. 比较重要　C. 一般　D. 较不重要　E. 很不重要

44. 你可以看见你努力工作的成果（　）

A. 非常重要　B. 比较重要　C. 一般　D. 较不重要　E. 很不重要

45. 在工作中常常要你提出许多新的想法（　　）

A. 非常重要　B. 比较重要　C. 一般　D. 较不重要　E. 很不重要

46. 由于你的工作，经常有许多人来感谢你（　　）

A. 非常重要　B. 比较重要　C. 一般　D. 较不重要　E. 很不重要

47. 你的工作成果常常能得到上级、同事或社会的肯定（　　）

A. 非常重要　B. 比较重要　C. 一般　D. 较不重要　E. 很不重要

48. 在工作中，你可能做一个负责人，虽然可能只领导很少几个人，但你信奉"宁做兵头，不做将尾"的俗语（　　）

A. 非常重要　B. 比较重要　C. 一般　D. 较不重要　E. 很不重要

49. 你从事的工作经常在报刊、电视中被提到，因而在人们的心目中很有地位（　　）

A. 非常重要　B. 比较重要　C. 一般　D. 较不重要　E. 很不重要

50. 你的工作有数量可观的夜班费、加班费、保健费或营养费等（　　）

A. 非常重要　B. 比较重要　C. 一般　D. 较不重要　E. 很不重要

51. 你的工作比较轻松，精神上也不紧张（　　）

A. 非常重要　B. 比较重要　C. 一般　D. 较不重要　E. 很不重要

52. 你的工作需要和影视、戏剧、音乐、美术、文学等艺术打交道（　　）

A. 非常重要　B. 比较重要　C. 一般　D 较不重要　E. 很不重要

附2：调研结果统计表

大学生职业价值观倾向调查问卷统计（文科）

题号\选项	A	B	C	D	E	得分	题号\选项	A	B	C	D	E	得分
1	7	21	25	2	0	198	27	45	12	2	1	0	281
2	11	25	14	5	0	207	28	10	12	27	5	0	189
3	11	27	11	5	1	207	29	9	26	10	9	0	197
4	13	20	29	3	0	238	30	12	16	25	3	0	205
5	16	27	11	1	0	223	31	1	13	29	8	3	163

大学生职业价值观倾向调查问卷统计（文科）

题号	A	B	C	D	E	得分	题号	A	B	C	D	E	得分
6	1	16	35	1	2	178	32	20	32	2	2	1	239
7	0	8	25	20	1	148	33	17	32	4	1	0	227
8	18	19	14	4	0	216	34	2	26	17	7	2	181
9	3	22	25	7	2	194	35	9	27	3	3	0	168
10	2	30	20	7	0	204	36	31	24	0	2	0	255
11	8	19	18	10	0	190	37	0	22	20	8	3	167
12	6	16	31	3	0	193	38	6	33	12	2	0	202
13	11	37	12	3	0	245	39	4	8	26	10	5	155
14	2	7	37	14	0	177	40	0	15	32	7	0	170
15	9	27	12	8	0	205	41	2	21	22	9	3	181
16	22	18	10	6	0	224	42	3	37	9	3	1	197
17	21	33	2	0	0	243	43	39	13	5	4	0	270
18	0	26	20	10	2	186	44	22	24	3	4	0	223
19	0	10	30	14	1	159	45	3	13	24	13	0	165
20	4	20	24	7	0	186	46	2	2	25	23	1	140
21	11	19	21	3	1	201	47	11	28	11	3	0	206
22	12	25	14	3	0	208	48	12	25	8	5	3	197
23	0	5	23	26	0	141	49	0	19	11	14	5	142
24	4	26	14	1	0	181	50	12	29	7	2	2	205
25	1	21	16	14	1	166	51	17	26	4	5	1	212
26	12	15	24	2	1	197	52	18	2	12	21	4	180

以上统计数字单位为人，得分单位为分，总人数为55人

大学生职业价值观倾向调查问卷统计（理科）

题号	A	B	C	D	E	得分	题号	A	B	C	D	E	得分
1	36	28	25	7	0	381	27	29	47	13	7	0	386
2	27	37	23	8	1	369	28	17	35	38	7	0	353
3	15	30	34	17	2	333	29	22	30	23	22	0	343
4	16	29	35	14	4	333	30	18	48	20	7	1	357

续表

大学生职业价值观倾向调查问卷统计（理科）

题号\选项	A	B	C	D	E	得分	题号\选项	A	B	C	D	E	得分
5	22	49	16	10	0	374	31	18	26	31	17	5	326
6	11	33	37	15	2	330	32	26	36	17	18	0	361
7	24	33	24	14	3	355	33	40	31	19	8	1	398
8	28	34	26	10	0	374	34	17	25	43	10	3	337
9	18	37	32	10	2	356	35	25	37	21	14	1	365
10	18	28	33	17	3	338	36	25	39	17	15	0	362
11	22	34	27	12	1	352	37	11	41	28	9	0	321
12	17	44	27	8	1	359	38	21	37	26	10	0	351
13	29	35	25	8	0	376	39	12	37	31	13	3	330
14	24	29	27	15	2	349	40	23	29	36	11	0	361
15	22	42	21	11	0	363	41	21	22	41	13	0	342
16	35	25	22	14	1	370	42	21	39	25	12	0	360
17	19	56	15	7	0	378	43	17	43	29	7	0	358
18	13	20	51	11	1	321	44	27	47	15	6	0	380
19	13	40	30	12	1	340	45	28	34	26	10	0	374
20	31	28	29	10	0	374	46	11	32	25	25	5	313
21	25	38	24	11	0	371	47	17	31	31	10	2	324
22	27	40	21	11	0	380	48	16	38	31	13	1	352
23	23	36	31	8	0	368	49	13	40	29	17	2	348
24	20	42	29	7	0	369	50	17	32	30	15	2	335
25	20	33	30	14	1	351	51	19	41	26	9	1	356
26	18	31	39	9	1	350	52	21	29	25	22	2	342

以上统计数字单位为人，得分单位为分，总人数为98人

大学生职业价值观倾向调查问卷统计（工科）

题号\选项	A	B	C	D	E	得分	题号\选项	A	B	C	D	E	得分
1	22	50	49	20	0	497	27	64	41	22	17	0	584
2	30	54	38	23	0	526	28	29	41	51	23	0	508
3	30	56	35	23	1	526	29	28	55	34	27	0	516

大学生职业价值观倾向调查问卷统计（工科）

题号	A	B	C	D	E	得分	题号	A	B	C	D	E	得分
4	32	49	53	21	0	557	30	31	45	49	21	0	524
5	35	56	35	19	0	542	31	20	42	53	26	3	482
6	20	45	59	19	2	497	32	39	61	22	20	1	546
7	19	37	49	38	1	467	33	36	61	28	17	0	542
8	37	48	38	22	0	535	34	21	55	41	25	2	500
9	22	51	49	25	2	513	35	28	56	27	21	0	487
10	17	59	44	25	0	503	36	50	53	24	16	0	566
11	27	48	42	28	0	509	37	19	51	44	26	3	486
12	25	45	55	21	0	512	38	25	62	36	20	0	521
13	30	66	36	15	0	552	39	23	37	50	28	5	474
14	17	36	61	32	0	476	40	19	44	56	25	0	489
15	28	56	36	26	0	524	41	17	50	46	27	3	480
16	41	47	34	24	0	543	42	22	66	33	21	1	516
17	40	62	26	18	0	562	43	58	42	29	14	0	573
18	19	55	44	28	2	505	44	41	53	27	22	0	542
19	19	39	54	32	1	478	45	22	42	48	31	0	484
20	23	49	48	25	0	505	46	21	31	49	41	1	459
21	30	48	45	21	1	520	47	30	57	35	21	0	525
22	31	54	38	21	0	527	48	31	54	32	23	3	516
23	19	34	47	44	0	460	49	19	48	35	32	5	461
24	23	55	38	25	1	500	50	31	58	31	21	2	524
25	20	50	40	32	1	485	51	36	55	28	23	1	531
26	31	44	48	20	1	516	52	37	36	36	39	4	483

以上统计数字单位为人，得分单位为分，总人数为144人

大学生职业价值观倾向调查问卷统计（医科）

题号	A	B	C	D	E	得分	题号	A	B	C	D	E	得分
1	42	39	36	18	0	510	27	40	58	24	18	0	540
2	38	48	34	19	1	523	28	28	46	49	18	0	507

续表

<div>选项</div><div>题号</div>	A	B	C	D	E	得分	<div>选项</div><div>题号</div>	A	B	C	D	E	得分

大学生职业价值观倾向调查问卷统计（医科）

选项 题号	A	B	C	D	E	得分	选项 题号	A	B	C	D	E	得分
3	26	41	45	28	2	487	29	33	41	34	33	0	497
4	27	40	46	25	4	487	30	29	59	31	18	1	511
5	33	60	27	21	0	528	31	29	37	42	28	5	480
6	22	44	48	26	2	484	32	37	47	28	29	0	515
7	35	44	35	25	3	509	33	51	42	30	19	1	552
8	39	45	37	21	0	528	34	28	36	54	21	3	491
9	29	48	43	21	2	510	35	36	48	32	25	1	519
10	29	39	44	28	3	492	36	36	50	28	26	0	516
11	33	45	38	23	1	506	37	22	52	39	20	0	475
12	28	55	38	19	1	513	38	32	48	37	21	0	505
13	40	46	36	19	0	530	39	23	48	42	24	3	484
14	35	40	38	26	2	503	40	34	40	47	22	0	515
15	33	53	32	22	0	517	41	32	33	52	24	0	496
16	46	36	33	25	1	524	42	32	50	36	23	0	514
17	30	67	26	18	0	532	43	28	54	40	18	0	512
18	24	31	62	22	1	475	44	38	58	26	17	0	534
19	24	51	41	23	1	494	45	39	45	37	21	0	528
20	42	39	40	21	0	528	46	22	43	36	36	5	467
21	36	49	35	22	0	525	47	28	42	42	21	2	478
22	38	51	32	22	0	534	48	27	49	42	24	1	506
23	34	47	42	19	0	522	49	24	51	40	28	2	502
24	31	53	40	18	0	523	50	28	43	41	26	2	489
25	31	44	41	25	1	505	51	30	52	37	20	1	510
26	29	42	50	20	1	504	52	32	40	36	33	2	496

以上统计数字单位为人，得分单位为分，总人数为136人

第 四 章

社会主义核心价值观贯穿于
高校毕业教育的实践探索

高校毕业教育是帮助大学生提高思想认识、凝练理论知识、做好就业准备的重要步骤，是大学生思想政治教育的最终环节和升华阶段。社会主义核心价值观教育只有统领毕业教育，真正融入毕业教育的全过程，才是真正融入大学生思想政治教育的全过程。

第一节　把社会主义核心价值观教育融入
高校毕业教育的理论探讨

习近平同志 2015 年 5 月在北京大学考察时强调：人类社会发展的历史表明，对一个民族、一个国家来说，最持久、最深层的力量是全社会共同认可的核心价值观。核心价值观，承载着一个民族、一个国家的精神追求，体现着一个社会评判是非曲直的价值标准。青年要从现在做起、从自己做起，使社会主义核心价值观成为自己的基本遵循，并身体力行大力将其推广到全社会去。习近平主席的讲话，不仅对大学生践行社会主义核心价值观提出了殷切希望，而且对于大学生思想政治工作也提出了更高要求。毕业教育作为高校培养合格人才的最后阶段，作为大学生思想政治教育的最后环节，是高等教育的重要组成部分，社会主义核心价值观教育必须融入毕业教育的全过程。

一 毕业教育：社会主义核心价值观教育的有效载体

大学生的思想政治教育是一个系统工程，只有真正做到全员育人、全方位育人、全过程育人，才能取得实际的效果。要做到全员育人、全方位育人、全过程育人，不仅需要真正确立"以学生为本"的教育理念，组建专任教师、管理人员、辅导员共同参与的专兼职相结合的思想政治工作队伍，发挥思想政治理论课的主渠道作用，更需要牢牢把握新生军训、入学教育、实习实训、毕业教育等每一个重要环节。毕业教育是高校思想政治教育者运用一定的教育手段，采用一定的教学方法和手段，在毕业生离校前的一段时间（一般为 1 到 2 个月）内，对大学毕业生进行的一次全面、系统的思想政治教育，主要是帮助大学生树立正确的人生观、价值观和择业观，提高大学生的社会适应能力。毕业教育以其独特的形式，在引导大学生学习和践行社会主义核心价值观方面有着特殊的优势。

一是高校普遍重视，把毕业教育活动作为重要的工作安排来部署。在每年毕业季到来的时候，无论是重点大学还是普通院校，无论是本科院校还是一般的职业技术学院，无论是公办高校还是民办高校，都纷纷把毕业教育作为引导大学生文明离校的重要手段，作为学校和谐校园建设的重要抓手，精心安排，积极组织，投入较大的人力物力，确保教育活动取得实际效果。

二是注重活动养成，依托形式多样的教育活动来开展。与传统的理论教育和系统的知识讲授不同，毕业教育更加注重实践活动的开展。与传统的说教式、"填鸭式"教育方法不同，毕业教育更重视让学生在活动中提升自己的思想素质和精神境界，毕业签名、宣誓、报告会等一系列广大学生喜闻乐见、内容丰富、形式多样的活动更能够引起毕业生的情感共鸣。

三是关注学生需求，更能引起毕业生的关注和参与。在思想政治教育的过程当中，受教育者的主体作用和教育者的主导作用同样重要。大学生思想政治教育活动要取得好的效果，就必须做到"以学生为本"。跟一般的政治理论教育不同，毕业教育更重视学生的就业心态、社会适应能力、诚信意识等方面的教育，这些是大学生在社会上安身立命的根本，是大学生适应社会的必要的素质，在教育内容方面更加适应即将步入社会的大学生实际需要。

毕业教育的这些特点和优势，决定了其在大学生思想政治教育方面的特殊作用和优势，是大学生思想政治教育不可或缺的组成部分。

二　把社会主义核心价值观教育融入毕业教育的难点分析

（一）高校毕业生思想状况的变化使教育的难度加大

跟低年级的学生相比，毕业生的思想状况的变化在以下几个方面更加突出：一是理想信念模糊，实用主义抬头。在市场经济和全球化的冲击下，一部分毕业生不同程度地存在着政治信仰迷茫、理想信念模糊，在就业选择上更加趋向功利化。二是就业压力过大，心理比较脆弱。面对激烈的竞争和自己前途的不确定性，毕业生希望自主择业，但又不愿承担风险；具有较高的期望值，但又很难找到完美的结合点；希望早日成才，但又过分重视地域和物质待遇；渴望参与竞争，但又缺乏勇气。三是纪律意识减弱，学习动力不足。"熬到头"的思想抬头，进入最后的学习阶段，一些同学会认为该学的课程已经学完，只要做好毕业设计、找工作就行了，经常以找工作为由不到校上课，违纪、旷课现象更加严重。四是就业期望过高，吃苦耐劳意识缺失。一些大学生缺乏吃苦耐劳精神，薪酬期望值高出社会现实水准，不愿从基层做起，宁愿等待，只选择在发达地区、高薪部门工作，不愿意去偏远地区工作。这些问题的存在，主要原因还在与大学生没有正确处理好个人与集体、理想与现实、学习与工作的关系所致，但无形中也加大了用社会主义核心价值观统领毕业教育的难度。

（二）高校毕业教育自身存在的不足的消极影响

毕业生由学校到社会的角色转变，是其人生历程中几次重大转变中尤为重要的一次，这次转变能否完成顺利，对将来的工作、学习和生活等方面都会产生极其深远的影响。毕业教育作为大学生思想政治教育的重要组成部分，仍然存在着很多问题。一是存在思想上不够重视的问题，作为高校教育的重要组成部分，作为毕业生整个大学学习阶段的提升和总结，本应该精心设计，认真组织，但是不少高校教育者看不到这一点，认为学生快毕业，只要把他们安全送走，不出问题就可以了，没有必要在毕业教育上花费较大力气，从而造成毕业教育能简单就简单，敷衍了事，流于形式。二是存在重事务性轻思想性的倾向，高校毕业教育涉及方方面面，有不少是涉及毕业生如何办理毕业手续、就业报到手续等一系列事务性工作。一些学校花费了大量力气在这些活动的组织上，但是却忽视了其思想性意义，结果是声势上大张旗鼓，形式上热热闹闹，到最后没有达到预期效果。三是存在与高等教育过程的断裂性。毕业教育作为临近学生毕业的一段时间进行的教育，是高等教育的重要组成部分，其目标、内容是与大学生之前的学习、生活、教育等紧密联系在一起的。一些高校教育者看不到这一点，把毕业教育看成是高校教育的附加活动，看成是单纯为学生毕业这一特定时期服务的应景之作，使毕业教育游离于高等教育之外，严重削弱了毕业教育的实际效果。

（三）高校毕业教育手段的滞后影响了教育效果

近年来，随着3G的普及和4G的推广，以智能手机等移动终端为载体，以移动通信技术为依托的移动互联网发展日趋成熟，人类正迈入移动互联网时代，"互联网＋"环境下成长成为大学生活新常态。"互联网＋"带给大学生多元的学习选择，网络给大学生学习带来超时空的便利，网络世界给他们提供了新的知识来源。"互联网＋"改变了大学生的社交习惯，无处不在、无时不在的手机微博、微信在大学生群体内广为流行，每天通过微博、微信等社交网络获取信息、与朋友交流，已成为大学生的习惯和一种生活方式。"互联网＋"让大学生找到消费娱乐的天堂。网络信息的无所不包，网络万象的新奇刺激，越来越多的大学生网络世界购物、娱乐、消磨时光，成为"宅男""宅女"，"互联网＋"让网络语言成为大学生流行用语。毕业教育要适应经济社会发展新常态，尤其要适应"互联网＋"这种新常态。这就要求思想政治工作者放下姿态，放低身段，抛开习惯的"官话"，学会用网络语言开展思想教育，深入虚拟社会听取大学生心声，积极回应虚拟社会的大学生的关切。这就要求思想政治工作者充分运用好微博、微信、微电影等大学生喜闻乐见的形式，利用这些"微阵地"，有针对性进行思想引导。①

---

① 朱千波：《探索"互联网＋"时代大学生思想教育工作新途径》，《新华日报》2015年4月17日。

但是，在毕业教育中，我们运用微信、微博等无论是在技术上还是形式上都明显不足，宣传教育手法略显滞后。

三　把社会主义核心价值教育融入毕业教育的理论思考

（一）创新毕业教育理念，完善毕业教育体系

毕业教育是一种多元综合性教育活动：从地位上来看，毕业教育作为大学生思想政治教育的重要组成部分，作为高等教育的重要环节，其地位是重要的；从教育目标上看，既要引导树立远大理想和坚定信念，又要引导毕业生文明离校，帮助他们做好进入社会的准备，目标是多元的；从教育内容上看，涵盖了就业、学业、价值观、心理等各方面的教育活动，其内容是宽泛的；从参与对象上看，学校领导、就业指导老师、后勤人员、辅导员、班主任都是参与对象，其组成力量是多样的。[①] 这就要求毕业活动的组织者，从学校发展的角度出发，关注毕业的情感需求和实际需要，精心组织毕业活动。高等院校要以社会主义核心价值观统领毕业教育的全过程，从思想上高度重视毕业教育，从经费上给予保障，并逐步建立由主管校领导任组长、相关部门主要负责人任副组长、院系负责人任为成员、班主任和辅导员队伍为主要实施者、任课老师积极参与的全方位、多层次的毕业教育体系，不断完善各种奖惩措施和激励机制，确保毕业教育的各项措施落到实处，在提升人才培养质量方面真正起到应有作用。

（二）运用多种教育手段，营造良好舆论环境

要把社会主义核心价值观教育融入毕业教育的全过程，必须注重多种教育手段的运用。一是注重发挥主渠道的宣传教育作用，借助主题班会和报告会等各种形式，借助学校的电台、广播等各种媒介，运用大学生喜欢的、更接地气的语言，向广大毕业生深入浅出的讲解社会主义核心价值观提出的背景、内涵、意义、作用等相关知识，提升毕业生对社主义核心价值观的理论认同和情感认同。二是要充分发挥实践育人的特殊功能，借助毕业典礼、毕业合影留念等一系列的主题教育活动，把社会主义核心价值观的基本要求融入其中，引导大学生在活动中不断提升

---

① 岳海峰：《高校毕业教育存在问题与理念创新》，《中国成人教育》2014 年第 11 期。

自己的道德境界，做践行社会主义核心价值观的先锋。三是要充分适应"互联网＋"对大学生毕业教育提出的新要求，充分运用好微博、微信、微电影等大学生喜闻乐见的形式，建立属于大学生自己的网络论坛、网络 QQ 群、网络社区，鼓励优秀毕业生、学生干部、学生党员担任各类微博、论坛、虚拟社区的"版主"、"博主"，让他们成为网络媒体的"喉舌"和"舆论先锋"，以正能量驱散负能量，奏响弘扬社会主义核心价值观的时代最强音。

（三）树立可亲可敬典型，发挥榜样示范作用

榜样的力量是无穷的，一万句说教不如一个行动的引领。社会主义核心价值观要融入毕业教育的全过程，离不开典型模范的树立，这些典型模范的积极实践，使理论化的、抽象的社会主义核心价值观变得更加生动具体。一是高校教师要争做践行社会主义核心价值观的表率，要把社会主义核心价值观融入自身的价值追求、职业操守、精神境界和日常行为等各个方面。要努力成为社会主义核心价值观的坚定信仰者、勇于探索者、积极践行者和努力传播者，做到"真学、真懂、真信、真用"，以高尚的品格、精湛的学术，自己践行社会主义核心价值观的言行去感染学生。二是做好大学生先进典型的培养和宣传工作，要充分发挥"自强之星""创业之星""优秀毕业生""优秀学生党员"的榜样示范作用，他们身上展现出的自强不息、努力奋斗、创新创业的优秀品质体现了当代大学生的优秀品质，体现了社会主义核心价值观的本质要求，而且这些先进人物典型来源于大学生的实际生活，更加能引起大学生的普遍认可和情感共鸣，能更好地引领和带动毕业生自觉践行社会主义核心价值观。

（四）发挥管理育人功能，引导学生切实践行

社会主义核心价值观教育融入毕业教育的全过程，目的是要引导广大毕业生自觉把个人利益和祖国的利益结合起来、把个人工作选择和祖国需要结合起来、把个人价值实现与服务社会结合起来，自觉践行社会主义核心价值观，为推动经济社会发展做出应有的贡献。这不仅需要宣传教育活动的开展，更需要与毕业生的日常管理相结合。思想政治教育是通过内在的思想来管理学生，学生的日常管理是通过外在的约束教育学生。教育之中有管理，管理之中有教育。思想政治教育要落到管理之

中，管理要上升为思想政治教育，才能相得益彰，互促互补，达到塑造、引导、规范大学生的目的。对毕业生的管理主要包括：要求毕业生遵守学生的各项规章制度，做好宿舍、图书馆等各项手续的正常交接；毕业生遵守毕业设计的相关规定，保质保量地完成毕业设计；要求毕业生按照档案办理的相关规定，办理学籍档案和党员档案的各项交接手续等。只有通过管理，才能将社会主义核心价值观融入毕业生的学习、生活中，真正做到内化于心，外化与行，这也是大学生社会主义核心价值观教育的出发点和归宿。

第二节　把社会主义核心价值观教育融入 高校毕业教育的途径分析

党的十八大倡导富强、民主、文明、和谐，倡导自由、平等、公正、法治，倡导爱国、敬业、诚信、友善，积极培育和践行社会主义核心价值观。积极培育和践行社会主义核心价值观，对于应对世界范围思想文化交流交融交锋形势下价值观较量的新态势，对于从推进国家治理体系和治理能力现代化，对于提升民族和人民的精神境界，对于实现民族复兴中国梦的宏伟目标都有着十分重要的理论意义和现实意义。要把社会主义价值观融入毕业教育，就是要以社会主义核心价值观统领高校毕业教育的全过程，就是要将"三个倡导"各自内涵及其相互间关系以喜闻乐见的语言和形式向毕业生说清楚、讲明白，做到贴近性、对象化、接地气，就是需要将社会主义核心价值观转化为广大毕业生的内心信念、价值观念和群体意识，增强广大毕业生对社会主义核心价值观的认同和共识，做到内化于心，外化与行。

一　把社会主义核心价值观教育融入毕业教育的内容

社会主义核心价值观教育融入毕业教育的内容，就是要把社会主义核心价值观的概念内涵、发展历程、价值意义、基本原则等相关知识融入高校毕业教育的内容当中，引导毕业生加强对社会主义核心价值观相关知识的学习和掌握，使高校毕业生真正做到内化于心。高校毕业教育主要包括以下几个方面内容：

1. 理想信念教育

理想信念教育是大学生思想政治教育的核心。当前在毕业生中进行的理想信念教育主要包括以下几个方面内容：一是使学生确立正确的价值取向，开展党的基本理论、基本路线、基本纲领和基本经验教育，开展中国革命、建设和改革开放的历史教育，开展基本国情和形势政策教育，使大学生把握社会发展的规律，认识国家的前途命运，认识自己的社会责任，确立在中国共产党领导下走中国特色社会主义道路、实现中华民族伟大复兴的共同理想和坚定信念。二是进行"我的中国梦"系列教育活动，教育学生要坚定信念，自强不息，争做追梦人，为实现中华民族伟大复兴的"中国梦"而努力奋斗。

2. 感恩教育

感恩是每个人都应该有的基本道德素质，是做人起码的修养，更应是大学生必备的基本道德素质。感恩教育是教育者运用一定的教育方法和手段，通过一定的感恩教育内容对受教育者实施的知恩、感恩、报恩和施恩的人文教育，是一种以情动人的情感教育，是一种以德报德的道德教育，也是一种以人性唤起人性的生命教育。教育毕业生要感恩父母、感恩老师、感恩母校、感恩社会，通过感恩教育，激发广大毕业生的社会责任感，勤奋学习，努力工作，以此回报父母、回报老师，回报母校，回报社会。

3. 就业形势与政策教育

通过组织校友作报告、就业指导专家作报告、业内人士作报告等形式，引导广大毕业生正确认识就业形势，树立正确的择业观和成才观，教育引导毕业生主动将个人价值的实现与国家、民族的前途命运联系起来，到城乡基层、中西部地区等祖国最需要的地方就业。

4. 创新创业教育

通过创业论坛、创业沙龙等活动，充分发挥创业典型的示范作用，邀请创业成功校友回校进行现身说法，传授经验，大力宣传优秀毕业生艰苦奋斗、自主创业的成才之路和成功经验，帮助毕业生树立创新创业意识，营造创业成才的良好氛围。

5. 心理健康教育

结合毕业生实际，有针对性地开展心理辅导、心理咨询工作，帮助毕业生处理好学习成才、求职择业与情绪调节等方面的具体问题。要重点高度关注考研、经济困难、学习成绩不理想、就业困难等特殊学生群体的心理健康状况，采取主动干预，积极疏导的方式，缓解毕业生的焦虑情绪，减轻他们的心理负担。提高克服困难、经受考验、承受挫折的能力。

6. 文明离校教育

教育毕业生严格遵守校纪校规，严肃学习纪律和生活纪律，遵守《普通高校学生行为准则》等有关规章制度，真正做到满意离校、文明离校、平安离校。

7. 安全教育

在毕业生中深入开展安全教育，消除各种安全隐患，营造安定有序的校园环境。关注学生公寓等重点部位的安全，加强防盗、防火等教育。大力倡导文明离校之风，教育毕业生严格遵守校规、校纪，爱护母校的一草一木。

二 把社会主义核心价值观融入高校毕业教育的系列活动

社会主义核心价值观教育融入毕业教育的系列活动当中，主要是以社会主义核心价值观统领毕业教育的全过程，充分发挥毕业教育的实践育人功能，引导毕业生在毕业教育实践活动中，强化对社会主义核心价值观的价值认知和理论认同，在活动中自觉践行社会主义核心价值观，真正做到外化于行。

毕业教育作为大学生思想政治教育的重要环节，引起了各高校的普遍重视，纷纷采取了各式各样的主题教育活动。目前，各高校的主要模式是：在学校党委、行政的领导下，由校学生处（团委）负责全校毕业生教育方案的制订，各院系作为主要实施单位，辅导员、班主任、专业教师作为主要实施者，在其他单位的配合支持下负责实施。毕业教育的系列活动主要包括以下几个方面：

1. "留真情于母校"主题活动

一些高校在毕业生中开展"六个一"活动，"提一条建议"，为搭建情感交流平台，倾听毕业生对学校的建设和发展的意见和建议，在毕业生离校之际开展"成长思源、毕业思进"我为母校建言献策活动。"树一面旗帜"，充分发挥毕业班学生党支部、毕业生党员的作用，教育毕业生党员和学生干部切实发挥模范带头作用，协助做好各项毕业生工作。"捐一些物品"，以倡议书的形式在广大毕业生中倡导开展以爱心捐书活动，组织毕业生将用过的书籍、服装等学习用品和生活用品捐赠低年级学生，传递一份真情。"献一幅作品"，在毕业生即将离校之际，鼓励学生通过征文或摄影征集活动抒发自己对母校的留恋感恩之情。"留一间雅室"，组织毕业生打扫自己的宿舍卫生，清理自己的宿舍，为公寓和低年级学生留一间整洁的雅室，为自己的大学生活画上圆满的句号。"访一位恩师"，尊敬师长、善待他人是中华民族的传统美德，作为学生在即将毕业之际，要饮水思源，算一笔感恩账，心怀感激，感谢老师的培养和教诲。

2. 开展报告会、座谈会、交流会活动

一些高校通过组织往届优秀毕业生事迹报告、即将毕业的优秀毕业生事迹报告、就业心理健康讲座、就业创业讲座等，加强学生的职业道德教育、社交礼仪教育、人生规划教育等，为毕业生提供科学的指导、真诚的关怀、周到的服务，帮助毕业生了解社会、认识社会，做好步入社会的心理准备，增强毕业生适应社会的能力，提高他们的综合竞争力，切实帮助他们迈好人生关键一步。

3. 开展毕业留念活动

一些高校通过为母校留言、与师长合影、拍摄校园生活 DV 片等活动，纪念难忘的大学时光，密切母校与毕业生的联系，在毕业生的记忆中留下珍贵的一页。

4. "温情校园行"毕业生送别活动

一些高校充分利用宣传条幅、宣传板、宣传栏、报刊、网页等宣传载体为毕业生送上人生祝福，使毕业生在校园的各个地方都能感受到学校的温馨、老师的关怀、同学的情谊，进一步增加毕业生对母校的留恋和热爱。

第三节　把社会主义核心价值观教育融入高校毕业教育的实践探索

——以上海交通大学、东北大学等高校毕业教育活动为例

一　华东理工大学：社会主义核心价值观引领下的就业引导工程

近年来，特别是 2012 年以来，华东理工大学进一步推进落实社会主义核心价值观引领下的"就业引导工程"项目，出台了一系列政策举措，鼓励、引导毕业生面向重点地区、重点行业的企业就业。当校领导将旗帜分别授给即将前往基层、西部和就业引导单位工作的毕业生代表时，这些天之骄子纷纷表示，要到基层中去建功立业，在祖国各地挥洒青春，创造辉煌。

用一年时间，做一件终生难忘的事

华东理工大学的不少毕业生都经历了选择去基层和西部就业的心路历程，他们"走想走的路，绽放的青春最美丽"的热情和决心，也是在 4 年大学生涯中逐渐产生和坚定的。

艺术设计与传媒学院 2014 届本科毕业生朱润秋，在校期间学习成绩优秀，多次获得奖学金，毕业时获评"上海市优秀毕业生"。当英国留学和西部支教机会同时摆在她面前时，她毅然决定赴甘肃定西支教。

2014 年 8 月初，朱润秋和她的 5 位华理研究生支教团西部支教队的队友抵达甘肃定西的中华路中学，这里的学生都来自大山。学艺术设计专业的朱润秋除了上八年级的语文、英语课外，还和支教的同学一起承担起为学校建立德育教育体系和负责家校联系、对外宣传工作。

朱润秋说，一年的支教生活让她最难忘的是参与"华东理工大学——定西助苗行动的一对一资助"公益项目活动。由支教队队员在当地找寻困难学生，华理校友进行结对资助。为了了解每一位困难学生家庭状况，朱润秋和队友走访了超过半数的家庭。

朱润秋第一个走访的孩子，全家的年收入仅为 4000 元，唯一

的经济来源就是祖上传下来的几块土豆地，母亲残疾看病，奶奶常年吃药，孩子读书都靠着这些钱。每天孩子从家里到学校要走30分钟的山路，早上6点天不亮就出门，晚上5：30天黑透了才下课回家。所有的这一切，深深地触动了朱润秋的内心。

"用一年不长的时间，做一件终生难忘的事"，这是朱润秋和队友们的初心，而这一年的支教经历，确实也改变了他们的人生轨迹。

"小王书记"的大学生"村官"路

社会学院行政管理专业2008届毕业生王宗文来自天津市宁河县农村，2008年7月，作为上海市首批大学生"村官"中的一员，他被选聘至崇明县庙镇宏达村担任村党支部书记助理。毕业时，已经爱上"村官"这一行的王宗文选择了留在崇明继续当"村官"，被庙镇党委选派至联益村担任村党支部书记。

在联益村，王宗文天天泡在农民家里，一起到地里干活，和农民交朋友……2011年8月一天，有村民找到他，说还有不少梨没卖掉，而天气预报说第二天有台风。"翠冠梨是村里的特产，村里种梨的人不少，如果被风刮倒，损失惨重啊。"王宗文二话不说，找来村干部商量，找销路。当天晚上，他们把订单一家一户送到农民家里，第二天一早，他带着全体村干部和党小组长到村民梨园里帮忙摘梨、装箱、送货……回到村里已是晚上11点多，让人感动的是，很多村民家中还亮着灯等他们。"我觉得那是对我们的一份信任、一份牵挂。作为一名村干部，只有想群众所想、急群众所急，拿出实实在在的行动，才能赢得群众的认可和信任。"

现在，王宗文被村民们亲切地称为"小王书记"，并先后被评为"上海市优秀大学生村官""崇明县创先争优优秀共产党员""全国科教兴村杰出带头人"。王宗文说，在基层，从小事做起，用心观察，同样可以实现自己的梦。

——以上资料来自上海教育新闻网

二　上海交通大学：以黄亮先进事迹引领毕业生群体积极践行社会主义核心价值观

　　黄亮，上海交通大学 2006 届本科毕业国防生。毕业后，迅速成长为岗位骨干，先后 13 次参加远洋测控任务，为航天远洋测量事业做出贡献。2014 年 5 月，黄亮因患病不幸离世。去世前，他做出决定把全身所有器官捐献给社会。上海交通大学把"让生命在报国和奉献中绽放"作为 2014 年毕业生远航教育的主题，将黄亮先进事迹学习宣传活动作为远航教育的重要内容，引领毕业生群体积极践行社会主义核心价值观，重点做了以下几个方面工作：

　　在做好主题宣传上下功夫，播撒践行社会主义核心价值观的种子。该校党委围绕重要时间节点，多次召开毕业生远航教育专题工作协调会，确定以"让报国和奉献在生命中绽放"作为 2014 届毕业生远航教育主题，通过学习宣传携笔从戎、去世前自愿捐献器官的国防生黄亮的先进事迹，引领毕业生培育和践行社会主义核心价值观。举行毕业生党员远航教育暨黄亮事迹报告会，激励广大学生坚守矢志报国的信念、秉持勤学敬业的精神、常怀无私奉献的品格，成为弘扬社会主义核心价值观、引领社会前进的一面旗帜，让报国和奉献成为青年大学生永恒的品质。

　　在增强感染效果上下功夫，掀起践行社会主义核心价值观的热潮。深化责任内涵，多维度展现黄亮事迹，以黄亮矢志报国、勤学敬业、无私奉献的精神感染学生。通过纪录短片、现场宣讲等形式，黄亮先进事迹宣讲团从不同视角，全面、生动、真实地呈现了黄亮生前平凡点滴中不平凡的闪光点，给学生带来强烈内心冲击和共鸣。发挥仪式教育的育人功能，结合事迹报告会现场庄重氛围，开展毕业生党员宣誓仪式，带领广大毕业生党员重温入党誓词，牢牢铭记对党、对祖国、对人民的庄严承诺，把黄亮精神内化于心、外化于行，立志把国家需要、社会期望和个人价值实现有机统一，在报国和奉献中确立人生坐标。

　　在创新途径载体上下功夫，营造践行社会主义核心价值观的氛围。深化毕业生远航教育和黄亮先进事迹育人实效，汇编光明日报《他是一面鲜亮的旗——追记 80 后大学生军官黄亮》、黄亮事迹记录视频等专题材料，作为开展学习和践行社会主义核心价值观的重点内容。利用校内电子屏幕24小时滚动播放黄亮事迹，在全校各个角落传播黄亮精神品质。通过微博、微信等网络平台，充分发挥新媒体传播优势，在学生中营造学习黄亮事迹、培育和践行社会主义核心价值观的浓厚氛围。党支部以网络平台为活动阵地，开展网上民主生活会，进一步推动学生深刻感悟黄亮的无悔选择。全面开展交大精神大讨论，引领毕业生感悟交大人的责任和使命，把培育和践行社会主义核心价值观不断引向深入。

黄亮的事迹在交大师生中引起很大反响。在场全体党员在毕业远航教育大会上，重温入党誓词。在学指委秘书长、学生工作党委书记林立涛的领誓下，大家面向党旗，重温誓词，铭记对党、对祖国、对人民的庄严承诺。

上海交大化学化工学院学生党员康达告诉记者，"黄亮在报国和奉献中确立人生坐标，把矢志报国、无私奉献的优秀品质内化于心、外化于行，这就是交大人的担当，更是当代青年应有的情怀。"

——以上资料来自教育部和上海交大网站

三　东北大学：德育答辩—让大学生变成践行社会主义核心价值观的主体

2013年4月，东北大学机械学院首次在全体本科毕业生中创新性地开展了首届毕业生德育答辩工作，成为毕业生们继专业论文答辩之外的一个思想道德方面的必修课程，这种新颖的毕业教育方式在我院毕业生中引起了强烈反响，也吸引了低年级学生、专业教师和部分离退休老师等人的广泛关注。

相对于专业技能提升的学位论文答辩，毕业生德育答辩以班级为单位，形式更加公开、更加灵活，贴近实际、贴近生活、贴近同学，内容更加注重学生的全面发展，涵盖思想政治、社会公德、学习态度、纪律观念、团队精神、社会服务、精神面貌等多个方面，在为大家从综合素质能力方面进行总结思考搭建一个新的平台的同时，也为毕业生班级抒发感情、沟通情谊提供了新的渠道。

　　辅导员担任毕业生年级德育答辩委员会主席，班导师担任毕业生班级答辩委员会主任，部分优秀学生代表组成答辩委员会成员，毕业生们通过八分钟的 PPT 或视频等形式展示了大学四年来的成长历程，进行自我陈述，并回答答辩委员会的提问。辅导员和班导师对毕业生总结中存在的问题进行细心解答，并认真点评，学院将答辩结果记入本科毕业生登记表，装入档案，伴随学生走向更大的舞台。

　　在德育答辩现场，学生们纷纷发表自己的感触，并表示在答辩过程中感受到了大家积极向上、励志敬业奉献的氛围。今后会进一步树立科学的精神，勇于担当社会责任，为社会作出自己的贡献。部分低年级同学在听完学长们的答辩之后，也纷纷表示意识到了提升自身综合素质能力的重要性，在学好专业的同时，加强对自身修养的锻炼。

　　受感动的不仅仅是学生，参加德育答辩的新任辅导员姜楠说，她是第一次参与毕业生德育答辩，本以为这种答辩就是一个形式，当看到学生们一一上台对大学生活进行真诚地总结后，她彻底改变了看法，"看得出来，学生们都认真准备发言。这次德育答辩让我想到自己大学毕业时的场景，当时同学们大多是通过聚餐的方式惜别，相比之下，德育答辩为学生提供了一个更好地抒发感情的平台"。机械工程与自动化学院 2014 届毕业生辅导员郝媛说："作为一项实践类的思想政治教育活动，毕业生德育答辩指导全体毕业生回顾了自己大学生涯的成长过程，反思了四年来取得的成绩与失败的教训；同时毕业生德育答辩促使学生志存高远，树立社会主义核心价值观，努力实现自己的人生目标。"

——以上资料来自东北大学网站

四　南开大学：将社会主义核心价值观融入毕业生教育

　　近年来，南开大学通过开展内容丰富、形式多样的毕业教育活动，引导毕业生感恩母校，坚定青春梦想，自觉践行社会主义核心价值观。

　　引导毕业生将诚信、感恩寓于行动。举办国家助学贷款还款签约会、毕业生就业签约会，编演诚信教育情景剧，开展"诚信毕业踏实前行"倡议等系列活动，多渠道、全方位鼓励毕业生牢固树立诚信意识。开展"临别话师恩"主题征文活动，引导毕业生用文字表达对恩师、对学校的深厚情感。依托"南开集赞网"开展"毕业了，我为母校做件事"公益集赞活动，鼓励毕业生以实际行动建设美丽南开。

引导毕业生将文明、友善寓于点滴。举办"爱心传递图书漂流"、毕业生趣味运动会等活动，启发毕业生感悟同窗情谊，以积极、健康、向上的方式告别学校生活。借助微博、微信等新媒体，宣传文明离校个人和集体典型。号召毕业生离校前"最后一次打扫宿舍"，将整洁如初的宿舍作为送给母校和师弟师妹的礼物。

引导毕业生将爱国、敬业寓于内心。举办优秀毕业生座谈会，树立和宣传赴西部、赴基层支教、就业典型，鼓励毕业生牢记青春梦想，坚定敬业、爱国志向。举办"梦想闪耀南开"毕业生成果展览，展示毕业生在学期间所获荣誉、毕业生创业团队产品，彰显南开人勤学敬业、好学创新的优秀品质。

——以上资料来自教育部网站

第五章

社会主义核心价值观贯穿于大学生网络思想政治教育的实践探索

实现中华民族伟大复兴的中国梦是我们的时代主题，社会主义核心价值观是我们的兴国之魂。社会主义核心价值观是凝魂聚气、强基固本的基础工程，关系国家前途命运，关系社会和谐稳定，关系人民幸福安康。学校只有把培育和践行社会主义核心价值观融入教书育人全过程各领域，才能更好地完成培养中国特色社会主义事业建设者和接班人的重大任务。

"世界因互联网而更多彩，生活因互联网而更丰富。"现在，以互联网为代表的信息技术日新月异，引领了社会生产新变革，创造了人类生活新空间，拓展了国家治理新领域，极大提高了人类认识世界、改造世界的能力。① 中国互联网络信息中心（CNNIC）于 2015 年 7 月发布的《第 36 次中国互联网络发展状况统计报告》：截至 2015 年 6 月，我国网民规模达 6.68 亿，互联网普及率为 48.8%；中国网站数量为 357 万个；我国网民以 10—39 岁年龄段为主要群体，比例达到 78.4%；网民中学生群体的占比最高，为 24.6%；整体网民中大专及大学本科学历人群的占比为 20.6%；我国手机网民规模达 5.94 亿，网民中使用手机上网的人群占比为 88.9%；通过台式电脑和笔记本电脑接入互联网的比例分别为 68.4% 和 42.5%。② 网络已经深度融入经济社会发展、融

---

① 习近平：《在第二届世界互联网大会开幕式上的讲话》，《人民日报》2015 年 12 月 17 日。
② 《第 36 次中国互联网络发展状况统计报告》，中国互联网络信息中心，http：//www.cnnic.net.cn/hlwfzyj/hlwxzbg/，2015 - 07 - 22.

入人民生活、融入学生健康发展，成为思想政治教育新领域。

当前，我国正处在大发展大变革大调整时期，社会思想意识更加多元多样多变，一些领域价值扭曲、道德失范、诚信缺失现象还很严重。世界范围内各种思想文化交流交融交锋更加频繁，西方一些国家推行文化霸权、宣传所谓"普世价值"，敌对势力加紧对我国实施西化分化战略图谋，歪曲当代中国价值观念，贬低中国文化、丑化中国形象。如何发挥正能量，用社会主义核心价值观引领网络新阵地，在多元中确立主导，在多样中求得共识，给思想政治教育提出新的挑战和新的要求。

根据当前国际互联网发展进程，立足我国高校网络思想政治教育载体的嬗变和影响，本部分结合高校 BBS、贴吧、QQ 群、微博和微信等五类互联网载体的发展历史、现状和趋势，选取有关案例，阐述网络思想政治教育"坚持正确导向，提高引导能力"、"唱响网上主旋律，壮大主流思想舆论"的做法，探讨其成功经验和存在的问题，提出进一步加强社会主义核心价值观贯穿于网络思想政治教育的策略和路径。

第一节　高校 BBS 模式

一　概述

BBS（Bulletin Board System）即"电子公告板系统"，是 Internet 上的一种电子信息服务系统，它为网民提供一块公共电子白板，每个用户都可以在上面发布信息或表达意见。电子公告牌按不同的主题、分主题分为若干个布告栏，布告栏设立的依据是大多数 BBS 使用者的要求和喜好。使用者可以阅读他人关于某个主题的最新看法，也可以将自己的想法毫无保留地贴到公告栏中，在 BBS 中提出的问题，通常都能迅速得到答复。1994 年 5 月，国家智能计算机研究开发中心开通曙光 BBS 站，这是中国大陆的第一个 BBS 站。目前，较有影响力的 BBS 主要有天涯论坛、猫扑、西祠胡同等。

高校 BBS 是基于高校校园网，主要面向高校师生，由高校管理的电子信息服务系统。1995 年 8 月，清华大学在 CERNET（中国教育和科研计算机网）上建立了国内第一个高校 BBS——水木清华 BBS。以水木清华 BBS 为代表的校园 BBS 以其开放平等性、互动交流性、娱乐性、学习性相统一的特征迅速得到广大师生网民的支持和认可，全国众多高校不断加强对校园 BBS 的建设，大学师生上网的情况愈加普及，独树一帜的校园 BBS 成了 BBS 领域里不可或缺的一部分，占据了举足轻重的地位。发展到今天，在全国范围内有着较大影响力的高校 BBS 有清华大学的"水木清华"、南京大学的"小百合"、上海交通大学的"饮水思源"、华中科技大学的"白云黄鹤"和上海理工大学的"尚理沪江"BBS 等，其用户数都在 20000—30000 人。

中国互联网络信息中心发布的《2014 年中国青少年上网行为研究报告》显示：截至 2014 年 12 月，大学生网民对论坛/BBS 的使用率为 30.9%，高于网民总体 19.9% 的使用率。[①] 2006 年 4 月，由教育部思政司指导、教育部中国大学生在线理事会主办了全国高校"百佳网站"评选活动，其中"十佳高校 BBS"的评选充分表明了高校 BBS 的影响力和不可替代的地位。

二 案例介绍

尚理沪江 BBS[②]

上海理工大学充分利用尚理沪江 BBS 以及学校官方微博平台，畅通与学生交流渠道，及时解答学生关注问题。目前在网络阵地开展思想政治教育方面已经取得了宝贵经验。

一是发挥党员带头作用，加强网络团队建设。尚理沪江 BBS 平台管理员团队主要负责管理官方论坛、官方微博等各项上海理工大学网络阵地，管理员团队中的学生负责人为研究生党员，在学生党员的带头作用下，管理员团队已经发展了 1 名党员，2 名预备党员，5 名入党积极分子，其他刚进入大学校园的管理员同学也在积极向党组织靠拢当中，整个团队充分发挥了党员的凝聚力作用，利用自身的技术优势和工作热

---

① 《2014 年中国青少年上网行为研究报告》，中国互联网络信息中心，http://www.cnnic.net.cn/hlwfzyj/hlwxzbg/，2015 – 06 – 03.

② 上海市教卫工作党委、上海理工大学：《"微时代"搭建更顺畅的沟通学生平台》，2014 – 12 – 10，http://dangjian.people.com.cn/GB/16585654.html.

情，依托包括尚理沪江 BBS、官方微博在内的网络平台，结合手机报、楼宇系统、学校报纸等媒体，以网络文化节为抓手，开展系列线下活动，形成立体式、全覆盖的创优氛围，保证了校园网络信息的良性传播，保证了舆论传播阵地的导向权。

二是编织情感沟通纽带，精心倾力服务师生。在尚理沪江 BBS 管理过程中，管理员团队一直致力于建设具有"信义勤爱、思学志远"内涵的校园论坛。论坛具有完善的管理规则和工作方案，管理员不仅对日常的舆论进行引导和管理，同时也配合宣传部、保卫处对网络信息动态进行 24 小时监控，将舆论情况和讨论热点及时上报，在引导校园舆论方向、提升校园网络文化水平方面取得了令人瞩目的效果，受到了校领导及师生的肯定和鼓励。尚理沪江 BBS 连续在 2010 年和 2011 年成功承办了"校长—学生面对面"座谈会活动，学生通过论坛积极报名参加此次活动，为学校的发展建言献策，管理员同时在线收集论坛"领导在线"版块、征集网络平台和手机平台中学生所关注的问题，充分发挥校园 BBS 作为校园管理层与同学们之间情感联系的纽带作用，成为学校领导倾听和解决广大学生的关切和诉求的新途径。

三是营建上理心灵家园，打造网络文化品牌。2011 年，在上海市委宣传部、市网宣办、市文明办主办的上海市第五届优秀网站评选活动中，尚理沪江 BBS 经历了严格的公开票选和巡访评议后获得了社会公众的认可，从上海近千家网站中脱颖而出，顺利进入"提名网站"名单。如今，尚理沪江 BBS 已经成为上理学子们的心灵家园。网友"倾城越秀"说："在这里，我认识到作为一个上理人的责任，同样是在这里，我找到了作为上理人的归属"。很多已经毕业的校友也经常在论坛上留言，表示"对于一个从校园走向社会的人，对大学的回忆不仅仅局限于学校里的高楼树木，也同样怀念学校论坛给我们带来的欢乐与感动"。同时，上海理工大学官方微博目前也已拥有了一万五千余名粉丝，并且粉丝数量每天都有不同程度的增长，每日的微博更新都会引来粉丝的数十条评论和转发数量。BBS 论坛和微博分别作为学校对内和对外的窗口，和学校首页一起，成为上理的网络代表，充满了具有上理特色的人文气息，显示出上理的网络品牌效应。

三 案例分析

（一）注重开辟网络思政新阵地

尚理沪江 BBS 的建立，顺应了网络时代的发展潮流。为大学生网络讨论、发表意见、呈现个人观点搭建新平台，拓展了大学生现实交往的网络空间，适应了大学生创新的心理特征和网络发展的要求。畅通了与学生交流渠道，紧密关注学生动态，及时解答学生关注问题，时刻注重引导方向，拓展了高校大学生思想政治教育的新领域。

（二）构建学生网络管理队伍

上海理工大学建立了良好的管理团队，尤其管理团队中的学生负责人管理服务团队的建设，充分发挥了党员的凝聚作用，开创了学生自我管理、自我教育和自我服务的网络思政工作管理新模式，既有利于增强学生党员责任心和使命感，培育良好的心理素质和个人品德，又提供了在实际工作中锻炼磨砺的机会；既有利于校园网络信息的无缝良性传播，又增强了校园舆论传播阵地的导向权。

（三）营建精神家园

大学阶段是大学生形成正确的世界观、人生观、价值观和职业观等非常关键的时期。尚理沪工 BBS 非常重视打造网络文化品牌，充分利用独特的大学精神、校园文化和互联网发展所提供的网络空间，营造有助于大学生健康成长、形成正确价值观的网络环境，把尚理沪江 BBS 营造建设成了上理学子们的心灵家园和精神家园。①

四 实践对接

（一）更新管理理念

网络是不断发展创新的新事物，对大学生具有天然的吸引力和渗透性，必须给以充分重视，更新理念，注重引领。

（1）树立"网络教育"的理念。我们要敏锐把握互联网发展新特点，遵从虚拟世界教育引导的规律，善于以平等的朋友关系通过言语交

---

① 上海市教卫工作党委、上海理工大学：《"微时代"搭建更顺畅的沟通学生平台》，2014 - 12 - 10，http：//dangjian. people. com. cn/GB/16585654. html.

流、观点碰撞、相互学习来有效地引导正确的思想观念。

（2）树立"生活教育"的理念。高校 BBS 中的内容有很多都是大学生日常生活在网络空间的直接反应，最适合围绕大学生日常生活化场景进行思想政治教育，将社会主义核心价值观融入对大学生生活的服务中，努力实现生活化教育。

（二）打造主流论坛

结合学校特色，围绕学生成长、学习和实践特点，打造独具特色的主流主题论坛。大学生是一个喜欢新奇、关注社会、关注民生的群体，校园 BBS 可以通过利用社会热点来了解、引导和培养大学生的世界观、人生观、价值观，形成良好的就业创业观念和成人成才观念。

（三）加强监管引导

当前一些高校 BBS 论坛中，人文精神和文化底蕴的缺乏成为一大疾患：论坛所具有的认知和教育功能变得萎缩，它的感官刺激和游戏功能却得到了极大开发，甚至为了获得更高的点击率，个别帖子夸大事实，篡改数据，掩盖真相；大学生的人文情怀没有得到重视和弘扬，论坛品味亟待提高。针对高校 BBS，要加强监督、管理和引导，弘扬正能量，遏制"负能量"，营造良好的交流、沟通环境。

（四）直面各种问题

把解决思想问题和实际问题结合起来，是做好大学生思想政治工作的一条极为重要的方法。大学生的思想问题一般是由一些日常实际问题引起的，通过 BBS 了解大学生在想什么、做什么、有什么思想困惑、有什么现实困难。

1995 年清华大学学生朱令重金属铊中毒，就是因为其同学通过水木清华 BBS 发帖求助，从而得到海内外医生专业会诊确定病因的。尚理沪江 BBS 在 2010 年和 2011 年借助举办"校长—学生面对面"座谈会活动，在线收集整理论坛"领导在线"版块中学生所关注的问题，成为学校领导倾听和解决广大学生的关切和诉求的新途径。

对一些有"问题"的帖子，也不应该简单采取封帖或删帖等堵的方式，应变堵封为疏导，通过 BBS 密切关注学生中的焦点、难点和疑点问题，及时沟通和处理，并将处理结果通报给学生，避免不必要的误会。同时，对可能出现的和已经露出苗头的问题，及时发表帖子，引导网上展开理性讨论，让谣言不攻自破，使学生及时了解事情的真相。若确实存在问题的，要及时与相关职能部门联系，并及时公布问题解决的情况。

（五）完善论坛管理机制

高校 BBS 是国内最早的互联网信息分布平台，成熟的管理制度和机制是高校 BBS 论坛发展运行必不可少的保障。

1. 完善实名制。实名制的实施在得到了大片叫好的同时，也存在一些弊端，比如，往届的大学生毕业或欲就读该大学的学生等就很难进入到学校的论坛中，去关注和了解大学现状和发展前景，更不要说建言献策了；一些大学生面对实名制只好转向其他网络社交模式；还有一些学生因为实名注册的原因在论坛中发言有所顾虑，不敢彻底讲真话，等等，这使得在论坛中难以全面地暴露大学生的问题。相对而言，如今高校百度贴吧风靡全国，不得不承认其不受校内网 IP 地址和实名注册限制的登录模式起到了很大的作用。对此，可以对实名制进行一定的革新，加大对校外人员的审核，并适当扩大校外人员的访问等各种权限。

2. 建立舆情监测机制。高校 BBS 论坛信息五花八门、内容繁杂，但都与学生生活、学习息息相关，与学校发展密切相关，高校应建立科学有效的舆情监测机制。在监测环节，及时采集整理网络舆情、分析舆情走势、提炼所蕴含的价值观，将最新情况及时反映到学校各职能部门，在预警环节，对论坛内容进行判断和归纳，对正在形成、有可能产生更大范围影响的舆论进行筛选，为可能发生的网络舆情走向做好应对准备方案；在应对环节，当网络舆情变为现实的网络舆论危机事件后，做好化解危机、消除不良影响工作。

3. 吸纳大学生加入到管理者队伍。高校 BBS 都是有许多各大板块区组成，每个板块有细分为更小的板块，版块越详细化越能迅速抓住学生的注意力，也越能聚集人气。吸纳各模块中有特长、负责任的学生加入管理者队伍，一方面有利于使 BBS 各板块的主题内容、表达形式等更加满足学生需求，吸引学生积极参与；另一方面，也能培育学生的责任意识、集体意识，提高大学生的管理服务能力和危机处理应对能力。

4. 建立评论员队伍，注重思想引领。组建由专家、老师、学生构成的年龄、知识和性别结构合理的评论员队伍，对网上信息进行研判、评论，做出积极主动引导，客观冷静分析各种热的问题和大学生关心的问题，注重思想引领和舆论引导。

5. 改变热帖、置顶帖的选拔机制。热帖和置顶帖一般是根据浏览量、点击率实现的，这就导致了一些无内涵的、甚至庸俗、低俗、恶俗的帖子受到过分重视，真正有深度、有内涵的帖子受到压制。应创新相应的管理办法，对帖子的内容进行审核，给予正确的排序。

第二节　贴吧模式

一　概述

贴吧即百度贴吧，是百度旗下独立品牌，全球最大中文社区。2003年12月3日，百度贴吧正式上线，并出现在百度首页位置上，搜索引擎步入社区化时代。

贴吧的使命是让志同道合的人相聚。贴吧的组建依靠搜索引擎关键词，不论是大众话题还是小众话题，都能精准地聚集大批同好网友，展示个人风采，结交知音，搭建别具特色的"兴趣主题"互动平台。贴吧为人们提供一个表达和交流思想的自由网络空间，并以此汇集志同道合的网友。

截至 2015 年 12 月，百度贴吧注册用户已超至 15 亿，兴趣贴吧超820 多万个，主题话题数超过 35 亿，留言总数超过 646 亿，被誉为目前"全球最大的中文社区"。[①]

二　案例介绍

高校贴吧

高校贴吧是以学校名称命名的大学生虚拟交流社区，目前已经成为学生交流感情、表达意愿的重要平台，是大学生学习和生活中不可或缺的一部分。

高校贴吧主要包括六个子栏目：看贴、图片、精品、视频、玩乐和群组。据百度贴吧网上不完全统计，几乎每所学校都有着浏览量惊人的

---

① 百度百科，http：//baike. baidu. com/view/2185. htm? fromtitle = 百度贴吧 &fromid = 95221&type = syn，2015 – 12 – 24.

"校园贴吧"，每天都有不少大学生在贴吧里"跟帖"、"发帖"，创造属于自己的舆论空间。目前，高校贴吧都是开放的空间，不限制任何人的进入和发言，用户只要用手机号或者电子邮箱注册、登录后就可以发帖和回复，对相关问题进行讨论和争辩。用户还可以根据自己的兴趣、目的选择相应的讨论区，进行信息沟通、讨论问题、发布看法、表达情感，甚至在此投诉个人和组织，发泄不满。

百度贴吧显示，目前，全国高校按照行政区划均有自己的贴吧，包含港澳台院校、学校话题、海外院校和青春话题，共 35 类，贴吧数达 25571 个。① 截至 2016 年 1 月 13 日，清华大学吧的关注人数高达 353，661，帖子总数达 1，281，158 条；华南农业大学吧的关注人数达 50，288 人，帖子总数达 1，761，073。据报道，2012 年，通过搜索，找到自己所属学校的 BBS 论坛或者百度贴吧、发布新生交友信息和新生 QQ 群号，已经成了新生入学的实用工具。考上厦门大学的广州仔"华少"，利用网络搜索和社交工具成功联系了校内 20 多个广东人，率先在厦大广东同学中"登录"。暨南大学贴吧，建立了暨大各种新生群号，其中有各校区总群、各科系群，有按家乡分类的同乡群，还有学生组织的交流群等，新生可按各自所需选择加入。②

百度贴吧依托自己的搜索引擎建立了"全球最大的中文社区"，有助于吧民之间的"信息交流和相互帮助"。几乎普及化的高校贴吧极大地满足了新生了解学校、熟悉校园、结识新朋友新同学的现实需要，增加了对学校的认同感和亲近感，极大消减了大学生因远离家乡亲朋同学可能造成的心理不适等心理问题，高校贴吧已经成为大学生学习、生活、交往的重要平台。

三　案例分析

（一）高校贴吧主体和内容分析

1. 高校贴吧主体分析。高校贴吧以大学生为主，高校贴吧的登录

---

① http：//tieba. baidu. com/f/fdir? fd = % B8% DF% B5% C8% D4% BA% D0% A3&sd = % B9% E3% B6% AB% D4% BA% D0% A3&pn = 3，2016 - 01 - 13.

② 谢苗枫、吴晓丹：《新生未报到高校贴吧先火——校方：网络结识老乡谨防上当受骗》，《南方日报》2012 年 8 月 21 日。

者分为"吧主""注册吧民"和"非注册吧民"三个层次。吧主是贴吧的管理责任人，他们不但可以行使删帖权、置顶权等对贴吧内容实施把关、强化，也可顺应"吧民"需求，创建运用富有吸引力的话题，引导舆论潮流，可以说贴吧的质量、活力是同吧主的素质、能力和责任心紧密联系在一起的。

2. 高校贴吧内容分析。一是贴吧话题。高校贴吧话题涉及内容广泛，涵盖了生活起居、课程学业、娱乐游戏、学校管理、交友求职、租赁等等各个方面。从话题内容看，贴吧话题都是与学校生活、学习、考研、交友等密切相关，话题往往非常封闭，所谈论的内容往往缺乏一定的深度，但与大学生学习生活密切相关；二是广告推广。高校吧贴中存在着大量的推广广告，严重影响着吧贴的品位和质量。目前，各高校贴吧都还缺乏对核心价值观等弘扬主流价值观内容的专栏，主动占领高校贴吧的内容和意识没有得到充分的显现，以至于一些高校贴吧内容过于庸俗甚至低俗。

（二）高校贴吧存在的问题

1. 贴吧隐秘性问题。以高校名称命名的贴吧大部分是由网民自发建立，并通过在百度帖吧注册申请，只要通过百度贴吧的审核或前任吧主的审核就可担任，所在高校没有管理与审核的权限，吧主职责纯属个人行为，甚至高校并不知情。因此学生因各种原因对贴吧的管理随意性较大，且有时吧主更换频繁，导致学校在此方面投入大量精力还难以监管的尴尬局面。由于对登录身份不做真实性要求，一些吧民甚至吧主"肆无忌惮"地发表言论，在一些高校贴吧中，谩骂似乎成了表现吧主、吧民个性的方式；人身攻击、无端诋毁甚至也成了一些吧民的看家本领，心情不爽时，就拿出来用用；不文明语言遭到公开声讨，但发帖人出口也成脏，又会找来骂声一片；一些虚假信息或不健康的图片视频充斥其中。

2. 吧民对主题表述的情绪化问题。个别吧民为寻求更多关注，往往提出一个极具爆发性的题目来承载主题内容，对主题内容表述恣意行文，极力渲染或悲或喜色彩，从而使该事件的舆情的形成往往非常迅速，一个热点事件的存在加上一种情绪化的表达，就可以成为点燃一片舆情的导火索。

3. 贴吧信息的虚假性问题。贴吧是一个开放的空间，贴吧信息的繁杂性是不可避免的。吧主不加审查或审查不严，都会让虚假信息发布出来。贴吧中发布的一些信息属于谣传，可能人为造成师生恐慌，影响高校的安全稳定、校园和谐。

4. 部分帖子内容庸俗、低俗问题。为了提高点击率和吸引眼球，有些学生有意粘贴一些有涉黄内容的视频、图片和文章；一些帖子盲目的排斥一切，不问青红皂白对主流的思想观念一味地唱反调。学生对物质要求、幸福生活等有丰富的联想和憧憬，但对巨额金钱对人性的潜在威胁、对伦理的腐蚀也往往缺乏足够的认识。

四　实践对接

基于高校贴吧庞大的覆盖面积、关注人数及贴文总数，开展大学生思想政治教育、弘扬践行社会主义核心价值观就必须要重视这个阵地，正视各种问题，介入好、引导好、管理好这个阵地，不能对其放任不管。

（一）及时主动传播正面信息

利用高校贴吧信息传播的高渗透性，及时主动传播正面信息。通过缩短沟通信息的传递链，拓宽有效沟通的渠道，消除沟通障碍，保证信息的畅通无阻并完整传递。利用贴吧渠道，向师生传递权威的最新的信息，满足个体合理的内在诉求，加强各群体的交流与沟通，化解潜在的冲突与矛盾，促进相互理解与支持，营造解决舆情事件的良好环境。对学校的工作情况和热点焦点问题的发布更要充分利用好贴吧渠道，不要因害怕自揭家丑而掩盖事实，要敢于及时公开事实真相，把谣言消灭在萌芽状态，消除信息不对称带来的误解、误读和不满情绪。

（二）发挥吧友"舆论领袖"作用

从目前我国互联网上一些较有号召力论坛的运作情况来看，比较通行的做法是在高校师生中培养贴吧论坛的"舆论领袖"，通过利用"舆论领袖"来引导网上舆论。"舆论领袖"有见地、有代表性的发言一般被版主用醒目的字体、色彩或冠之以"精品"等名目，加以强调，或者直接放到页面的突出位置，以强化主流言论，孤立非主流言论，引领讨论主题、掌控网络话语权。

（三）增强信息伦理观念

在校园贴吧逐渐成为一种校园文化之时，一些因登录过度自由、不负责任而造成的负面效应暴露无遗：部分帖子品位低俗、语言恶毒，含有色情、淫秽、暴力内容的文字或图片甚至是危险的垃圾信息时常充斥其中，因迷恋网络而造成的心理孤僻、焦虑和现实人际关系的僵化，这些都需要加强网络道德教育，增强大学生信息伦理观念。

信息伦理是指涉及信息开发、信息传播、信息管理和利用等方面的伦理要求、伦理准则、伦理规约以及在此基础上形成的新型的伦理关系，信息伦理是人们在信息技术发展的大背景下建立新型人际关系的一种道德新知。[1] 一方面，充分利用思想政治理论教育和日常管理，强化大学生自我教育、自我约束的意识和理念。另一方面，要通过制定和实施网络文明公约，强化网络伦理，激励大家相互监督，共同营造健康和谐的网络空间。另外，还要注意发挥教师和学生党员的带头作用，引导大家在参与贴吧交流的过程中遵守法律，坚守道德底线，共同抵制不良信息，把网络的消极影响控制到最低限度。

（四）培养学生自律意识和责任意识

1. 培育学生自律意识自律能力。在虚拟的网络贴吧中，个人行为具有隐匿性；其实，学生吧民的个人网络行为是现实生活行为的一种影像。因此，贴吧空间中相当多的信息伦理问题事实上也是现实世界伦理道德问题的一种折射，在现实社会中的个人因受到各种法律法规、道德准则的约束而未表现出来的一些不良道德品质却会在虚拟社会中得到充分体现。由于网络的虚拟性，人们在网络环境中拥有更加自由的活动空间，在社会舆论、风俗习惯无法发挥有效作用的情况下，"自律"就成为网络道德得以维持的基础。这就要求作为虚拟世界的行为主体要有很强的道德自律意识和自律能力。因此，应非常注重培养学生个体自律意识，提升自律能力，明白应该做什么，不应该做什么。

2. 增强责任意识和社会责任感。在网络贴吧中，一些学生不计后果地发表一些不负责任的言论，认为不会有人知道这些是他做的，说过火了也无须承担责任。因此，贴吧中侮辱、谩骂、色情、低俗在一定程

---

① 吕耀怀：《信息伦理学》，中南大学出版社 2002 年版，第 2 页。

度上泛滥。在教育实践中，必须引导大学生不断增强个人责任意识和社会责任感，正确认识网络言论自由与所承担的网络责任的关系，树立正确的网络伦理道德观，做到网上个人言论自由与尊重事实、尊重他人、维护学校国家声誉、弘扬正能量相统一。

第三节　QQ 群模式

一　概述

（一）QQ 简介

QQ（腾讯社交软件）是 1999 年 2 月由腾讯公司自主开发的基于 Internet 的即时通信网络工具。QQ 模式是指 QQ 个人空间所具有的多种聊天交流模块，它包括个人主页、日志、相册、留言板、说说、个人档、音乐、时光轴等主页模块。"日志"是培育个人生活、学习积极性、有目标性和反思精神的重要途径，坚持写日志，可以记录每天或一定时期的经历或思想感悟，以便总结经验、吸取教训、相互交流。"相册"是存放电子照片的场所，它有助于我们回忆过去、审视现在，便于好友交流，分享照片所带来的幸福和照片背后的故事。"留言板"是在朋友空间留下自己言语感悟的地方，有利于思想沟通和感情交流。"说说"是表达自己心情、他人可以参加评价的平台，对于自己的说说，也可以设置只允许特定人评价或不评价，能较好地保护自己隐私。"个人档"则是提供个人基本信息的模块。"音乐"则是存储、编辑自己所喜欢音乐的模块，既有助于本人，也有助于朋友聆听，不过这需要支付一定的费用。

（二）QQ 作为思想政治教育工具载体的特点

1. 交互性。QQ 用于思想政治教育的交互性是指用户之间所形成的思想政治信息、知识和情感之间的互动关系，这种特性打破了老师和学生间长久形成的固定地位关系，将被动教育变为互动教育、主动教育、身份平等的教育。通过文字、图片、声音等互动方式，QQ 交流双方在更加多样化的沟通方式中共同面对问题、解决问题，自由地发表自己的意见，增进彼此的沟通和交流。

2. 即时性。QQ 的即时性是指只要 QQ 用户处于在线状态就可立即收发信息、在线交流。无论是上班时间还是下班时间或者假期，教师都可以在 QQ 平台上发布最新信息，与学生进行沟通交流，即使有的学生不在线，QQ 具有储存信息的功能，一旦上线就会收到信息，这样有效避免了因时间、地域、场合等面对面交流所带来的局限性和不便，极大地提供了大学生思想政治教育的时效性。

3. 资源共享性。QQ 平台上的资源不是由哪一类用户可以专门所有和使用的，而是为所有访客共同享有。凡是放在 QQ 共享里的学习、生活、娱乐等各方面的信息或资源，QQ 成员都可以下载使用，并可以进行再传播，进一步扩大使用范围，从而提高资源使用率。

4. 沟通心灵。QQ 无论是即时信息聊天还是语音交流，都不是面对面的交流，这样使交流者集中于语言或语音的质量上来，QQ 交流更加注重内容的表达和问题的提出及解决，这样，避免了面对面交流时外界环客观境和双方心理所造成的不必要的尴尬，更加有利于深入对方心理，沟通心灵。

（三）QQ 群用于网络思想政治教育

QQ 群是 QQ 的一项附加功能，QQ 用户级别在 16 级及以上者可建立一个普通群，该建立者就是群主，群主享有管理群的权利和允许其他人加入该群等的权利，群主还可以选择三个群成员作为普通管理员，代替群主行使管理群的权利。普通群的人员上限是 200 人，如果要开通超级 QQ 群（1000 人或 2000 人）就必须是 VIP6 以上会员或年费会员。由于 QQ 群功能强大、影响范围广、使用方便快捷，教师、辅导员通过构建 QQ 群，挖掘 QQ 群的群社区、群共享、群相册、群讨论组等功能，从而加强大学生网络思想政治教育。如今，高校 QQ 群已经成为教师、辅导员、学生之间相互沟通、有效交流、传递信息的最普遍、最有效的工具之一。群社区是一个虚拟的公告社区，在这里群成员可发表新鲜事，查看群聊天记录、群讨论、上传资料等等。其中：

1. "群讨论"。"群讨论"具有 BBS 的功能，群成员可以发帖、跟帖。一些社会热点问题，学生关注的学习、生活方面的问题，对教学、后勤服务等方面的意见等都可以在群社区里讨论，这种讨论可以是一对一、多对一、一对多、多对多中的任何一种方式，经过思想政治教育者与受教育者的平等交流、思想碰撞，形成正确结论，从而辨明是非，形成正确的舆论。对某些同学持有不同意见但又不敢在群里公开表达的，可以通过私聊的方式进行单独交流，以便了解其真实想法，帮助其正确分析问题。

2. "群共享"。"群共享"是QQ群成员之间上传和下载文件资料的重要平台，在群共享里不仅可以上传日常班级管理的通知、文件、学习资料等信息，而且可以上传党的路线方针政策、重要会议讲话、时政新闻、马克思主义经典著作、党的发展历史、形势政策等方面的信息，供受教育者下载、学习，从而丰富思想政治教育载体。

3. "群相册"。"群相册"记录了群成员日常学习、生活的图片，对大学生来说，不仅具有展现自我风采的功能，而且记录着他们参加集体学习活动、社会实践、科研活动、参观游览活动的照片，也能深刻地反映大学生的爱国情怀、积极乐观的心态、合作精神、创新精神、竞争意识等，这对于激发他们的爱国主义精神、集体观念、创新意识、竞争合作观念有着潜移默化的作用。

二 案例介绍
燕山大学"红色旋律"QQ群

"红色旋律"是由燕山大学马克思主义学院主办，校团委、里仁学院协办的特色校园文化建设项目，它在弘扬主旋律，宣传中国特色社会主义理论体系、推进社会主义核心价值观教育方面取得了明显成效，是燕山大学思想政治理论课特色教学活动。

与传统的思想政治授课模式不同，"红色旋律"除了开设面对面的讲坛、红色电影活动、线上线下诵读经典读书会、经典歌曲和革命圣地等实地考察外，还率先开通腾讯QQ群这一互动渠道。燕山大学对"红色旋律讲坛"实施全程录像，并上传至红色旋律网站，对于其中内容，可以通过师生QQ与主讲教师和其他同学实现场内外互动。QQ群的建立，成为师生间学习、弘扬和践行社会主义核心价值观、牢固树立科学的理想信念、增强心理交流沟通的平台，为增强社会主义核心价值观教育针对性实效性奠定基础，成为引领高校思想政治教育的重要风向标。

"红色旋律"QQ群，最初是燕山大学马克思主义学院中国化马克思主义教研部党支部对新媒体教学的实验，初衷意在延伸党支部全体党员教师授课途径，运用新媒体提升思想政治教育教学质量，开辟"红色旋律"校园文化活动宣传平台。正是基于 QQ 工具交互性、即时性、共享性等特征，校方也在其网站主页上公布了 QQ 号码。零成本、低门槛、互动性强的 QQ 群，不仅吸引了燕山大学两千余名教师及青年学生参加，而且成为与省内外其他高校师生学术探讨的开放平台。[①]

三 案例分析

（一）"接地气"

QQ 已经成为高校学生手机必备的软件，QQ 群更成为简单、方便、快捷、高效的群体交流方式。广大师生能够按照班级、社团、兴趣、目标等类别，建立全体成员之间及时、高效、常态化的交流在线平台，这人做法非常"接地气"，深深师生辅导员的喜欢。燕山大学"红色旋律"在其官网上公布了两个 QQ 群号，人数 1600 人左右，其定位明确，旗帜鲜明地在群简介中注重以兴趣为引领，即以"高举中国特色社会主义伟大旗帜，传播宣讲马克思主义。反对多元化，弘扬主旋律，占领主阵地"为宗旨，围绕"让马克思主义的意识形态、中国特色社会主义的理想信念、对祖国、对人民、对中国共产党的深厚情感牢牢占据大学生的内心世界"构建新媒体平台。

（二）拓展教育

传统课堂教学模式以讲授方式进行，师生间的有效互动、一对一互动受限。在 QQ 群上，成员可以就某一知识点或主题组建"讨论组"，开展在线讨论，每个成员都是作为一个独立的平等的对话主体出现，这在很大程度上减轻了师生面对面交流的一些尴尬局面，同时使成员之间更加注重内容质量，有利于促进和巩固教师教育效果。燕山大学通过师生 QQ 可以就"红色旋律讲坛"录像，实现主讲教师与其他同学实时场内外互动。

（三）资源共享

QQ 群还具有群通知、公告、文件、群语音、群活动、群相册等多

---

① 陈志勇：《新媒体时代的大学生思想政治教育》，中国文史出版社 2014 年版，第 123 页。

媒体存储功能，这为教师补充新的教学内容和教学资源提供了便利，也为学生们之间相互交流心得、相互提供优质学习生活资源提供了捷径。利用群"活动"和"相册"功能，每个成员都可以发起、记录、存储群成员组织参加集体活动的图片，这有利于形成和巩固良好的群讨论聊天、线下交往活动的氛围。燕山大学QQ群开展了系列讨论，以形式和手段创新吸引学生，教师与学生"心贴心""面对面"，甚至"硬碰硬"地进行思想交流，弘扬了主旋律，为"红色旋律"增添了活力和人气，收到良好效果。

（四）适时记录反思

QQ群聊天记录可以保存在本地硬盘，还可以选择上传至网络硬盘进行备份，也可以通过群聊漫游功能让聊天记录在不同移动终端之间进行共享。这有利于成员对聊天记录的查找、回忆，也有助于群管理者和学校及时了解和跟踪学生的思想观念变化，了解学生的真实思想情感和日常生活学习烦恼，有针对性地对一些消极思想和负面情绪进行前期疏导，化解并避免误解，及时处理苗头性问题，并对日常教学、管理进行反思。

四　实践对接

（一）提升使用QQ群的能力和素养

QQ群功能强大，信息资源丰富，为大学生获取信息、提高学习效率、拓展视野、加强互联互通提供了方便。但同时，QQ平台上充斥着大量垃圾信息、负面消息。作为利用QQ和QQ群主体的大学生，面对纷繁复杂、良莠不齐的信息，要不断提高信息判断能力。面对多种多样的网络诱惑和网络陷阱，增强QQ平台网络道德自律意识，不信谣、不传谣；针对QQ功能的不断更新，应该加强学习，增强使用QQ平台的积极性和主动性。

（二）加强QQ群监管

1. 加强对校园内所有QQ平台的技术管理。当前，每个高校都建立了校园网，校园网上的用户以实名登记信息，校园网相对于互联网来说具有较强的可控性。基于校园网的这种特点，一旦有学生在QQ平台上编制或转发容易煽动大规模非理性集体活动的消息时，管理员应速度根据 IP 地址找到当事学生，以便及时对其进行引导和教育，尽早制止不理性行为的发生。

2. 加强对 QQ 平台使用规章制度的管理。QQ 群成员的身份是可以采取虚拟的身份进行登录参加讨论的，这为群聊带来了比较宽松的无约束的聊天氛围，便于成员之间直抒胸臆、大胆直言、无所顾忌，但同时让一些别有用心的人散布谣言、传播淫秽内容、发布虚假广告等有了可乘之机，给群本身和当事人造成不良影响。这需要建立群聊管理规则，加强对成员身份的确认，对不良信息要及时删除，对有争议的问题要加以引导，对别有用心的人及时清退出 QQ 群，净化群聊空气，形成一个良性的积极向上的 QQ 群。

（三）做到线上线下虚实结合

QQ 群是一个虚拟的社区，也是学生真实生活世界的一个反映。QQ群丰富了大学生学习、生活和交流方式，但也出现了部分学生沉迷于网络，甚至用"机与机"的交流代替了"人与人"的交流，导致其性格冷漠、怪僻，现实人际关系淡薄，无法融入现实生活和学习中。在现实工作中，更要定位好 QQ 群的交流沟通功能，QQ 群的线上讨论互动是更好地支撑、丰富线下现实的人际关系、提升对现实的认知和把握能力，不能用线上交流沟通来代替线下的实际行动和言语讨论。

（四）培育"意见领袖"

在智能手机普及的当下，大学生使用手机上 QQ 已经成为一种普遍现象。避免被黑色、负面信息的掩埋和侵蚀，更重要的是推广社会主义核心价值观，推广正确的思想和言论，让正能量占领网络新阵地。

1. 传递正能量。要营造正面新闻热点和焦点，不给负面新闻信息吸引广泛的注意而扩散的时间和机会，要注重对于 QQ 群中热点、焦点信息传播的控制，迅速、及时、可重复性地在 QQ 群中发布积极正面的信息，积极营造向上的校园网络环境，把社会主义核心价值观贯穿始终。

2. 培养意见领袖队伍。学生之间最易产生共鸣，因此，加强学生理论骨干培育，鼓励他们成为 QQ 群"意见领袖"，引导他们自觉打造QQ 群中热点、焦点话题，发布符合高校思想政治教育目标的良性舆论，引领引起其他学生参与交流和讨论，营造积极向上的舆论发展方向；同时，在交流讨论中，发现和解决学生校园生活、社会实践、心理困惑等方面的各种问题。

3. 尊重和平等对待成员。对 QQ 群中出现的偏激、不冷静的意见和观点，以马克思主义科学理论体系与社会主义核心价值观为准则，坚持疏通与引导相结合的原则，冷热结合处理好学生的不当舆论，发出主流思想的呐喊，弘扬优秀的道德传统，引导形成积极的舆论氛围。

第四节　微博模式

一　概述

（一）微博简介

微博即 Micro Blog，是一个基于用户关系的信息分享、传播以及获取平台，用户可以通过 WEB、WAP 以及各种客户端组建个人社区，以 140 字左右的文字更新信息，并实现即时分享。①

微博起源于美国于 2006 年发布的 Twitter（推特），Twitter 是世界上最早、影响范围最广的微博。新浪网于 2009 年 8 月 14 日推出了"新浪微博"内测版，成为国内第一家提供微博服务的网站，带动了各大网站如腾讯、搜狐、网易等开发微博的浪潮。2010 年 9 月 9 日，新浪网发布了国内首份针对微博市场的白皮书《中国微博元年市场白皮书》。数据显示，经过一年时间的发展，新浪微博在知名度、使用率、首选率、满意度、用户黏性、权威性、吸引力、月度覆盖人数、月度总访问次数、月度总浏览时间十项指标上全部位列第一，② 2010 年也被公众称为中国的"微博元年"。从 2012 年开始，进入微博的全新发展阶段，各大微博平台已经基本积累了自身固有的用户，完成了最初的对市场格局的划分。《第 36 次中国互联网络发展状况统计报告》指出，截至 2015 年 6 月，我国微博客用户规模为 2.04 亿，网民使用率为 30.6%，手机端微博客用户数为 1.62 亿，使用率为 27.3%。中国互联网络信息

---

① ［美］谢尔·以色列：《微博力》，中国人民大学出版社 2010 年版，第 13—15 页。
② 《中国微博元年市场白皮书》，http：//wenku.baidu.com/view/7fe75c88d0d233d4bl4e6976.html.2010 - 9 - 9.

中心发布的《2014 年中国青少年上网行为研究报告》显示：截至 2014 年 12 月，大学生网民对微博的使用率为 60.6%，高于网民总体 38.4% 的使用率。

（二）微博用作思想政治教育工具载体的特点

1. 便捷性。这表现在，一是微博字数有限，发布渠道便捷性。微博字数均控制在 140 汉字以内，用户通过微博用只言片语就可以记录生活、表达感情，加之微博发布渠道多种多样，发布和传播微博信息就更加快捷和简单。二是微博操作便捷。在我国相关微博网站注册、登陆及使用微博的方式和步骤都相当简单，用户可以利用电脑、智能手机等终端产品登录微博网站，进行信息传发。

2. 个体性。不同于传统媒体自上而下的传播模式，微博为普通用户提供了发出自己声音的机会和平台，形成了"人人都有麦克风"的现象。在微博系统中，受众不仅仅是信息的接受者，而且通过接收、创造、分享、交流信息成为具有个体性的"自媒体"信息源，还能通过微博重塑自我形象、宣传思想主张、表达独特观点、引导舆论潮流、影响其他用户，微博成了一个可以充分彰显独特个性的平台。

3. 多元化。微博突破了传统媒介在传播模式方面的单向性、滞后性等局限，每一个微博用户都拥有平等的话语权，可以将更广泛、更多层次的受众吸引到其信息传播的大框架内，从而实现了传播主体和参与用户的多元化发展。根据《中国新媒体发展报告（2013）》的相关统计，我国微博用户构成呈现多元化的特征。例如，按照年龄结构分类，我国微博用户中处于 20 岁到 29 岁之间的人数超过 9050 万，10 岁到 19 岁之间的微博用户数量约为 8216 万，30 岁到 39 岁之间的用户人数达到 7780 万。从各个年龄段在总用户人数中所占百分比来看我国的微博用户主要集中于少年、青年以及中青年人群，而在年龄结构方面的较大跨度也恰恰反映了微博用户的多元化特点。

4. 互动性。在微博上，用户可以通过 @ 他人、加关注、发私信、参与相关活动等形式与社会各层次人员进行交流，也可以通过即时评论、消息转发等实现更广范围、更深程度的互动。用户可以通过微博与亲人、朋友等进行沟通和交流，实现现实生活中的社交关系在微博系统中的复制、重构、延伸和扩展。同时，微博用户也可以利用微博的关注机制，选择具有共同爱好或感兴趣的其他用户进行关注，并利用微博的多项功能建立微博平台上的社交圈子。

二 案例介绍

福建师大借微博构建"五微五阵地"①

微博作为新兴媒体，已发展成为青年学生沟通、联络、聚集的重要平台。福建师范大学团委认为，团组织与其被动接招，不如主动出击，占领新媒体阵地，探索网络时代下团学工作的新模式。从去年 3 月开始，该校团委试水建立团学组织微博，在学校、学院、年级、班级、社团五个层级推动建设 600 多个微博，覆盖全校 6 大校级学生组织，30 个学院团委、学生会，120 个年级团总支、学生会，1111 个团支部，260 个学生社团。通过"五微"——微活动、微服务、微协会、微论坛、微文化，使团学组织微博逐步成为"思想引领、成长服务、组织动员、答疑解惑、工作创新"的五大新阵地。

"爱国要'发乎于情'，更要'止乎于理'，文明、理性的爱国才是真正的爱国！为此校学生会发出如下倡议：一、依法爱国，遵守国家法律，尊重他人权益，不做违法犯罪之事；二、理性爱国，行为不过激，反对暴力；三、爱国要有实际行动，立足本职抓好学习，为中华民族复兴而读书！师大人转起！" 9 月 17 日晚上，这条"爱国微倡议"在"@福建师范大学学生会"微博上发布，立马引起师生们的关注，短时间内转发量就超过了 200 条。

该校文学院 2009 届本科毕业生小邱遭遇重大车祸。院团委、学生会得知消息后，及时在微博上发布"爱心捐款倡议书"，"直播"小邱治疗的全过程，同时组织爱心募捐活动，几天就募集上万元捐款。

教师节前夕，福建师大学生借助网络自主投票选出了 14 名"我最喜欢的好老师"。其学生会微博发布的"我最喜爱的好老师"话题，转发、评论数量达 5000 多条。

"在这些活动中团委只是充当指导和监督的角色。"福建师大党委

---

① 林智仁、陈强：《福建师大借微博构建"五微五阵地"》，《中国青年报》2012 年 12 月 9 日。

副书记林和平认为，学生是学校的主体，也是微博时代的主体。

为了把这台戏唱好，学校团委在选拔一批新媒体素养较高的学生组成管理队伍之后，还聘请学校有关职能部门负责人、传播学和法学教授，以及微博运营商担任顾问，对微博管理员进行微博营销、微博定位、内容筛选、语言运用等业务培训。

"天气这么炎热，学长学姐还帮我提行李，好感动！""请问如何办理学费减免申请？"……在今年福建师大的迎新活动中，校团委发布的"师大求搭讪"微话题，引发新生老生互动，通过各级团组织微博线上线下联动服务，快捷高效地解决了问路、咨询、贫困生资助、宿舍报修等问题，在24小时内转发、评论数达到了16322条，甚至还登上了当天新浪微博的热门话题。

该校专门成立了微博管理服务中心，制定了微博管理条例"微八条"，并面向全校征集确定了 logo 和服务口号——"微观天下，博采众长，随时随地分享师大点滴"。他们还通过建立 QQ 群，将全校的微博管理人员纳入，第一时间进行信息传递和问题探讨。

据拥有27万微博粉丝的福建师大团委副书记陈志勇介绍，下一阶段，该校团委将继续坚持"五微五阵地"的工作思路，进一步加强建设，扩大团学组织微博覆盖面，提升运行队伍专业性，增强团学组织微博服务性，更好地服务青年学生成长成才。

三 案例分析

（一）主动出击

截至2013年第一季度，新浪微博的总注册用户已达5.36亿，在高校中也得到了广泛的普及和应用。当前，微博已发展成为青年学生沟通、联络、聚集的重要平台，福建师范大学团委积极主动适应网络发展新动态，认为与其被动接招，不如主动出击，占领新媒体阵地，并率先探索网络时代下团学工作的新模式，赢得了引领思想、主动服务的先机，有效地占领了网络思想政治教育新阵地。

（二）搭建平台

福建师大依托学校组织结构，按照层级式框架，建立了团学组织微博，在学校、学院、年级、班级、社团五个层级推动建设600多个微博，覆盖全校6大校级学生组织，30个学院团委、学生会，120个年级团总支、学生会，1111个团支部，260个学生社团。这为构建微博新阵地提供了可靠的组织保证和运作的实体载体。

（三）突出"微"特色

福建师大结合微博特点，注重内容的"微"特色，策划组织开展了"五微"活动内容——微活动、微服务、微协会、微论坛、微文化，这是微博存在、发展和吸引师生的内在因素。

（四）把握节点

发表微博内容，注重把握时间节点。例如在"九一八事变"纪念日前夕，即9月17日晚上，福建师大团委微博播发了"爱国微倡议"，倡导"爱国要'发乎于情'，更要'止乎于理'"，短短数语，引导广大学生理性表达爱国之情，更加认识到立足本职抓好学习也是爱国。把握重要时间节点，更好地实现了网络思想政治教育工作的精准开展、重点开展、高效开展。

（五）"直播"爱心

针对学生遭遇重大事故治疗费用不足一事，院团委、学生会及时在微博上发布"爱心捐款倡议书"，"直播"治疗全过程，同时组织爱心募捐活动。以"直播"的形式披露信息，激发情感，传递能量，不但帮助学生解决了实际问题，还赢得了同学们的认同，而且进一步弘扬了助人为乐的中华民族优秀道德传统。

（六）助推师德校风建设

教师节前夕，学生们借助网络自主投票选出"我最喜欢的好老师"，学生会微博及时发布了"我最喜爱的好老师"话题，转发、评论数量达数千条，让学生评选自己心中最好老师，促进了学校师德师风建设；迎新活动中，校团委创新发布"师大求搭讪"的微话题，在24小时内转发、评论数达到了数万条，甚至还登上了当天新浪微博的热门话题，引发新生老生互动，弘扬了相互帮助、团结友善的正能量，让社会主义核心价值观"随网潜入心，润物细无声"，引导并促进了校风建设。

（七）注重服务管理

福建师大设立了微博管理服务中心，提供了以学生为主体、多职能部门服务的人员队伍保障；同时，制定了微博管理条例"微八条"，为管理服务提供制度约束。

（八）扩大宣传认同

官方微博发布数和粉丝数量是衡量高校微博的一个重要指标，是扩大宣传、形成特色的重要依托。福建师大面向全校征集、确定微博 Logo 和"微观天下，博采众长，随时随地分享师大点滴"的服务口号，确立宣传了官方微博、增加了师生对微博的认同和对官方微博工作的支持。

四 实践对接

（一）建立网络思想政治教育立体化新模式

1. 加强交互管理。微博平台为学校党校、学生处、团委等各职能部门和群团组织及时发布评优、奖助学金、创业就业等与学生利益密切相关的信息提供了快捷渠道，能有效规避上传下达、交流反馈中信息不对称、信息走样及传递滞后等问题。学校各部门也能通过官方微博，更加主动地走进学生、了解学生、接近学生、服务学生，为学生所接纳，在服务管理中做好育人工作。在微博的管理实践中，学校也更能形成以学生为本、时时刻刻为学生服务的工作作风和工作理念，促进"管理者"角色到"服务者"角色的转变。

2. 强化交互服务。学校官方微博、院系部门微博、团委微博、学生社团微博以及学生个人微博等，逐步建立完善之后，学校、各级（部门、群团组织）和广大学生之间交流沟通的平台更加快捷、精准和有效，形成了校（院）领导、各管理服务部门、院系、班级、教师、学生共同参与的网络育人环境。学院各职能部门在微博一线中与学生面对面交流，能为学生解决最关心、最直接、最现实的问题，做到了在解决学生实际问题的同时，有效地根除了潜在的可能的不稳定、不安全因素。同时，学校通过加强微博信息管控，建立全天候、全方位信息监控预警制度，及时收集、了解、分析学生对教学、学习、后勤服务、校园安全、校园文化等方面的建议和利益诉求，防止微小问题复杂化、小矛盾扩大化。

3. 突出交互引领。作为信息媒体，微博已经成为青年学生沟通、交流、聚集的重要渠道和平台，是高校思想政治教育工作者了解青年学生、宣传社会主义核心价值观的重要窗口和必要阵地。高校通过建设微博服务系统，紧扣思想引领、积极回应、主动作为、及早介入等，能切实有效地占领微博思想阵地；政工干部、专业教师、辅导员（班主任）通过发布工作心得、生活感悟、学习体会、励志信息等，能有针对性的积极、正面、有效地引导青年学生明是非、辨真假、分善恶，增强价值判断能力、价值选择能力和价值塑造能力。各微博通过创新内容、提出话题、开展网下实践活动等，将思想政治教育有效地融入微博活动中，有效地提升了校园网络文化的吸引力、感染力，增强对学校的认同、归属和爱护。

4. 做好危机预防和处理。校园官方微博是虚拟网络世界和学校现实生活的纽带，形成层层覆盖、各方联动的体系，是了解苗头性、潜在性学生动态的窗口和平台。在诸如九一八事变等重大纪念日前夕，在一些敏感时期，微博可以即时监控突发性微博骚动，做到及早应对、及时处理和有效管控。比如，在学生对校园新政策或政策执行出现偏差时，官方微博必须第一时间提供最权威、最准确、点对面的信息，形成正确、有效地、积极地引导，牢牢把握住问题处理和引导的话语权和主动权。

（二）强化宏观规划和微观操作

1. 加强"顶层设计"，建立组织架构和管理服务人员队伍。组织架构和管理服务人员队伍是学校官方微博正常运转的组织和人员保障。借鉴福建师大经验，高校微博应加强微博的"顶层设计"。福建师大校团委成立了由校领导、主要职能部门负责人组成的"福建师范大学微博管理服务中心"，并按照学校组织结构，依据层级式结构框架，建立了学校、学院、年级、班级、社团五个层级的团学组织微博，成为学校微博体系建设的坚强组织保障，做到了微博的全覆盖。按照组织架构，邀请微博专业运营商、技术专家等担任业务指导，为微博提供技术保障，并且建设了以学生为主体、多职能部门服务的人员队伍保障。

2. 制定制度，用制度规范微博行为。没有规矩不成方圆，好的制度才能更好地保障微博运转的规范。福建师大建立了网络化、信息化的工作机制，制订了"微八条"等系列制度、形成了行之有效的办事流程、微博管理人员联动的诉求处理渠道。

3. 提高话题质量，注重内容的权威性、服务性和指导性。微博的内容话题质量，直接决定着微博运转。学校微博的内容应确保来源于官方网站、正式文件，并由专人审定发布，维护微博内容的权威性。微博的内容应涉及日常生活服务、校园咨询、积极健康主题活动、思想观念引领、危机公关处理等与大学生息息相关的内容，注重微博内容的服务性。同时，微博要能对大学生日常学习、考研考博、就业创业、社会实践、交友休闲等提供建设性指导性服务。

4. 注重策划，做到网上虚拟和网下现实的"双联动"。依托微博新平台，注重网上活动设计、宣传号召，同时，开展网下富有思想内容、生活学习乐趣、内含时尚元素、学生喜闻乐见的现实活动，实现学校、学生之间双向、多向的交流互动，做到人人均能参与、均能有收获，扩大官方微博的覆盖面、影响力。学校微博要结合涉及学生重大利益、切实利益和传统节假日等活动，设计各项活动主题、创新各种活动形式，做好策划和引导，在微博日常运营中集聚社会正能量、弘扬核心价值观。

第五节　微信模式

一　概述

（一）微信简介

微信（wechat）是腾讯公司于 2011 年 1 月 21 日推出的一个为智能终端提供即时通讯服务的免费应用程序，微信支持跨通信运营商、跨操作系统平台通过网络快速发送免费（需消耗少量网络流量）语音短信、视频、图片和文字；同时，也可以使用通过共享流媒体内容的资料和基于位置的社交插件"摇一摇""漂流瓶""朋友圈""公众平台""语音记事本"等服务插件。

微信提供公众平台、朋友圈、消息推送等功能，用户可以通过"摇一摇""搜索号码""附近的人"扫二维码方式添加好友和关注公众平台，同时微信可以将内容分享给好友以及将用户看到的精彩内容分享到微信朋友圈。截至 2013 年 11 月微信注册用户量已经突破 6 亿，是亚洲地区最大用户群体的移动即时通讯软件。① 中国互联网信息中心发布的《2014年中国青少年上网行为研究报告》显示：截至2014年12月，大学生网民对即时通讯的使用率为96.2%，高于网民总体90.6%的使用率。

（二）微信用作思想政治教育工具载体的特点

1. 程序使用免费。除了网络运营商收取上网流量费之外，使用任何微信功能，腾讯公司都不会收取费用。微信有着精心设计过的通信协议，在后台运行时仅消耗极少流量，一个月消耗手机约1兆流量，最多每个月不超过3兆流量。这成为吸引大学生普遍使用微信的一个最基本的动力。

2. 沟通方式更加多元化。与传统的短信、彩信相比，微信支持文字、语音、图片、视频等各种格式信息的发送，这无疑增添了娱乐性，让大学生之间的沟通变得更加丰富有趣、生动有吸引力。大学生可以通过图片来展示自我，迎合了当下"有图有真相""以图说话"的理念。微信可以发送语音与视频，避免了手机通话费，这使得大学生更方便快捷地与朋友联系沟通，同样，也方便了高校思想政治工作者运用更丰富的聊天形式与大学生沟通交流。

3. 群聊功能更强大。微信支持多人群聊，只需点击某一个人或者某几个人，马上就可以成为一个语音群，每个加入群的人就可以发送各自的语音消息，极大地满足了青年学生的交友、聊天需求。

4. 设立公众平台账号更便利。通过微信平台，个人、班级、院系、学校都可以打造一个免费的微信公众号。公众号可根据需要分设多个子栏目，围绕主题定时或不定时推送语音或文字文章，所有对该公众号加"关注"者通过个人手机终端适时收听或浏览，以此实现与特定群体之间文字、图片、语音的全方位沟通和互动。

5. APP特色功能更有效。微信APP还提供"朋友圈""扫一扫""摇一摇""附近的人""漂流瓶"、购物、游戏等特色功能。微信中最初的受众是朋友。"朋友圈"就是基于手机的通讯录已经成熟的社交关系，传收双方在微信沟通中感情黏性进一步增强，由此形成稳定、成

---

① 360百科，http://baike. so. com/doc/5329667. html.

熟、联系最为频繁的熟人交际圈。"扫一扫",提供扫二维码/条码、图书和 CD 封面、街景和翻译英文单词等功能。"摇一摇"是针对远距离陌生人设计,用户用手摇动手机的时候,搜索出此刻也在使用"摇一摇"功能的其他用户,然后进行聊天交流。查看"附近的人",让微信用户能搜索到附近 1000 米范围内的使用微信的用户,它为用户提供了附近人的头像、昵称、签名及距离,方便结识身边的朋友,向身边的人寻求帮助,从而实现结交新朋友、扩大人际圈的意图。"漂流瓶",是用户可以把自己的文字和语音扔进虚拟的大海里,然后等待被全国各地同样使用微信漂流瓶功能的人捡到,然后开始沟通。摇一摇和漂流瓶功能将微信的社交圈推向更远的陌生人,这也使大学生的交友环境暗藏不安全的隐患,新增的"游戏"和"购物"功能在带领娱乐休闲便利的同时也考验着青年学生的自控能力。

二 案例介绍

"高校思想政治理论课"微信公众号

"高校思想政治理论课"微信公众号由一具名为陈臣的教师于 2014 年 1 月 1 日开通,其功能定位是紧紧围绕高校马克思主义基本原理概论、毛泽东思想和中国特色社会主义理论体系概论、思想道德修养与法律基础、形势与政策和中国近现代史纲要等课程进行信息推送、交流。目前,该微信公众号内容结构共 10 个方面:原理、概论、基础、纲要、形势与政策、价值论研究、热点新闻、校园动态、美文美图和通知公告;于每周一至周五上传更新有关内容,用户发送相关序号即可获得最新图文信息。进入公众号,点击"查看历史消息",也可查看以往推送的所有图文信息。

截至 2015 年 1 月 1 日,该公众号总用户数达 1430 人,用户遍布北京、上海、辽宁、香港等 31 个直辖市、省和地区,其中有 229 名用户来自国外。

尤其值得关注的是,该微信专设了"价值论研究"一栏,围绕学习、弘扬和践行社会主义核心价值观相继推送系列文章,仅 2014 年 12 月份就密集推送了 11 篇高质量的有关文章或报道,吸引了远超实体教学班级人数的访问量。比如:"核心价值观:社会共识'最大公约数'",

阅读人数达到 428 人；"社会主义核心价值观的发展历程"，阅读人数 434 人；"美国如何宣传自己的价值观"，阅读人数 416 人；"社会主义核心价值观：引领、实现人民幸福的共同价值"，阅读人数 322 人；"以理想信念导航　培育和践行社会主义核心价值观"，阅读人数达 277 人；"核心价值观是最持久、最深沉的力量"，阅读人数 239 人；等等。①

三　案例分析

（一）开通微信公众号，创新网络思政教育新载体

伴随着互联网的快速发展和移动智能手机的广泛应用，手机微信已经成为一种重要的新生媒体力量。微信在大学生群体中被广泛接受和普遍应用。大学生在使用微信的过程中，其世界观、人生观和价值观在潜移默化中发生了改变。"互联网＋"时代背景下，单纯依靠传统的思想政治教育方式已很难理想地实现思想政治教育的价值诉求。以微信公众平台为载体传播社会主义核心价值观，开展大学生思想政治教育，必会以更"隐蔽"的方式影响大学生的思想观念，更有效地达到思想政治教育的目的。

（二）及时推送重要资讯，解决信息不对称

高校思想政治理论课微信账号是通过用户发送不同内容板块前的数字来推送所需要的图文信息，其"价值论研究"一栏，紧跟时代发展，于 2014 年 12 月份密集推送了 11 篇有关社会主义核心价值观的文章或报道，这些文章的阅读人数每篇均达数百人，远超传统实体教课班级人数，高效实现了"微粉圈"信息的及时全面覆盖，比较有效地解决了思想政治教育重要信息的不对称、信息延迟问题。

（三）以精细化主题命名公众号，信息推送精准化

一是公众号命名精细化。以"高校思想政治理论课"直接命名公众号，聚焦主题，大大方便了相关诉求用户搜索，大大提高了用户针对性，增强了微信公众号信息传输效益和价值；二是公众号推送内容精准化。紧紧围绕高校思想政治理论课程开展相关课程资源、形势与政策、社会主义核心价值观等方面的文章、报道、政策文件等信息推送，以面

---

① 微信公众平台订阅号：高校思想政治理论课，2016 年 1 月 12 日。

向用户阅读需求的精准化内容资源，不断提高用户留存率、不断吸引和扩大用户覆盖面、不断增强社会主义核心价值观在大学生中的渗透力和影响力。

四　实践对接

（一）培育移动学习新理念

1. 建立添加微信公众号。公共号是手机微信一大特色，建立高校官方微信公众号是高校思想政治教育工作开展的潮流和趋势。"党建网微平台""河南省教育厅""求是网"等微信公众号为用户了解时事、关注动态、学习交流提供了高效、精准的移动服务平台。对于目前大学生，手机微信不仅仅是一个聊天工具，更是一种学习生活方式，它深深地影响学生们的学习和生活，为他们移动学习提供新的广阔的舞台。微信中 APP 应用如同书本和课件一样，可以辅助大学生完成单词背诵、文章阅读、做好文献综述等学习活动。

2. 搭建师生互动学习模式。通过微信提供的免费聊天、适时留言、短信推送等功能，教师、学生之间能够实现随时随地的交流、反馈和沟通，其中所提供的语音对讲、面对面建群等功能，有利于建立良好的师生适时互动学习模式。

3. 组建兴趣圈平台。微信"朋友圈"功能，也是学习沟通的重要渠道。任何一个群体、组织、单位都可以通过微信所提供的圈子建立实时交流和分享的平台，微信平台通过其强大的分享功能，将网上的所有教学资源整合起来进行分享和高效学习利用。

（二）开通"微信课堂"

由于授课时间及空间等客观方面的条件限制，教师在课堂教学过程中，师生互动受限较大，传统的课堂形式无形之中拉大了教师与学生之间的距离。开通微信课堂，利用微信语音、视频、文字、图片的双向沟通功能，可以有效地化解师生之间的隔膜，让学生可以在轻松的环境下比较自然地表达内心真实的想法，减少不必要的顾忌，营造出师生之间良好沟通互动的交流空间。

教师利用微信，课前可以通过微信的群发功能组织学生进行素材的收集整理，课后可以进行教学效果的反馈和问题深入探讨，这样比传统模式下教师通知班委成员、再由班委通知班上学生的方法和课上知识单向传输的授课模式简单便利、科学高效许多，改变了思想政治教育课的组织结构，优化了教学流程，促进了学生对思政知识的课外生成和课上内化。

（三）构建"微信班级"

大学生班级是培养集体意识、形成集体主义的重要载体。当前大学生的班级概念逐渐淡化，同学之间的接触和传统的集体活动变少，大学生容易缺乏集体荣誉感和社会责任心。建立班级微信，将现实生活中的班级和网上虚拟班级实现深度融合，取长补短，发挥各自的优势，同学们之间进行充分的对话、交流与合作，感受集体的力量、同学的友谊和班级的温暖。有利于学生之间的平等对话、交流，有利于班级的管理和服务。

微信中平等的话语沟通环境，将大大调动班级全体成员在班级管理中的民主参与意识，只有当每个人都为别人操心、关怀别人的时候，集体才能成为有效的教育力量。在微信群聊过程中，每个人都能参与到聊天中来，不再有上级对待下级的压抑感，这样学生的主体作用能够得到充分发挥，有利于唤起学生的责任感、使命感和义务感，让每个学生都能参与班级管理，让每个学生都意识到自己是集体的一员，让他们真正做到关心集体，关心他人，关心自己，并促进他们独立自主的发展。

（四）及时应对微信的负面影响

微信的发展就像一把双刃剑，在给我们带来许多方便的同时，也伴生着不少问题。比如利用微信的便利传播低俗虚假内容、窃取并恶意利用他人隐私、信息欺诈等，生活化地使用也会出现越来越沉迷虚拟世界交往的情况，这对大学生的生活、学习、身心健康都会带来不同程度的影响。因此，教育决策者和实施者要不断净化手机媒体生态环境、提升网络参与者的道德意识、网络安全意识和培育新媒体素养。

参考文献

《马克思恩格斯选集》（第1—4卷），人民出版社1995年版。

《共产党宣言》，人民出版社2014年版。

《列宁选集》（第1—4卷），人民出版社1995年版。

《列宁全集》，人民出版社1987年版。

《毛泽东选集》（第1—4卷），人民出版社1993年版。

《毛泽东文集》（第1—8卷），人民出版社1993、1996、1999年版。

《邓小平文选》（第1—4卷），人民出版社1993、1994年版。

《刘少奇选集》（上、下），人民出版社1981年版。

《江泽民文选》（第1—3卷），人民出版社2006年版。

《十七大以来重要文献选编》（上、下），中央文献出版社2009年版。

《党的十八大文件汇编》（汇编本），党建读物出版社2012年版。

《毛泽东邓小平江泽民论教育》，中央文献出版社2002年版。

江泽民：《论"三个代表"》，中央文献出版社2001年版。

江泽民：《论有中国特色社会主义》（专题摘编），中央文献出版社2002年版。

胡锦涛：《牢固树立社会主义荣辱观》，《求是》2006年第9期。

胡锦涛：《在全国加强和改进大学生思想政治教育工作会议上的讲话》，《人民日报》2005年1月19日。

胡锦涛：《在全国宣传思想工作会议上的讲话》，《人民日报》2003年12月8日。

习近平：《在第二届世界互联网大会开幕式上的讲话》，《人民日报》2015年12月17日。

《中共中央办公厅关于培育和践行社会主义核心价值观的意见》，《人民日报》2013 年 12 月 24 日。

《中共中央办公厅印发＜关于培育和践行社会主义核心价值观的意见＞》，《人民日报》2013 年 12 月 24 日。

《中共中央国务院关于进一步加强和改进大学生思想政治教育的意见》，《人民日报》2004 年 10 月 15 日。

《国家中长期教育改革和发展规划纲要（2010 – 2020 年)》，《人民日报》2010 年 7 月 30 日。

［美］谢尔·以色列：《微博力》，中国人民大学出版社 2010 年版。

陈志勇：《新媒体时代的大学生思想政治教育》，中国文史出版社 2014 年版。

程宏伟、周斌：《大学生职业素养开发与职业生涯规划》，西南财经大学出版社 2008 年版。

刁国庆、李辉：《大学生成长与职业生涯规划教育》，北京师范大学出版社 2013 年版。

葛金国：《校园文化：理论意蕴与实务运作》，安徽师范大学出版社 2006 年版。

韩震：《社会主义核心价值体系研究》，人民出版社 2007 年版。

吕耀怀：《信息伦理学》，中南大学出版社 2002 年版。

叶澜：《新基础教育”论——关于当代中国学校变革的探究与认识》，教育科学出版社 2006 年版。

张耀灿，郑永廷，吴潜涛，骆郁廷：《现代思想政治教育学》，人民出版社 2006 年版。

张耀灿，郑永廷：《现代思想政治教育学》，人民出版社 2001 年版。

郑晓国、南东风：《我是中国人民的儿子》，中国国际广播出版社 1993 年版。

包心鉴：《论中国特色社会主义的本质和真谛》，《山东师范大学学报》（人文社会科学版）2013 年第 3 期。

包心鉴：《平等的核心价值意蕴》，《光明日报》2013 年 4 月 27 日。

包心鉴：《以人为本、民主公正：社会主义核心价值的科学内涵》，《理论学刊》2011 年第 1 期。

卜建华、孙静：《人的全面发展理论视域下的思想政治教育创新浅析》，《学校党建与思想教育》2016 年第 3 期。

蔡桂珍：《新时期高校校园文化建设研究》，博士学位论文，福建师范大学，2013 年。

曹迎：《论地方本土资源在思想政治理论课中的运用》，《广西师范学院学报》（哲学社会科学版）2012 年第 2 期。

常青伟：《思想政治教育环境渗透研究》，博士学位论文，苏州大学，2014 年。

常云飞：《社会主义核心价值体系与大学生的思想政治教育》，《学理论》2009 年第 5 期。

陈春燕、张晓娜：《以社会主义核心价值体系引领大学生思想政治教育》，《社科纵横》（新理论版）2008 年第 4 期。

陈光：《大学生社会主义核心价值体系教育的路径探析》，《中国高等教育》2009 年第 5 期。

陈光：《大学生社会主义核心价值体系教育的路径探析》，《中国高等教育》2009 年第 6 期。

陈光：《大学生社会主义核心价值体系教育的路径探析》，《中国高等教育》2009 年第 6 期。

陈国荣：《新时期高校学生思想政治教育的内在蕴意研究》，《中央社会主义学院学报》2010 年第 3 期。

陈建新：《大学生思想政治教育机制创新研究》，《石家庄经济学院学报》2006 年第 5 期。

陈蕾：《马克思关于人的自由思想对思想政治工作的启示》，《南京政治学院学报》2003 年第 3 期。

陈世国：《关于大学生思想政治教育工作创新的思考》，《思想政治教育研究》2005 年第 3 期。

陈思坤：《出于责任的行为具有道德价值——康德责任伦理观的逻辑基点》，《山西师大学报》（社会科学版）2012 年第 5 期。

陈思坤：《论大学生责任教育的重要性与着力点》，《商丘师范学院学报》2008 年第 1 期。

陈思坤：《论社会主义核心价值体系引领意识形态建设的三个基本维度》，《理论与改革》2008 年第 6 期。

陈思坤：《社会主义核心价值体系对大学生思想教育的理论价值与实践意义》，《山西高等学校社会科学学报》2008 年第 6 期。

陈思坤：《社会主义核心价值体系引领校园文化思潮的三维审视》，《学校党建与思想教育（上半月）》2008 年第 S1 期。

陈燕、柏燕：《大学生对社会主义核心价值体系认同状况的调查——以曲靖师范学院为例》，《曲靖师范学院学报》2011 年第 2 期。

程美东、张学成：《当前"中国梦"研究评述》，《中国特色社会主义研究》2013 年第 4 期。

戴木才、彭隆辉：《倡导"自由"：高扬社会主义核心价值观的理想旗帜》，《光明日报》2013 年 4 月 18 日。

董国强：《"德育为先"理念及有效途径探究》，《思想教育研究》2010 年第 12 期。

段然：《三网融合环境下高校网络管理制度研究》，《宿州学院学报》2010 年第 10 期。

方爱东：《社会主义核心价值观论纲》，《马克思主义研究》2010 年第 12 期。

冯春芳：《大学生社会主义核心价值体系教育探讨》，《当代青年研究》2009 年第 12 期。

冯刚：《用社会主义核心价值体系引领高校思想政治教育深入发展》，《高校理论战线》2008 年第 7 期。

冯国芳：《思想政治理论课网络教学资源整合的目标取向》，《教育探索》2010 年第 12 期。

付彩虹：《浅析新时期大学生社会责任教育与实践》，《学理论》2011 年第 4 期。

高地：《社会主义核心价值体系融入大学生思想政治教育的载体研究》，《东北师大学报》（哲学社会科学版）2009 年第 5 期。

高瑞泉：《论平等观念的儒家思想资源》，《社会科学》2009 年第 4 期。

高廷廷、张祥、宋佳丽：《在校大学生"精神空虚"现象学研究》，《今日南国》（中旬刊）2010 年第 11 期。

葛荣霞，郭文玲：《加强大学生社会主义核心价值体系教育的实践与探索》，《河北大学学报》（哲学社会科学版）2009 年第 3 期。

葛荣霞，郭文玲：《加强大学生社会主义核心价值体系教育的实践与探索》，《河北大学学报》（哲学社会科学版）2009 年第 3 期。

葛亚坤：《从软实力视角来理解社会主义核心价值体系》，《宜宾学院学报》2009 年第 1 期。

耿敏：《浅析美国思想政治教育的特点与启示》，《中国科技信息》2010 年第 23 期。

顾南宁、杨毅、周诗文：《高校党建文化建设与校园文化建设互动的探索》，《沈阳建筑大学学报》（社会科学版）2011 年第 2 期。

郭培芳：《对高校理性爱国主义教育的几点思考》，《兰州教育学院学报》2011 年第 4 期。

郝立新：《中国特色社会主义的公正理念》，《光明日报》2013 年 5 月 4 日。

郝丽红：《以学生为本的大学生思想政治教育服务机制研究》，《思想理论教育导刊》2006 年第 2 期。

何会宁：《新时期思想政治教育视域下的大学生研究》，博士学位论文，西南大学，2011 年。

洪江如：《高校社会主义核心价值体系建设之思考——深入学习党的十八大报告的认识和体会》，《安徽理工大学学报》（社会科学版）2013 年第 3 期。

侯惠勤：《"普世价值"与核心价值观的反渗透》，《马克思主义研究》2010 年第 11 期。

冀学锋：《试论隐性德育课程与高校德育课程体系构架》，《道德与文明》2002 年第 1 期。

贾宏宇：《论青年学生国家意识培育》，《中国青年研究》2013 年第 3 期。

姜立强：《思想政治教育要注重个体需要的利益机制》，《理论学刊》2003 年第 2 期。

姜美珍：《社会主义核心价值体系与当代大学生价值观塑造》，《光明日报》2009 年 3 月 21 日。

蒋笃运：《将社会主义核心价值体系融入国民教育全过程》，《中国德育》2011 年第 3 期。

蒋桂芳：《思想政治理论课教学中发挥大学生主动性的探讨》，《教育探索》2012 年第 6 期。

蒋桂芳：《中国梦视域下大学生思想政治理论课着力点探析》，《思想理论教育导刊》2013 年第 7 期。

李娟娟、杨倩：《在工科院校大学生中进行社会主义核心价值体系教育的途径》，《中国冶金教育》2007 年第 6 期

李康平、李正兴：《红色资源开发与社会主义核心价值体系教育》，《道德与文明》2008 年第 1 期。

李康平、李正兴：《红色资源开发与社会主义核心价值体系教育》，《道德与文明》2008 年第 1 期。

李文娟：《当代大学生学习践行社会主义核心价值体系的思考》，《湖北省社会主义学院学报》2010 年第 6 期。

李振通：《如何看待西方的民主制度》，《求是》2006 年第 1 期。

廖扬平：《网络思想政治教育评估内涵初探》，《广西教育学院学报》2009 年第 4 期。

林琳：《高校思想政治理论课开展"中国梦"教育研究》，《思想理论教育导刊》2014 年第 2 期。

刘芳：《社会主义核心价值观的主体与客体向度及其培育》，《党政论坛》2013 年第 11 期。

刘虹：《试论新形势下大学生马克思主义信仰教育》，《湖南文理学院学报》（社会科学版）2009 年第 4 期。

刘锦、马杰、高乐、刘玉龙：《浅谈新时期高校学生思想政治教育工作》，《内蒙古医科大学学报》2014 年第 S2 期。

刘立慧：《资本主义普世价值的应对之道》，《聊城大学学报》（社会科学版）2012 年第 1 期。

刘淑萍：《思想品德评估量化的可行性及其意义》，《南京政治学院学报》2005 年第 6 期。

刘晓枫、朱艳：《用社会主义核心价值体系引领高校德育教育》，《哈尔滨职业技术学院学报》2014 年第 5 期。

刘晓婷：《社会主义核心价值观在职业生涯规划教育中的作用研究》，《辽宁行政学院学报》2013 年第 12 期。

刘峥：《大学生认同与践行社会主义核心价值观研究》，博士学位论文，中南大学，2012 年。

芦伟：《马克思主义大众化与高校思想政治理论教育》，《社科纵横》（新理论版）2010 年第 4 期。

罗成翼：《论社会主义核心价值体系融入大学生思想政治教育》，《湖南社会科学》2007 年第 4 期。

罗玉洁：《以社会主义核心价值观指导大学生职业生涯规划教育》，《改革与开放》2015 年第 12 期。

马晓芳：《中国优秀传统文化融入大学生党员日常思想教育的现状与对策研究》，《兰州教育学院学报》2016 年第 1 期。

马征、白玉：《浅谈加强大学生社会主义核心价值体系教育的途径与方法》，《安康学院学报》2009 年第 1 期。

马征、白玉：《浅谈加强大学生社会主义核心价值体系教育的途径与方法》，《安康学院学报》2009 年第 1 期。

糜海波：《论马克思主义与思想政治教育的内在融合》，《西安文理学院学报》（社会科学版）2012 年第 6 期。

乔法容、赵增彦：《论社会主义核心价值体系的功能》，《马克思主义研究》2007 年第 9 期。

秦刚：《马克思主义中国化的理论创造与中国前途命运问题的解答》，《科学社会主义》2011 年第 2 期。

邱柏生：《关于思想政治理论教育与社会实践相结合的若干问题》，《思想·理论·教育》2006 年第 11 期。

邱柏生：《增强宣传普及中国特色社会主义理论的有效性》，《思想政治工作研究》2008 年第 11 期。

邱柏生：《增强宣传普及中国特色社会主义理论的有效性》，《思想政治工作研究》2008 年第 11 期。

邱尚琪：《论构建社会主义核心价值观的必要性及其实现路径》，《太原理工大学学报》（社会科学版）2012 年第 6 期。

秋石：《论社会主义核心价值体系》，《求是》2006 年第 24 期。

全家悦：《论我国主流意识形态中的文化价值》，《前沿》2012年第14期。

石国亮：《论新形势下大学生思想政治教育的创新》，《青年探索》2005年第1期。

石秀杰、吴楠、宋慧勇：《以社会主义核心价值观引领高校校园文化建设》，《中国成人教育》2011年第24期。

孙燕：《构建社会主义核心价值体系与高校思想政治教育——从马克思主义意识形态理论角度分析》，《黑龙江高教研究》2009年第2期。

覃轶珊、朱百里：《试论增强大学生社会主义核心价值体系教育的实效性》，《长春工业大学学报》（高教研究版）2010年第1期。

谭培文：《社会主义的自由张力仪限制》，《中国社会科学》2014年第6期。

汤文隽：《高校思想政治教育与社会主义核心价值体系》，《教育研究与实验》2009年第S2期。

唐小芹、夏继春：《关于引导大学生确立社会主义核心价值观教育路径的研究》，《湖南商学院学报》2009年第1期。

唐小芹、夏继春：《关于引导大学生确立社会主义核心价值观教育路径的研究》，《湖南商学院学报》2009年第1期。

田海舰、谷峰：《当代中国马克思主义大众化视域下大学生主流价值观的构建及意义》，《河北师范大学学报》（教育科学版）2012年第6期。

汪风涛：《完善高校学生思想政治教育机制的基本思路》，《广西青年干部学院学报》2006年第5期。

王传博、王雅文、张军：《社会主义核心价值体系引领高校思想政治教育的有效路径》，《思想政治教育研究》2010年第5期。

王付欣：《民族认同：爱国主义理论的新拓展》，《天津市社会主义学院学报》2010年第4期。

王海：《从历史维度审视社会主义核心价值体系》，《广西社会科学》2011年第2期。

王汉文：《以社会主义核心价值观引领大学生思想政治教育》，《江汉大学学报》（社会科学版）2010年第2期。

王虎学：《社会主义核心价值体系的整合力》，《重庆社会科学》2011年第 2 期。

王景云：《大学和谐文化与高校思想政治教育》，《黑龙江高教研究》2008 年第 3 期。

王珺：《浅析社会主义核心价值体系的理论根据》，《求实》2010 年第S2 期。

王磊峰、廖声丰：《对新时期大学生社会主义核心价值观教育的几点思考》，《黑龙江史志》2009 年第 14 期。

王立娟：《社会主义核心价值体系与当代大学生价值观教育》，《科技信息》2010 年第 15 期。

王玮：《大学生关爱教育的群众性实践路径探析》，《山西高等学校社会科学学报》2015 年第 4 期。

王瑛：《新时期如何做好大学生的爱国主义教育工作》，《今日南国》（中旬刊）2010 年第 12 期。

卫建国：《敬业价值观及其实现》，《光明日报》2013 年 6 月 9 日。

魏钢、周卫红、代金平：《论社会核心价值体系的构成》，《重庆邮电大学学报》（社会科学版）2012 年第 4 期。

魏广志：《社会冲突论》，博士学位论文，中共中央党校，2015 年。

吴宏亮：《把社会主义核心价值体系融入大学生思想政治教育》，《高校理论战线》2011 年第 4 期。

吴林龙、王立仁：《论思想政治教育的深层人本意蕴》，《山东青年政治学院学报》2013 年第 6 期。

徐柏才、张俊：《用社会主义核心价值体系指导大学生思想政治教育》，《学校党建与思想教育》2007 年第 2 期。

徐腾：《凝练社会主义核心价值观的方法论》，《江苏社会科学》2013 年第 3 期。

徐艳玲：《近年来"社会主义核心价值观"研究述要》，《理论月刊》2012 年第 7 期。

许西惠、朱锦华：《把社会主义核心价值体系融入大学生思想教育的途径探索》，《长春理工大学学报》2011 年第 5 期。

薛金华：《马克思主义理论教育与社会主义核心价值体系建设》，博士学位论文，武汉大学，2010 年。

薛铭：《高职生社会主义核心价值观教育刍议》，《职教论坛》2011 年第 14 期。

杨六栓：《论红色资源与高校社会主义核心价值体系教育的契合》，《河南师范大学学报》（哲学社会科学版）2010 年第 3 期。

杨庆国、易志坚：《从大学生的认知过程看大学教学方法》，《重庆交通学院学报》2004 年第 6 期。

杨晓慧：《社会主义核心价值体系融入大学生思想政治教育全过程论析》，《东北师大学报》（哲学社会科学版）2009 年第 5 期。

杨晓慧：《社会主义核心价值体系融入大学生思想政治教育全过程论析》，《东北师大学报》（哲学社会科学版）2009 年第 5 期。

姚伟龙等：《"90 后大学生"思想行为特征分析——基于思想行为学视角》，《成人教育》2011 年 02 期。

于成学：《校园文化的教育导向功能》，《理论前沿》2005 年第 1 期。

袁应柏：《高校校园文化与社会主义核心价值体系》，《绵阳师范学院学报》2008 年第 12 期。

岳海峰：《高校毕业教育存在问题与理念创新》，《中国成人教育》2014 年第 11 期。

张洪江：《刍议社会主义核心价值体系是建设和谐文化的根本》，《理论经纬》2009 年第 00 期。

张向战：《核心价值观如何内化为大学生自觉行为》，《人民论坛》2010 年第 29 期。

张向战：《社会主义核心价值体系引领高校大学生价值观教育研究》，《河南师范大学学报》（哲学社会科学版）2010 年第 3 期。

张煦春、石光清：《以社会主义核心价值体系引领大学生思想政治教育》，《文教资料》2009 年第 6 期。

张学英、戴晓丽：《关于社会主义核心价值观若干问题的思考》，《理论研究》2013 年第 2 期。

张宇燕、富景筠：《当代美国的腐败》，《国际经济评论》2006 年第 11 期。

郑丽平：《现代性视域中的社会主义核心价值观》，《江西社会科学》

2014 年第 11 期。

钟添生：《社会主义核心价值体系对社会思潮的导向功能》，《求实》
2008 年第 5 期。

周珂、韩佳佳：《试论共产党人价值观自信的历史根源》，《苏州科技学
院学报》（社会科学版）2016 年第 3 期。

周黎鸿：《积极探索用社会主义核心价值体系引领社会思潮的有效途
径》，《兰州学刊》2008 年第 3 期。

周立梅：《大学生认同社会主义核心价值体系的路径思考》，《青海师范
大学学报》（哲学社会科学版）2012 年第 3 期。

周琢虹：《论大学生思想政治教育中红色资源的有效运用》，《党史文
苑》2009 年 4 期。

周琢虹：《论大学生思想政治教育中红色资源的有效运用》，《党史文
苑》2009 年第 2 期下。

朱红艳：《关于大学生社会主义核心价值体系教育的研究》，《湖北经济
学院学报》（人文社会科学版）2010 年第 12 期。

朱千波：《探索"互联网＋"时代大学生思想教育工作新途径》，《新华
日报》2015 年 4 月 17 日。

朱志明、林春生：《社会主义核心价值体系转化为大学生自觉追求途径
探讨》，《思想教育研究》2009 年第 11 期。

自正发：《对大学生进行社会主义核心价值体系教育的路径探讨》，《红
河学院学报》2010 年第 4 期。

左慧琴：《目标激励在引导大学生行为中的应用浅析》，《科教文汇》
（上旬刊）2011 年第 2 期。

左晓光：《把社会主义核心价值体系融入高校思想政治教育全过程》，
《思想政治工作研究》2007 年第 10 期。

后　　记

　　《社会主义核心价值观融入高校思政教育研究》历经数载，几易其稿，今即付梓。感谢郑州大学马克思主义学院和中国社会科学出版社的支持与帮助。

　　《社会主义核心价值观融入高校思政教育研究》是教育部人文社会科学研究"马克思主义大众化"专项任务项目（项目批准号：09JD710052）的研究成果，课题组成员有蒋笃运、陈垠亭、黄乾、张向战、程东阳、徐军保、张雪琴、靳二峰、刘晗、秦洁、蒋桂芳、李明、杜冬冬、杜社娟、谢梦菲、赵昕、杜晓华、詹璐遥、尹红领。

　　本书在研究写作过程中，学习借鉴了一些专家学者的观点，参阅了一些专家的文章著作，在此一并致谢！本书力争理论联系实际，在科学性、针对性、实践性和可操作性上下功夫，但由于我们水平所限，研究还存在不少问题和不足，有些问题还需深入研究，恳请各位同行批评指正。

作者

2016 年 2 月